TEACHER EDUCATION

全国百所高校规划教材
教师教育精品教材

班级管理

BANJI GUANLI

齐学红 主 编

北京师范大学出版集团
BEIJING NORMAL UNIVERSITY PUBLISHING GROUP
北京师范大学出版社

图书在版编目（CIP）数据

班级管理 / 齐学红主编. —北京: 北京师范大学出版社，2015.8
（2024.2重印）
ISBN 978-7-303-18376-0

Ⅰ. ①班… Ⅱ. ①齐… Ⅲ. ①班级—学校管理—师范大学—教
材 Ⅳ. ①G424.21

中国版本图书馆CIP数据核字（2015）第005568号

图书意见反馈：gaozhifk@bnupg.com　010–58805079
营销中心电话：010–58802755　58800035
北师大出版社教师教育分社微信公众号　京师教师教育

出版发行：北京师范大学出版社　www.bnup.com
　　　　　北京市西城区新街口外大街12—3号
　　　　　邮政编码：100088
印　　刷：保定市中画美凯印刷有限公司
经　　销：全国新华书店
开　　本：787 mm×1092 mm　1/16
印　　张：18.5
插　　页：1
字　　数：385千字
版　　次：2015年8月第1版
印　　次：2024年2月第13次印刷
定　　价：39.00元

策划编辑：李　志　王建虹　　　责任编辑：王　婉
美术编辑：焦　丽　　　　　　　装帧设计：焦　丽　锋尚设计
责任校对：陈　民　　　　　　　责任印制：陈　涛　赵　龙

全书栏目

本课程的发展历史

本课程的发展历史：开始本课程之前，先了解一下它的发展历程。

班级管理

研究概况

教材建设

本课程的研究方法：如何学习本课程，并进一步展开研究，方法至关重要。

本课程的研究方法

《班级管理》既是一门理论学科，又是一门实践性很强的应用学科，既要有对人的丰富性、多样性的理解与认知，因此，一切人、文、社会科学的研究成果都应该成为班级管理的研究资源。具体而言，要有广阔的哲学、教育学、社会学、文化学、管理学等学科视野，进而形成多角度、全方位思考教育问题的方法方法。

一、本课程的学习要求

（一）广阔的学科视野

教育与管理是与人打交道的一门学问。要想教育人管理人，需要对人、人性的丰富性、多样性获得全面的理解与认知，因此，一切人、文、社会科学的研究成果都应该成为班级管理的研究资源，具体而言，要有广阔的哲学、教育学、社会学、文化学、管理学等学科视野，进而形成多角度、全方位思考教育问题的方法方法。

（二）对教育实践的敏锐洞察

对相关学科知识的学习必须和不同具体的教育实践相结合，那么，知识就会成为空洞的教条，对于教育实践毫无意义。为此，作为一名学习者，应该对于教育实践有敏锐的洞察力和观察力，善于发现实践中的问题，并尝试运用所学理论加以理解与解释。

（三）对社会人生的体悟

学科知识只是教育实践作为人类精神生活的一部分，其学习不仅仅是在书本上、校园里完成的。作为一名未来教师，应该对社会、对生活有更多的了解和体悟，只有这样，在面对复杂的教育问题时，才能有更好的应对策略，正所谓"功夫在诗外"。

二、本课程的研究方法

（一）文献法

文献法就是在班级管理研究中，对相关文献进行查阅、分析、综合与整理的过程，从而筛选出有待于研究开展的有关文献的一种方法，通过对研究文献具体内容的整理，形成对某一研究领域的基本概念、理论基础、主要观点、存在的问题以及发展趋势等的归纳性分析，进而提供该研究领域的全貌。

（二）观察法

简要目录

简要目录：一个层级的简要目录让你一眼览尽全书的章目要点。

详细目录：三个层级的详细目录为你提供更具体的页码索引，并展现作者阐释每个章节的角度。

详细目录

关键术语表

关键术语表：书后会对全书的关键术语做一个整体呈现，并配上英文和解释。

	关键术语	英文	解释
1. 关怀伦理	Ethics of care	当代美国教育家内尔·诺丁斯基于西方关怀伦理的思想传统，形成了具有时代特征的以关怀为核心的道德教育理论。它建立了具有时代特征的以关怀为核心的道德教育理论。诺丁斯，关怀是一种关系行为。特别究在道了新强调情感的基础上增加了理性的关怀伦理，把关怀的对象推到更广阔的领域、环境以及其他的东西。
2. 家庭功能	Family function	家庭是社会共同体的一种重合的方式。根据功能主义的观点，家庭在满足社会的基本需要和维持社会秩序方面起重要作用。社会学家威廉·奥格本对家庭的功能概括为：生殖、经济、社会化、情感交流等社会秩序诸多功能十六方面。
3. 社区	Community	"社区"一词最早为gemeinschaft，源于社会学家滕尼斯1887年出版的《社区和社会》一书。滕尼斯认为，社区基于是亲血缘关系所形成的社会的合。在这种社会空间中传统的、自然的情意占优势，个体的关系主要是情感的、共同的，共同性是community一词含有公社、团体、社会、公众、以及共同体，共同性等多种含义。布到文化传统在关等领域共同使用。而中文"社区"一词源于中国社会学界有20世纪30年代应其文集译出来，因与区域相因系，所以社区有了地域的含义，意在强调这种社会群体生活是建立在一定地区域内的概念等，这一术语一直沿用至今。
4. 社区研究	Community studies	社区研究在美国早期社会学中曾占有极重要的地位。美国的芝加哥学派，就是以研究城市社区而著名的，并以这种典型的研究在美国本城市芝加哥都市化过程中，对以说明城镇等的真城市化人文社会学研究，就是在分析社区反应的基础上发展起来的。这个学派几乎集其所有之上研究了那座社区，不单以整个芝加哥市为研究对象，而且还以芝加哥市内的犹太人聚居区、波兰移民区、上层阶层居区、贫民窟等作为多个的社区研究。
5. 竞争型教师团队	Competitive teachers team	竞争型教师团队以教师之间的竞争为内在机制。在这种类型的教师团队中，每个教师都以个人的事业业绩为基本的追逐标准，他们都以个人工作的卓越，作为他心中的最高追逐标准，他们之间并不是争取的全面发展，其他教师并不是教学争的合作者，而是竞争者。教师之间的关系直接影响到，不利于学生的全面发展。

章前栏目

本章概述：学习每章之前，先了解一下它的内容概要。

第一章
理想与现实：初任
班主任的心理准备

本章概述

本章内容由五节构成。第一节 分析了当代中小学的时代特征、不同学生的生存境遇，以及班主任应有的关怀伦理；第二节 分析了现代家庭的内部生态、整体结构的发展变化，以及对班主任工作提出的挑战；第三节 分析了社区以及社区教育的不同内涵，以及如何改进学校与社区之间的关系；第四节 分析了合作型教师团队形成的影响因素，以及教师团队的两种典型；第五节 分析了学校精神气质的构建要素，两种不同类型的学校文化，以及班主任与学校之间的关系类型。

章结构图：这张"地图"助你在第一时间把握本章知识结构。

章学习目标：清楚了解目标，学习才能更高效。

结构图

1. 了解当代中小学生的时代特点，形成正确的学生观；
2. 认识现代家庭结构变迁以及对班主任工作带来的挑战；
3. 了解社区、社区教育的内涵，以及如何建立学校与社区的良性互动关系；
4. 认识教师团队的不同类型，以及如何建立合作型教师团队；
5. 了解不同的学校文化类型，正确处理班主任与学校之间的关系。

读前反思：反思的问题将带你进入新的知识探索。

1. 在进入学校之前，你对自己的工作环境有着怎样的心理预期？假如与你的预期反差很大，你会做出怎样的心理调适？
2. 你自己的学校生活经历，为将来从事教师工作提供了怎样的支持与帮助？

章内栏目

节学习目标：完成节学习目标，才能实现章学习目标，直至掌握全书内容。

流动的定义：突出呈现的定义方便你一眼看到它。

章后栏目

本章小结：它概述了本章的重要知识点，为你的复习和回顾提供方便。

关键术语：章后为你提供了本章的关键术语，包括它的英文名称。

批判性思考：这里，会以提问的方式引导你进一步思考。

章节链接：知识之间是有联系的，章节链接为你提供了这种指引，它能让你的知识更加融会贯通。

体验练习：练习能深化你对知识的学习，并助你查漏补缺。

案例研究：有具体情境的案例会让你的所学与现实结合更紧密。

补充读物：它为你的学习提供了更广阔的阅读空间。

在线学习资源：你可以轻松浏览为你精心准备的在线学习资料。

本课程的发展历史

- 对于班级管理的研究近年来呈欣欣向荣的发展态势，已成为教育研究的一个重要领域，班级管理作为一门独立学科日益发展壮大。这一学科的发展除了得益于教育学、心理学、社会学、管理学等相关学科的发展外，更得益于中国特色班主任工作的实践探索和经验积累。后者成为班级管理理论发展的源头活水。近些年来，社会学尤其是班级社会学的研究，为班级管理的研究提供了新的研究视角和新的研究领域。这些研究成果尤为值得关注。

- 因为班级管理涉及到班级社会组织内所有的人、事、物及其关系，内容繁杂、千头万绪。涉及的研究内容大致包括如下四个方面：

- 第一，班级管理的主体研究。涉及班级管理中的人的因素，主要包括：班级教师与学生。尤其是班主任，作为班级管理的主要承担者，其主要的角色内容、角色扮演等。近些年的研究主要关注教师专业化背景下，班主任专业化的内容及其成长规律的研究。对于学生的研究，主要关注其双重角色的扮演：既是班级管理的对象，又是班级管理的主体。

研究概况

1

班级管理

2

教材建设

- 从国内相关教材的检索情况来看，班级管理的学科发展可以2000年为分界线，大致分为前后两个阶段：

- （一）2000年以前。班级管理学科的发展主要是以教育学理论为依据，以德育为主线，论述班主任和班级工作。开始关注心理学的研究成果，并运用到班级管理实践中。班级管理教材出版相对较少，且以翻译别国教材为主。如1983年出版的《小学班级管理大全》（中国农业机械出版社，1983）就是翻译日本学者的作品。此外，国内也有少量教材出版，如周凝祚，钱惠琪主编的《中学班级管理心理与艺术》（中国矿业大学出版社，1989），吴秀娟，陈子良编写的《学生心理与班级管理》（中国科学技术出版社，1991）等。这一阶段的教材注重实操性，通常将班级管理与学生管理相联系，注重班级管理的心理学基础。

- （二）2000年以后，随着哲学、社会学、生态学、管理学等学科的发展，其研究思路、研究成果都直接或间接地影响到班级管理的研究。班级管理的理论基础、学科视野不断拓展，进而带来了班级管理学科的繁荣时期。班级管理相关书籍的出版呈

- 第二，班级管理的环境研究。对于环境的研究主要包括物质环境、制度环境和文化环境。物质环境主要包括：物理条件、班级编制和座位安排等；制度环境主要包括：班级结构的形成与班级规范的制定与实施等；文化环境主要涉及领导方式、人际关系与班风等。

- 第三，班级管理的过程研究。班级管理不仅包括静态的人和物，还包括人与人、人与物之间的互动，而过程研究关注的就是班级管理中动态的"事"。包括班级管理的运行规律和班级管理中的互动等。

- 第四，班级管理的策略研究。策略研究是具有问题指向性的专题研究，注重操作层面的理论指导。如对于学生问题行为的策略研究等。

- 综上所述，班级管理作为一门新兴学科，其学科建设与发展才刚刚起步，虽然近几年的发展呈上升趋势，但仍存在很多问题。关于班级管理的研究多为单一学科的研究，以及经验层面的研究，缺乏对不同学科研究成果，以及教育实践的整合研究。其理论的系统性、整体性尚有待于进一步发展完善。

上升趋势，无论是从质量上还是数量上，都进入了一个新的发展时期。这一阶段出版的班级管理相关书籍大致分为两类。

- 第一，通识类教材，如：白铭欣编写的《班级管理论》（天津教育出版社，2000），钟启泉主编的《班级管理论》（上海教育出版社，2001），郭毅主编的《班级管理学》（人民教育出版社出版，2002），李学农主编的《班级管理》（高等教育出版社，2004），谭传宝主编的《德育与班级管理》（高等教育出版社，2007），李伟胜编写的《班级管理》（华东师范大学出版社，2010）齐学红主编的《班级管理》（武汉大学出版社，2011）等。

- 第二，一线教师的教育叙事与经验研究，如：丁榕老师的《班级管理科学与艺术：我的班主任情》，李镇西老师的《做最好的班主任》、《李镇西班主任管理日志》，魏书生老师的《班主任工作漫谈》等。

- 这一阶段的班级管理研究成果不仅得益于心理学研究的支持，更吸纳了哲学、社会学、管理学等学科的研究成果；更有教育专家与一线教师的合作研究。不仅丰富了班级管理的理论与实践成果，也使班级管理的研究更加具有时代特征。

本课程的研究方法

《班级管理》既是一门理论学科，又是一门实践性很强的应用学科。既要有对人的丰富性、多样性的理解与人文关怀，又要有广阔的哲学、教育学、社会学、文化学、管理学的学科视野，还要有对教育实践的敏锐的感知与把握。

一、本课程的学习要求

（一）广阔的学科视野

教育与管理是与人打交道的一门学问。要想教育人管理人，需要对人、人性的丰富性、多样性获得全面的理解与认知。因此，一切人文、社会科学的研究成果都应该成为班级管理的研究资源。具体而言，要有广阔的哲学、教育学、社会学、文化学、管理学等学科视野，进而形成多角度、全方位思考教育问题的方式方法。

（二）对教育实践的敏锐洞察

对相关学科知识的学习如果不与具体的教育实践相结合，那么，知识就会成为空洞的教条，对于教育实践毫无助益。为此，作为一名学习者，应该对于教育实践持有敏锐的洞察力和观察力，善于发现实践中的问题，并尝试运用所学理论加以理解与解释。

（三）对社会人生的体悟

学科知识与教育实践作为人类精神生活的一部分，其学习不仅仅是在书本上、校园里完成的。作为一名未来教师，应该对社会、对生活有更多的了解和体悟，只有这样，在面对复杂的教育问题时，才能有更好的应对策略。正所谓"功夫在诗外"。

二、本课程的研究方法

（一）文献法

文献法就是在班级管理研究中，对相关文献进行查阅、分析、综合与整理的过程，从而筛选出有助于研究开展的有关文献的一种方法。通过对研究文献具体内容的整理，形成对某一研究领域的基本概念、理论基础、主要观点、存在的问题以及发展策略等的归纳性分析，进而整体把握该研究领域的全貌。

（二）观察法

观察法主要用于在自然状态下，对日常教育与管理现象的观察与认识。观察法既是获得对教育与管理对象的全面认识与了解的重要途径，也是从事教育管理科学研究的必要手段。

观察的主要途径包括：参观、听课、出席学校的各类会议、参加活动以及追踪观察等。观察法分为两种，一种是广义的观察，也就是一般的日常观察，即通过研究者的亲身感受或体验来获得有关研究对象的感性材料，带有一定的自发性、偶然性。日常观察是研究的基础和初级形式。另一种是科学观察，即研究者按照预定的计划，对观察对象的范围、条件和方法做出明确选择，直接观察处于自然条件下的研究对象的言语、行为等外部表现，搜集事实材料并加以分析，从而获得对问题较为深入的认识。

（三）调查研究法

调查研究法是指在一定理论指导下，通过运用观察、访谈、问卷、个案分析等方式，搜集教育或管理现象的资料，从而对班级教育或管理的现状做出客观描述和科学阐释，并提出具体建议的一整套方法。

（四）行动研究法

行动研究法即班级教育或管理实践的研究者、一线教师和理论专家、学者密切协作，以班级教育或管理实践中存在的问题作为研究对象，通过合作研究或者独立研究的方式，将研究成果应用到自身从事的班级教育或管理实践中去的一种研究方法。

（五）叙事研究法

叙事研究法是指采用多种方法搜集资料，通过运用或分析叙事材料，用故事的形式呈现研究结果，并对故事现象或意义建构获得解释性理解。这种解释性理解不仅是对叙述材料赋予意义以获得对班级教育或管理问题的透彻了解，也可以使研究者反省自身，发现自我的内在概念和假设，获得人生的顿悟。由此可见，叙事研究法的基本特点是研究者以叙事、讲故事的方式表达对教育现象与问题的理解和解释。

简要目录

理想与现实：初任班主任的心理准备

本章概述

　　本章内容由五节构成：第一节 分析了当代中小学的时代特征、不同学生的生存境遇，以及班主任应有的关怀伦理；第二节 分析了现代家庭的内部生态、整体结构的发展变化，以及对班主任工作提出的挑战；第三节 分析了社区以及社区教育的不同内涵，以及如何改进学校与社区之间的关系；第四节 分析了合作型教师团队形成的影响因素，以及教师团队的两种类型；第五节 分析了学校精神气质的构成要素，两种不同类型的学校文化，以及班主任与学校之间的关系类型。

结构图

ⓐ 中学生的时代特征 | ⓑ 中学生的生存境遇 | ⓒ 班主任的关怀伦理

学生

学校
ⓐ 学校的精神气质
ⓑ 班主任与学校的关系

家长
ⓐ 家庭的内部生态
ⓑ 家庭的整体形态
ⓑ 家庭变化与班主任

初任班主任
的心理准备

社区
ⓐ 认识社区工作 | ⓑ 社区的教育之义 | ⓒ 实现社区的角色转换

团队
ⓐ 教师团队合力形成 | ⓑ 教师团队的结构类别

学习目标

1. 了解当代中小学生的时代特点，形成正确的学生观；
2. 认识现代家庭结构变迁以及对班主任工作带来的挑战；
3. 了解社区、社区教育的内涵，以及如何建立学校与社区的良性互动关系；
4. 认识教师团队的不同类型，以及如何建立合作型教师团队；
5. 了解不同的学校文化类型，正确处理班主任与学校之间的关系。

读前反思

1. 在进入学校之前，你对自己的工作环境有着怎样的心理预期？假如与你的预期反差很大，你会做出怎样的心理调适？
2. 你自己的学校生活经历，为将来从事教师工作提供了怎样的支持与帮助？

第一节
学生：天使还是魔鬼？

📢 **教育家语录**

学生的职务是"千学万学，学做真人"。

——陶行知

🎯 **学习目标**

1. 了解中小学生的时代特征。
2. 学会研究学生的方法。
3. 班主任如何才能做到"爱一切学生"？

在教师眼里，学生究竟是天使还是魔鬼？这一发问体现了教师不同的学生观，而对于学生的不同理解决定了教师对于教育或教学的态度或观念。对于学生形象的不同争论，体现了学生特征的时代特点，也对班主任工作提出了新的要求和挑战。作为即将成为一名班主任的你，对于这一问题你有怎样的理解？你做好准备了吗？让我们从了解当代中小学生特征入手来寻求问题的答案吧。

一、中小学生的时代特征

学生可以称为一个时代的"温度计"，他们对社会的发展变化反应最及时、最敏感，往往成为一个时代的缩影。童年的诞生本身就是一个社会的产物。与之相应地，学生的概念也经历了一个从客体人到政治人再到主体人的发展演变过程，学生也从被喻为"天使"变为了"魔鬼"，时代的特征在中小学生身上打下了深刻的烙印。那么，当代中小学生有哪些时代特征呢？这是作为班主任首先要了解的，了解的方式应该是发问式的。

1. 主体意识增强了吗？

有个性、有主见是人们对现在学生的一般印象。客观而言，随着时代的发展，个体从群体中剥离出来，每个人成为他自己的可能性变大了。但是，从现实来看，独生子女一代特殊的生长环境决定了，他们的依附性牵绊了主体意识的发挥，而依附性主要源于家庭教育主体观的错位。具体表现为，大多数家长高估了自己的地位、夸大了自己在孩子身上的教育影响，家长左右孩子意愿的现象非常普遍。正如费尔巴哈所言："父母们在自己孩子们身上犯的最大错误是：他们往往用自己的理性来干预孩子们的自然发展，想先验地建立孩子们的生活。"[1]同样，在学校中，学生还未成为实际意义上的主体，他们的需要和呼声往往得不到很好的回应。一位哈佛校长曾举过这样一个例子：

上中学的小外孙吉文曾告诉我这样一件事：暑假里，他和他的一群小伙伴一起到郊外玩，正当他们玩得愉快的时候，突然有一个女孩儿哭了起来，说是必须赶紧回家。

她着急地说："天哪！我竟忘了看时间，今天的功课我还没有做。"

"现在是假期，怎么还有功课？"伙伴们问她。

"是我妈妈让我做的，如果没有按时做完，她会揍我的。"那个小女孩哭丧着脸说。

听到这里，我感觉到，不管那个女孩儿走到哪里、做什么，学习的负担总像影子一样跟着她。更为严重的是，这种负担竟来自她的妈妈。她在这种被迫式的学习下，虽然眼前可能会有好的成绩，但天天被学习负担压抑着，心情不可能是愉快的。她的学习并不是为了自己，而是为了不挨妈妈的打，在这种情况下，她怎么可能具有主动学习的意识呢？

因此，不管在家庭中还是在学校里，学生都不太敢发出自己的声音，他们还是依附于家长、依赖于教师，一旦坚持自己的意见就会被贴上"叛逆""不听话""不良行为"等标签。有个性、有主见的假象背后的现实，是需要引起班主任的关注的。

2. 生命意识具备了吗？

笔者曾做过一个关于小学生生命意识的调查，调查发现：

在生命认知方面，小学高年级学生中，有86.52%的学生认为人不能长生不老，也就是说生命是有限的；有62.9%的学生认为有生命不仅仅是活着，生命是有层次的；关于生命的关系性问题，在回答"你的生命只属于你自己吗"这一问题时，有31.46%的学生认为生命只属于每个人自己，有61.8%的人认为生命不只属于自己，其中60%的人认为生命还属于国家，有27.27%的人认为属于亲人。在生命情感方面，在回答"热爱生命包括什么"这一问题时，有65.17%的学生选择"热爱自己和其他一切生命"，有29.21%的人认为"热爱自己的生命或热爱其他一切生命"，有4.49%的人回答"不知道"。对于"你的生命和他人生命同样重要吗"这一问题，有73.3%的学生认为是，还有19.1%的人认为不是，有7.89%的人回答"不知道"。在生命意识方面，有52.1%的学生有过自杀念头。可见，学生的生命意识不是特别强。反映了当前学校、家庭在生命教育上的缺失。

3. 学习能力提升了吗？

美国素有"先有哈佛，后有美国"之说，不仅是因为哈佛比美国在时间上存在要早，更主要的是哈佛的创造力精神被认为是美国核心精神的基础。学习力是创造力的基础，没有学习力就没有创造力，创造力的枯竭就意味着生命的枯竭。哈佛大学文理学院院长柯比在《学习力》[2]

1　史仲文. 古今中外智者名言精萃. 北京：中国国际广播出版社，1993：171
2　《学习力》的作者是哈佛大学院长 W·K·Birby，是他的演讲稿的汇集。——作者

一书中，界定了学习力的内涵，指出了学习力的重要性，并分别论述了学习力构成的六个要素。

柯比认为：学习力很重要，"一个没有掌握学习力的人，是已经为自己准备好了人生葬礼的人"，"如果将人看作是一棵树，学习力就是树的根，也就是人的生命之根。评价一个人在本质上是否具有竞争力，要看这个人有多强的学习力。无论大树有多美的外表，如果根已烂掉，眼前的繁荣很快就会烟消云散。"那么什么是学习力呢？学习力是一种学习的方式和解决问题的方法。如果非要给学习力下一个准确的定义的话，学习力应该是包括学习动力、学习态度、学习方法、学习效率、创新思维和创造能力的综合体。

根据学习力的构成要素，我们可以反观当代中国学生的学习力如何，一般可以描述为：学生的学习动力大部分是外在的，学习态度有些倦怠，学习方式以机械学习为主，学习效率普遍偏低，创新思维有些局限，创造能力有待加强。尤其要指出的是，现在信息技术发展了，但是学生的信息素养、获取信息、鉴别信息的能力还有待加强。

以上只是列举了当代中小学生的基本特征并提供了一种思考方式，作为班主任，应该在班级日常教育和管理中，通过调研、观察等量的和质的研究方法更全面地了解学生。只有全面了解学生，才能取得好的教育效果。

👁 延伸阅读

万作芳关于好学生特征的系列研究，参考其研究方法以及对于研究结论的应用，进而用以研究不同学生群体。万教授综合运用多种研究方法，包括访谈法、文献法、历史法等。研究深入到研究对象（学生）的生活背景中（主要是学校），以参与观察和半结构访谈的方式收集资料并通过对这些资料的定性分析来理解和解释好学生这一特定对象。运用文献研究法中的内容分析法对深度访谈所获得的资料进行定性分析，运用文献研究法中的历史比较分析的方法对收集到的历史文献进行分析[1]。

二、当代中小学生的生存境遇

作为班主任，对于学生应该树立"爱一切人"的观点，不对学生进行类别的划分，避免"贴标签"的污名化做法，应从学生的角度予以教育爱和关怀。为此，我们采用"摄像机"式的微观视角，细致地认识和发现学生的现实面相。我们认为，世俗地把学生分为精英学生、合格学生和后进生是不可取的，为此，我们采用"局内人"和"局外人"的区分方式，从学生生存状态的角度，关注学生，尤其是局外人的生存状态。而这些所谓的局外人，恰恰

1　万作芳. 关于好学生特征的研究——谁是"好学生"研究之一. 内蒙古师范大学学报（教育科学版），2008（10）

是学校教育应该关注的，或者是被漠视的学生中的弱势群体。

1. 局内求生：游戏者被游戏

笔者曾经历过这样一次中队主题会：

教室里气氛非常热烈，同学们正在进行奥运知识抢答，第三小组的几个女生对答如流，小组的分数也越来越高，突然听到了一句："不公平，她们知道答案。"（发出这一声音的是第一小组最后一排的一位男生，而他所说的她们是指与女主持人同组并且平时关系很好的女生。）随之这种不和谐的声音越来越高，与我同坐在后面观摩比赛的班主任突然站了起来，对说话的那位男生说："你如果觉得不公平就出去，不要影响班级活动。""出去就出去，反正很不公平。"那位男生边说边流泪，走出了教室。教室里还有一些同学在打抱不平，其中喊得最凶的是中队宣传委，这时班主任很生气，说了句："你是不是也想出去？"那位同学站起来就走出了教室。刚才这种"不公平"的呼声还很大，但此时却平静了下来，除了走出去的两位同学之外，其他的同学都采取了观望的立场，表现出事不关己的样子。

对此，我们先来探讨这一问题：这些观望者表面上若无其事，为了不被赶出教室而压抑内心的不平，实则是为了"入场"而做出的妥协，这种看似局内人实则局外人的立场是否内化了学校场域给定的"游戏规则"，即价值规范。社会学家默顿提出的"紧张理论"[1]做出了否定的回答，从他的理论中不难看出，局外人表面上争取"入场"的积极行为，实则是一种自我消极行为，它起源于局外人对"游戏规则"的承诺，而不是排斥。即便这样，由于学校场域是一个高度层阶化的格局，使他们不能实现或达到目标，从而导致心理紧张，这一紧张心理是其反常行为的直接推动力。

2. 局外生存："失落的街角文化"与"遗忘的装饰文化"

学校场域中还有一些"流动的鲜花"和"盆景"。

笔者在小学实习的第一天就注意到了一位在中间一排单独坐的男生，并有意识地在课上观察他。他上课时总是无法坐正往前看，要么习惯性地看窗外，要么回过头看后面的同学，一般课上很少发言，也基本不举手，只有在数学课上才偶尔举手而且能正确回答。过了几天，他由于经常不遵守课堂纪律而被调到了第四组的第一排，前面就是卫生角，唯一不变的还是一个人坐。又过了一个星期，班主任老师认为他表现不错，在全班表扬了他并让他又回原来的位置，空出了那个"预留席"，并说了一句："这个位置是为那些想一个人坐的同学

1　莫顿的"紧张理论"主要是指"结构紧张"（structural strain），它是指这样一种社会状态，即社会文化所塑造的人们渴望成功的期望值，与社会结构所能提供的获得成功的手段之间产生了一种严重失衡的状态。比如，某一社会，占统治地位的意识形态过于强调金钱、致富的重要性，而与此同时社会所能够提供给人们的挣钱手段又不多，这时候，社会就处于一种"结构紧张"的状态，默顿认为，这时社会矛盾、犯罪、冲突就会激增（Merton，1938）

特地留下的。"用"流动的鲜花"来形容这样的学生是恰如其分。

与"流动的鲜花"相对应的还有一类学生，我将其称为"盆景"，言下之意，他们只是班级这个大花园的一个"摆设"。在师范时由于要去小学上一堂数学课，笔者在自己镇上的小学进行了试讲，当我叫坐在第一排、一直盯着我看的学生回答问题时，其他同学笑了起来，他战战兢兢地站了起来，还是看着我不说话，我试图去启发、引导、鼓励他，他还是一言不发，这时，坐在后面听课的老师示意我请其他学生回答。下课后，老师告诉我这个孩子是"弱智"。当时我吃了一惊，却有一丝心酸。

女性主义观点认为，每一个群体由于其所处的社会位置的不同会有不同的认识，而认识的价值往往被忽视，正如"流动的鲜花"和"盆景"的文化被忽视一样。为了体现关照实践、关怀局外人的研究主旨，笔者将其文化分别概括为"失落的街角文化"和"遗忘的装饰文化"，在一定程度上折射出他们的生存状态和行为方式。

前者是格尔茨认为的"不合作行动策略"，后者笔者称之为"合作的不行动策略"，这两种策略都取决于行动者的习惯、心境、情感和世界观（Greetz，1973）。文化解释有一种理论假设：所有的行动最终都受控于某种"手段—目的"的框架，文化通过限定人们的所思所虑塑造人的行为。根据这一假设，我们可以对上述的局外人做出行动的文化解释。由于他们长期处于被孤立、被遗忘的境地，催生了他们心中对局内的恐惧抑或不屑，于是他们选择主动"退场"，生活在自己营造的新文化圈子，并用"不合作行动策略"和"合作的不行动策略"来外显其文化，并积淀成自己的生存心态——避而远之勇敢地自我欣赏和望而却步小心地躲进小楼成一统。

3. 孤独守望：流动儿童、留守儿童生存状态

这里呈现的是流动儿童、留守儿童的生存状态。据教育部2007年教育事业统计，在小学、初中就读的农民工随迁子女已有765万人。也就是说，每8个城镇儿童中就有1个是流动儿童。而像上海这样的务工农民高度聚集的大城市，每3个儿童中就有1个流动儿童。目前，随着中国工业化、城市化进程的加剧，国内义务教育学龄流动儿童的数量当在1200万以上。据2008年全国妇联统计，全国的农村留守儿童已达到5800万人。

笔者曾经在一所农民工子弟学校做志愿者，走进教室的第一印象是回到了自己的小学时代，时隔十多年，这里还是破了洞的课桌、松了脚的凳子，七十几个孩子挤在一间教室里，有的学生是靠着墙坐的，这里的老师是临时请来的，流动性特别大。老师通常都是拿着藤条上课的，因为他们觉得这些学生不服管教，在我看来主要还是他们自己没有把自己当成老师。

在调研过程中，笔者不时地被留守儿童的目光、眼神所打动，内心充满期待却又无人诉说，强忍着心中的渴望却又不时流露，他们是农村孤独的守望者。

这是中国社会转型期一个特有的群体，他们被遗忘在农村或城市，不管是生活条件、学习条件还是心理条件都远不及城市中的学生，自然而然地成为真正的局外人。虽然国家对于流动儿童、留守儿童的政策不断在改善，但是他们并没有实质性地进入政府、教育主管部门和学校的关注视野，但是作为班主任，他们是真实存在的、需要关怀的教育对象。教育关怀并不因他们的人数多少而加以区别对待。

三、班主任应有的"关怀伦理"

在一般的字典中，关怀是一种"全身心投入"的状态，在诺丁斯看来，关怀是一种关系行为。特朗托在诺丁斯强调情感的基础上建构了普适性的关怀伦理学，把关怀的对象推到更广阔的领域，包括事物环境以及其他东西。我国学者肖巍把特朗托对于关怀所具有的内在特性概括为四种：第一，关怀的范围由人与人之间扩大到对事物以及环境的关怀；第二，关怀不是两分的和个体性的，人们经常把关怀理解为两个人之间的关系，这使关怀失去了社会和政治功能；第三，关怀的行为是根据文化来定义的，它也随着文化的差异而发生变化；第四，关怀是正在进行的。[1]

关怀伦理模式关注到了建立在个人主义基点上的西方社会中的人们之间的冷漠精神的贫乏功利，以及人与自然界之间的疏离关系，注意到了西方传统主流伦理学忽视人的差异与情感的缺陷[2]。可见，关怀伦理所强调的对他人的关爱以及在人际关系中的责任与我国儒家思想的精髓——"仁"是不谋而合的。

也就是说，关怀并不是一种口头式宣传、一种内心的独白、一种意愿上的行动而实际的不作为。教师要抛弃虚假的关怀，在实践中付诸真心投入，让学生切身感受到老师细致入微的关怀。因为关怀的逻辑是：A：W关怀X；B：X承认W关怀X。这在一定意义上揭示出，关怀其实也是一种能力，教师要会关怀、能关怀、愿关怀、乐关怀。

班主任要成为"解放教育的教师"，用弗莱雷的话就是要有批判意识，寻找失落与遗忘的学生文化，树立"爱一切学生"的关怀伦理，因为"每一个生命都需要关怀，每一种文化都需要尊重"。

🔍 **案例研究**

在一次历史课上，我提问问题时，同学们很活跃，我开始还以为自己这节课上得很不错，因为连那些后进生都在大声回答我的问题。可是我突然发现一个脸很陌生的学生举手

1　颉睿，武传鹏. 国内关怀伦理研究综述. 辽宁行政学院学报，2012（8）
2　颉睿，武传鹏. 国内关怀伦理研究综述. 辽宁行政学院学报，2012（8）

了，可是这时我已经叫了别的同学。于是，我准备下一次再叫他回答。可是等我解决完这道题后，下道题习惯性地找了一个学习较差的学生回答。当我再次看到这位同学时，他已经失望地看着我把手缓缓放下来，我突然意识到这个学生以后永远都不会再举手回答我的问题了，我不知道让他失望了多少次。果然下一个问题他不再举手，而且整节课都不再抬头。[1]

第二节
家长：主体还是客体？

📢 教育家语录

身为父母你做了什么并不重要；重要的是你是谁。

——史蒂文·莱维特、史蒂芬·达布纳

🎯 学习目标

1. 了解家庭结构的发展变化过程。
2. 认识家庭在孩子成长过程中的奠基作用。
3. 理解现代家庭教育功能弱化的原因。
4. 作为班主任，如何联合家长形成教育合力？

孩子出生之前，我们能给予他们什么呢？那就是"生存机会"。就是把我们嵌入会影响我们获得资源的社会网络之中，由此影响我们的人生成就。

一旦孩子出生，我们应该对他们做什么？"训练他们走上应当走的正途"，让他们接受群体的价值观和规范。

家长是孩子的第一任老师，家庭是教育的第一环境，孩子最早在家庭中养成生活习惯，获得语言发展，形成行为模式，确立价值观念，塑造人格特质。这些最初的生活经验对孩子下一阶段的学习、生活具有奠基作用。如同心理学中所讲的"图式"的概念，这种基本的认知结构经过同化、顺应的反复循环过程，孩子会把外界环境中的新信息与这些最初经验匹配、对照，吻合的就会丰富他原来的认知结构，加强已有的思维倾向和行为模式；不符合的，则要调整原来的认知结构，建立新的认知结构，从而提高自己的认知水平。在一定意义上，这些最初的生活经验基本上奠定了孩子的认知结构、思维倾向和行动模式。而孩子

1　那些被忽视的学生. http://blog.xxt.cn/showSingleArticle.action?artId=2674179[EB/OL]（2010-11-10）

的后期学习经验只是进一步完善和修正原有的经验。即使是不成熟的经验结构对于孩子的成长、发展而言也具有不可替代的基础性作用。更为重要的是这种经验不会随着离开家庭环境或家庭成员而随之消失，在新的环境中这种最初的家庭教育效果会有所体现。因此，有人形象地把家庭教育称为终身教育。

"家庭是社会共同体的一种最古老的形式。"[1]根据功能主义的观点，家庭在满足社会的基本需要和维持社会秩序方面起着重要作用。社会学家威廉·奥格本将家庭的功能概括为生殖、保护、社会化、规范性行为、情感交流和提供社会地位六个方面[2]。家庭作为历史变迁的产物，经历了从社会中心、权力流动的主要途径到迅速萎缩，被经济地位、教育地位和公民政治地位超越的变化。也就是说，家庭作为一种社会制度，其作用在很大程度上已经被其他社会要素掩盖了，家庭功能也开始弱化，其中，经济变革是重要的变革力量。

以我国为例，在20世纪30年代，三世同堂的家庭占全部家庭总数的40%以上，现代社会则主要是两代人组成的核心家庭。80年代初对中国城市家庭的调查报告显示，核心家庭已达66.41%，主干家庭和联合家庭只占24.79%和2.30%[3]。可见，核心家庭已成为中国家庭的主要形式，三代同堂的家庭虽不再是主要形式，但仍是重要形式之一。

一、家庭的内部生态

现代社会在经历了家庭结构变迁的同时，家长角色也在冲突与融合中陷入了困顿状态，我们可以从人的因素和环境因素两方面来构建当代家长的生态图：

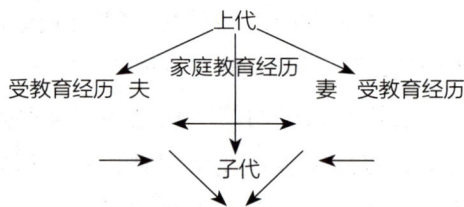

从这一生态图中，我们可以剖析当代父母面临的内外部作用因子，其中，外部因子包括：上代、当代与子代，夫与妻，工作与生活。内部因子包括：自身的家庭教育经历和受教育经历。在每一对关系层面，冲突都成为其主要特征。

---

1 米特罗尔. 欧洲家庭史. 赵世玲，等译. 北京：华夏出版社，1987：2
2 谢弗. 社会学与生活. 赵旭东，译. 北京：世界图书出版公司，2006:287—288
3 五城市家庭研究项目组编. 中国城市家庭五城市家庭调查报告及资料汇编. 济南：山东人民出版社，1985

（一）工作与生活关系

家长本应成为孩子教育的第一主体，然而这一事实受到了社会急遽发展变化的影响。首先表现在年轻父母对待工作与生活关系协调中的矛盾冲突。年轻父母们发现，自己竭力在家庭和工作之间寻求平衡，最后往往是工作占据上风。因此，涉及这一问题的家长自助书，如《有两份工作却无生活：学会如何兼顾家庭和工作》、《里里外外：真正的夫妻如何兼顾婚姻、工作和家庭》等相关书籍在市场上大行其道。"忙"和"累"成了当代父母的主要生活状态，也成了不少家长家庭教育缺席的托词。

（二）上代与下代关系

《读者文摘》上曾有一篇名为《原来是她的孙子》[1]的文章，内容如下：

我站在无轨电车里，身旁有个老大娘，两只手扶着椅子背，也站着。旁边座位上却大模大样地坐着一个麻木不仁的十五岁上下的小伙子。他使劲盯着窗外，仿佛生平头一回见到这辆无轨电车沿途经过的街道似的。

我开口对老大娘说话了，其实是说给那个麻木不仁的小伙子听的：

"哎，现在的年轻人可真是缺乏教养啊！"

"说的是啊，说的是啊，"老大娘点了点头，"就是没教养啊！"

"学校是怎样教他们的！"老大娘点头同意我的说法。

"大概他们的父母也是这种没教养的人。"我瞪着小伙子说。可是他却无动于衷。

"有什么样的爸爸就有什么样的儿子。"老大娘叹口气说。

"真不像话！年轻力壮的小伙子坐着，却让老太太站着！"我的声音已经很高了。

老大娘一会儿看着我，一会儿看着那个小伙子。

"喂，你这小青年，"我终于忍不住碰了碰他的肩膀，"说的就是你，你还不给老人让座！"

"你拽这孩子干什么！"这个老大娘突然冲我嚷起来："你回家去教育你自己的孩子好了，我的孙子你可别管！"

案例故事中反映出的隔代抚养中存在的问题，需要引起我们的极大关注。当代家长面临着无可选择的工作与生活压力，因此，上代家庭整体或部分介入当代家庭已成为普遍现象，虽然这不是完全意义上的隔代教育，但至少是隔代抚养。上代作为一种辅助的教育力量对于孩子的成长也有隐性的作用，而这种作用往往是负向的，在一定意义上削弱了年轻家长们家

1　德育，在夹缝中艰难前行. [EB/OL]（2004-6-26）http://bbs.pep.com.cn/forum.php?mod=viewthread&tid=194085&page=8

庭教育的效果。

（三）夫妻关系

多数城市家长都在一定程度上接受过高等教育，其学历层次远远高于他们的父辈，同时，夫妻两人不同的受教育经历也会在教育子女过程中凸显其差异性，这就表现为夫妻之间在教育立场的不一致。以一个家庭的识字教育为例，爸爸虽然是工科出身，但是对古汉语有浓厚的兴趣，认为学习文言文对于孩子的记忆和理解，以及文化素养的提升具有重要的奠基作用。妈妈虽然也不反对学习文言文，但是从孩子与人沟通的角度考虑，并不赞同过于专注文言文的学习，这就形成了夫妻之间在孩子识字时间、识字内容和识字方法上的不同见解。这成为当代家长的又一分歧所在。

（四）不同的家庭教育背景与受教育经历

另外，当代城市里的年轻父母自身大多是独生子女一代，夫妻两人不同的家庭背景和教养方式，以及由此形成的不同人格类型、行为习惯等方面的差异，成为家庭矛盾冲突的潜在因素。

最近备受关注的亲子互动真人秀节目《爸爸去哪儿》，留给观众的思考之一是，爸爸自身的家庭教育经历与所接受的现代教育理念如何作用于子女的教育方式上。

场景一：田亮和女儿在居住地拿到了红薯和玉米之后，女儿大哭要回家，不要吃这些东西，田亮对她说："谁让你在家里不好好吃东西，到这儿就只能吃这些东西了。"

场景二：张亮的儿子看到用托板托住的西瓜说："西瓜在荡秋千"，张亮回答："不对。"

思考：两位爸爸的教育方式让你想到了什么？作为一名受过专业训练的师范生，你一定觉得他们缺乏教育的技巧和想象力。其实这是爸爸们个人所受的家庭教育经历在特定情境下的自然流露，如果让其静下心来思考，答案肯定不是这样的，因为他们所接受的现代教育理念会告诉他应该怎么回答。但是，在面对一系列具体的生活情境时，当下的第一反应或直觉往往是最重要的。

这是一种内部冲突，即个人家庭生活经历与所接受教育理念的冲突，这种冲突在每一代父母身上都可能存在，但在20世纪70年代、80年代出生的父母身上可能表现得更为明显，因为其父母所采用的家庭教养方式在他们脑海里仍根深蒂固，而自身的受教育经历又积极地评判甚至对抗这些经历。但在没有经过审慎的思考前，他们往往会依据其家庭教育经历本能地做出反应。

二、多元共生：家庭的整体形态

以上从家长个体角度分析了现代家庭的内部生态。作为教师，除了与单个的家长交流之外，更多的是以整体的家庭作为交流单位的。为此，班主任需要在了解家庭氛围、亲子关系、价值取向、教养方式的基础上从整体上认识家庭。

（一）家庭氛围

家庭是以婚姻为基础、以血缘为纽带的社会生活组织形式，这种以亲情为纽带的家庭教育带有浓厚的情感色彩，是一种最富有感情、最为亲近的教育形式。由于这种天然的、普遍的情感关系，使得子女与父母之间产生特殊的依恋心理和信任感，也容易促进教育活动的开展和教育目标的达成。然而这种特殊的教育关系也是一把"双刃剑"，合理地开发这种情感资源，教育效果就会事半功倍，反之，仅仅基于这种情感关系而不加以教育方式的选择，很容易造成亲子之间情感的枯竭，从而削弱教育的效果。

（二）亲子关系

角色理论是试图按照人们所处的地位或身份去解释人的行为并揭示其中规律的研究领域。从角色理论出发，我们可以将家庭中因父母角色定位不清形成的几种不和谐亲子关系概括为如下四种类型：

1. 角色冲突型

在角色冲突型的亲子关系中，父母的意愿成了孩子不得不遵循的律令，这种角色赋予是自上而下的，是父母的一厢情愿，是孩子所不愿意承担的角色，到头来只会苦了孩子痛了父母，两种角色间发生冲突，导致两代人之间产生沟通与交流的障碍，出现"代沟"现象。

2. 角色顺应型

角色顺应型在亲子关系中的表现是，孩子对父母意志的无条件服从，换来的是一个"好孩子"的称号，这种单向的角色赋予—接受模式，导致了孩子主体性的消匿，他们被塑造或制造成了一个"好孩子"。

3. 过度角色化

中国的孩子肩负着家庭向上流动的责任，这种责任也在逐渐地转变为一种压力，也就是我们所说的"角色压力"。角色压力如果得不到有效缓解，或者无所适从的话，就会造成"过度角色化"，从想做好孩子不能（实现）变为坏孩子，浙江金华的"弑母案"就是过度角色化的极端体现。

4. 娇宠角色型

这也是一种典型的亲子关系，即孩子在父母眼中永远长不大，父母的不愿放手和孩子的不肯放手，造就了这种娇宠型的亲子关系，其根本原因是父母对孩子角色的替代，于是孩子不知道自己是谁，不知道自己应该做些什么，因为他们没有机会去知道，去实践。如今越来越多的"啃老族"就是这种亲子关系的典型表现。

（三）价值取向

在讨论家庭的价值取向之前，我们一起来看一下马里兰州教育局提供的一份《家长须知》，具体包括以下内容。

1．对您的孩子提出高标准的要求，明确告诉您的孩子，上学读书是他们的首要任务。

2．定期与教师讨论孩子的进步情况，以及你可以为孩子的进步提供哪些帮助。

3．孩子上初中后，您应尽早约见他的辅导员、班主任，讨论选课计划。

4．每天至少抽出15分钟时间与您的孩子交谈，并一起阅读书刊。

5．为孩子提供一个安静的学习环境。

6．辅导孩子做家庭作业。

7．对孩子在学校的活动表示感兴趣。

8．限制孩子看电视的时间，并与孩子讨论所收看的电视节目内容。

9．监控孩子玩电子游戏和上网的时间。

10．鼓励孩子吃营养均衡的早餐。

11．主动参加学校的活动，并努力动员其他家长一起参与。

12．鼓励孩子选修难度较大的课程。

13．如果您的孩子已就读高中，应约见他的辅导员，讨论高中毕业后的各种选择。

这十三条建议是对父母在各个方面的具体要求，从另一个侧面看出父母是教育的主体，通过对孩子的期望、陪伴、鼓励，与孩子及老师的交流、讨论，履行一个不可替代的家长角色，通过父母的价值取向为孩子建构一个独一无二的家庭形态。

为此，作为未来的班主任或班级管理者，首先要做的就是了解您班上孩子的父母在定位家长角色方面是主动的、积极的抑或是被动的、消极的，从而针对不同家庭进行沟通、形成共识。

（四）教养方式

与亲子关系相对应的是不同的家庭教养方式，鲍姆令德提出了划分教养方式的两个维度，即要求和反应性。根据这两个维度，他把父母的教养方式分为权威型、专制型、溺爱型和忽视型四种。

1. "权威型"父母，即"高要求、高反应"型

此类父母对孩子的要求有适当的"高"和"严"。有明确合理的要求，会为孩子设立一定的行为目标，对孩子不合理的任性行为做出适当的限制并督促孩子努力达到目标；同时，他们并不缺乏父母应有的温情，能主动关爱孩子，耐心倾听孩子的述说，而且能晓之以理、动之以情，激励孩子自我成长。这类父母施行"理性、严格、民主、关爱和耐心"的教育方式。在这样的教导之下，孩子会慢慢养成自信、独立、合作、积极乐观、善于社交等良好的性格品质。

2. "专制型"父母，即"高要求、低反应"型

这类父母会拿自己的标准要求孩子，没有意识到过高的要求对孩子的个性是一种变相的扼杀；他们不能接受孩子的反馈，对孩子缺乏热情和关爱，要求孩子无条件服从，不能及时鼓励和表扬孩子。在这种"专制"下，孩子容易形成对抗、自卑、焦虑、退缩、依赖等不良的性格特征。

3. "溺爱型"父母，即"低要求、高反应"型

这类父母对孩子充满了无尽的期望和爱，无条件地满足孩子的要求，但他们很少对孩子提出要求。这些孩子会随着年龄的增长，变得依赖、任性、冲动、幼稚、自私，做事没有恒心、耐心。因父母过度的溺爱而有了今天的"小皇帝"、"小公主"。

4. "忽视型"父母，即"低要求、低反应"型

这类父母不关心孩子的成长，他们不会对孩子提出要求和行为标准，对孩子冷漠，缺少对孩子的教育和爱。这类孩子自控能力差，对一切都采取消极的态度，还会有其他的不良心理特征。

这是宏观层面的家庭结构图，可以帮助我们从家庭氛围、亲子关系、价值取向、教养方式等方面进一步了解不同的家长和家庭氛围。可以说，我们对家长的了解越多，对孩子的理解越深，学校教育也越有利。不管是个体、微观层面的家庭生态结构，还是整体、宏观层面的家庭要素分析，都有助于我们帮助了解家庭、剖析家庭，从而达到有效沟通、形成教育合力的目的。

🔍 **互动环节**

设计一个家庭情况调查表，在开学初的家长会上发给家长，以便在第一时间掌握学生的家庭状况。

家庭的内部生态和宏观结构除了影响孩子的成长之外，也深刻地反映了家长的角色认知和定位。家长在孩子教育问题上的主体地位是法律赋予的，是义不容辞的。但现实中却有不少的家长将教育责任转嫁。中国的很多家长把教育的希望寄托在家教、学校、各种讲座、培

训班等方面，他们在这方面可谓是不惜一切代价地投入，但是由于没有认识到自己才是教育的主体这一问题，导致教育效果甚微。家长的主体作用具有不可替代性，家长再忙也要承担起责任，没有任何借口和理由。因为孩子是你的，你才是孩子的家长，别人是不可以也不可能代替的，教育的结果是由家长来承担的。

三、家庭变化与班主任工作

对于很多的城市家庭而言，家长们可谓不缺金钱、不缺爱、不缺教育力量、不缺教育方式，但是缺少的是时间、规则和仪式，缺少合力和执行力，更缺少教育主体性和独立见解。

这既给班主任工作带来了新的挑战，同时也提供了新的生长点，这就是个性化的家庭教育指导。《我国家庭教育指导服务现状调查报告》[1]显示，目前我国大多数省份建立了省级家庭教育协调机构，并且大部分协调机构领导由妇联系统领导担任。机构设置上形成了以学校的家长学校为主体，多种类型指导服务机构共同参与的格局。家庭教育指导人员以兼职为主。但从实际情况来看，目前中国城市的家庭教育指导不仅缺少保障，还缺少专业指导者、缺少深入研究，更重要的是缺少个性化的指导。

班主任的专业知识可以填补家庭教育的这一空缺，班主任与学生的共处机会可以为家庭教育指导提供方向。以下案例可以给班主任一些启发。

笔者在做个性化家庭教育指导实践时，入户每一个家庭前都要召开一次家庭会议，家长会把孩子的问题、表现以及希望得到的帮助如实描述。其中有一户家庭的孩子，她的问题是，当老师说"知道的请举手"时，她总是举手，可是让她回答的时候，她又支支吾吾说不出来。当我们告诉家长这是孩子倾听能力比较弱的时候，家长的反应是：我们怎么没有想到。当家长描述孩子特别能讲道理的时候，我们问家长，是否她说的都是你们曾经跟她说过的道理时，家长异常惊讶地说："你们怎么知道，真的是如您所说。"

🔍 案例研究

——孩子入学前，淘气了，犯错了，家长毫不在意，而是说："孩子还小，不懂事呢，等上了学，叫老师来管教吧！"

——孩子上学了，成绩不理想，或行为习惯出现了问题，学校和老师需要家长的配合，一开始家长态度还可以，但随着教师"请家长"的次数多了，家长便不耐烦了，想方设法、

---

1 我国家庭教育指导服务现状调查报告. 光明日报，2013-09-25

推三阻四地拒绝到学校来，逼急了甚至干脆来个"失踪"，让老师找不到影子，那心态非常明了：反正孩子放到学校了，你就看着办吧！孩子本来没有住宿的必要，却偏偏执意把孩子放到寄宿学校，理由很简单：自己没时间管孩子，也不会管，交给老师多放心啊！完全一副"甩手掌柜"的模样。

——还有的父母常常说："我的工作忙，实在没有时间教育孩子。"是真的忙到这个份上了吗？其实这不过是个借口，工作再忙，也不至于连一点时间都抽不出来。但正是有了这个借口，家长就把对孩子的教育责任全都交给学校、交给老师了，而自己，也许就忙于"打麻将""喝闲酒"了！

你是如何看待上述现象的？当你遇到这样的家长时，作为班主任你会怎么做？

第三节
社区：支持还是抵制？

🔊 教育家语录

（学校变革）仅靠教师肯定不行，家长和其他社区成员是一些至关重要的尚未被充分利用的资源。

——迈克尔·富兰

🎯 学习目标

1. 如何认识社区并挖掘社区的教育资源？
2. 班主任如何主动与社区建立共生关系？

加拿大学者迈克尔·富兰在《变革的力量》三部曲中多次提到，由于学校变革的复杂性，与广泛的外界环境相联系显得非常重要。为了成功地变革，教师和学校必须要做两件事情：第一，将个人的道德目标与更大的社会利益相联合。教师必须寻找与他人合作的机会，必须认识到自己是建立学习型社会的一部分，而这个目标的实现则有赖于与家长和社区良好关系的建立。第二，为了变革的成功，学校必须积极地深入到周围环境中去。只有学校与外部环境建立共生的相互关系，学校才有可能实现混沌边沿的创造性生存[1]。

1　迈克尔·富兰. 变革的力量. 北京：教育科学出版社，2004

布莱曾指出，那些致力于发展家长和社区参与的学校更为成功。他用"顾客取向"来解释个中缘由：追求系统改变的学校具有一种"顾客取向"，他们积极寻求加强与地方社区，尤其是那些影响孩子成长的资源之间的联系。随着人际互动的扩大及其在学校生活中的制度化，地方专业人员和社区之间的关系质量发生了改变，更大的信任和相互参与成为这些人的特征。相比之下，缺乏这种关注的学校在自己和社区之间设置了更多明显的限制。这些关系中的现存问题并没有被清晰地界定出来，因而无法利用更广泛的社区资源，而这些资源原本可以帮助学校改进工作[1]。

班主任认识社区、走进社区是与社区建立共生关系的第一步。

一、认识社区

"社区"一词德文为gemeinschaft，源于社会学家F.滕尼斯1887年出版的《社区和社会》（又译《礼俗社会与法理社会》）一书。滕尼斯认为，社区是基于亲族血缘关系而结成的社会联合。在这种社会联合中，情感的、自然的意志占优势，个体的或个人的意志被感情的、共同的意志所抑制。而英文community一词含有公社、团体、社会、公众，以及共同体、共同性等多种含义。有的社会学者有时又在团体或非地域共同体意义上使用community一词。而中文"社区"一词是中国社会学者在20世纪30年代自英文意译而来，因与区域相联系，所以社区有了地域的含义，意在强调这种社会群体生活是建立在一定地理区域之内的。这一术语一直沿用至今。

由于社会学者研究角度的差异，社会学界对于社区这个概念尚无统一的定义。许多学者认为，社区概念是以一定的地理区域为前提的。1955年美国学者G.A.希莱里对已有的94个关于社区定义的表述作了比较研究。他发现，其中69个有关定义的表述都包括地域、共同的纽带以及社会交往三方面的含义，并认为这三者是构成社区必不可少的共同要素。因此，人们至少可以从地理要素（区域）、经济要素（经济生活）、社会要素（社会）以及社会心理要素（共同纽带中的认同意识和相同价值观念）的结合上来把握社区这一概念，即把社区视为在同一地域内、具有共同意识和共同利益的社会。

二、社区的教育之义

理解社区的教育之义、挖掘社区的教育资源是班主任与社区建立共生关系的第二步。

理想的社区教育应体现生命教育取向、公民教育取向、道德教育取向和创造教育取向。

1　武云斐. 走向共生的家长、社区与学校合作——美国的实践及其启示. 教育发展研究，2010（4）

（一）社区教育的生命教育取向

所谓社区教育的生命教育取向，即从生命的维度出发，引导社区公民关注人与自我、人与自然、人与社会、人与他人，实现每个人的自然生命和超越的价值生命和谐发展、人与他人和睦相处、人与社会共同发展、人与自然共存共荣。它致力于增强学生"对自我生命的体认、肯定、接纳、珍爱，对生命意义的自觉、欣悦、沉浸（陶醉），以及对他者生命乃至整个生命世界的同情、关怀与钟爱"[1]，引导学生在关注自身生命的同时，自觉尊重他人之生命，并对整个人类有着深切的人文关怀和终极的生命关切，能为所有生命的自由发展做出应有的贡献。

不同的国家和地区的生命教育取向是不同的。这与一个国家和地区的文化传统有关，但更重要的是与当时社会的缺失和需求有关。1979年，在澳大利亚的悉尼成立了第一个"生命教育中心"，该中心的生命教育重点为"药物滥用、暴力与艾滋病"的防治。美国生命教育的实施也以辅导儿童向毒品说"不"为主，对象从小学一年级开始到八年级甚至更高的年级。英国的生命教育中心创始于1986年，主旨也在于防治药物滥用，经由受过专业训练的教育工作者通过流动教室来倡导，主要是以小区为基础的自愿团体或法定组织来分配及管理。总的看来，西方国家强调的生理健康的生命教育，与西方社会的吸毒、艾滋病泛滥有关。台湾生命教育的背景则不同，它针对的是科技发达、物质富裕时代"人生观的虚浅与道德的沉沦"，人们"对于生命的价值、人生的意义、人我关系、人与大自然的关系，以及生死问题，常无法真正了解，而衍生出许多不尊重他人生命与自我伤害的事件"。一个国家或地区面临的问题可能不是单一的，生命教育的取向也不再单一化，而走向多种取向的综合。

（二）社区教育的公民教育取向

所谓社区教育的公民教育取向，即引导社区公民认识不同的世界观，培养和增进相互的了解，接纳和体谅；发展和培养技能，以带来有效的改变，达成一个更公平和公益的世界；为生活创造一个愈来愈相互依存的世界做出准备；发展独立思考、分析和批判能力，去落实和贯彻有建设性的行动。

现代城市社区的公民教育取向不断得到凸显。2010年，江苏省南京市白下区洪武路街道王府南园社区成立了"公民学院"，这是南京市首家对社区居民进行公民教育的机构。四川省成都市温江区作为全国社区教育实验区，早在2010年10月，便借鉴上海、江苏、山东等东部发达地区的成功经验，在西部首次启动了公民教育的实验工作，在全区选择部分学校的部分年级，利用地方课程与综合实践活动课程，开展公民教育实践活动。通过一年多的探索，公民教育实践活动已初见成效。为加强学校与社区的融合，共同推进公民教育在全区开展，

1　刘铁芳. 生命情感与教育关怀. 高等师范教育研究，2000（6）

还启动"公民教育进社区"实验项目，并首先在1~2个镇（街道）实验，然后以点带面在全区各镇（街道）推行。

（三）社区教育的道德教育取向

社区包含着丰富的道德教育资源，大学生志愿者和老年志愿者可以说是社区道德教育的两大资源库，他们在教育、帮扶不同群体的未成年人方面发挥着不可替代的作用，成为学校和教师这一单一教育主体的有益补充。大学生由于其年龄和学识上的优势与未成年人容易沟通和交流，可称为未成年人的知心朋友，而老年人由于其特有的人生阅历，对未成年人有着熏陶和影响作用。有了这两类教育人群的加入，一定意义上可以改变教师苦口婆心却难以得到青少年认同的困境。另外，班主任可以利用以下载体开展社区道德教育。

1. 网络

网络是一种新的教育媒介，如何过滤网络的不良因素，使其成为社区道德教育的新载体，是一个新问题，也是一项新课题，通过网络进行道德教育已成为大家的共识。江苏仪征市某社区针对未成年人自我控制能力差、容易沉迷于网络游戏的现象，发挥自身优势，设置了未成年人电子阅览专区，配置性能较好的电脑，让未成年人免费上网查资料。此外还在网站上开通了红领巾读书园、少儿新书介绍、益智乐园、少儿科普、亲子园等供未成年人阅读，另外还开展网上德育活动，被称为是城市里的"绿色网吧"。

2. 新闻媒体

新闻媒体具有社会导向作用，社区道德教育应该利用好这一宣传阵地，使之成为社区道德教育的"排头兵"。事实上，这一载体已经在社区道德教育中发挥了一定的作用。比如，苏州市吴中区开办"阳光地带"广播节目，栏目以访谈为主，每期邀请学生、家长、教师、心理学专家，就某一涉及青少年健康成长的论题展开讨论，对他们进行正确引导。形式上采用直播室直播与走进学校、走进社区、走进德育基地等现场录播相结合的方式。内容上，分别设立了"成长的烦恼""心语心愿""专家视点"三个子栏目，话题内容涉及青春期心理、未成年人维权、家庭教育、思想道德建设等问题。新闻媒体因为它的直观性、快捷性、生动性为青少年提供了一份丰盛的精神大餐。

3. 身边的榜样

榜样的力量在未成年人思想道德建设中是不可忽视的因素，尤其是身边的榜样，更能让学生可以学、愿意学。苏州市通过媒体选拔出了苏州少先队员形象大使"苏苏""州州"，这一做法展示了苏州特色文化底蕴和文化素质，也为青少年树立了"身边的榜样"。

（四）社区教育的创造教育取向

一般而言，凡是有利于受教者树立创造的志向、培养创造的精神、增长创造的才干、训练创造性思维、激发创造热情、开展创造性活动而进行的教育都可称为创造教育[1]。这是一个系统工程，学校、家庭、社会都是创造教育的实施主体。

创造教育兴起于20世纪50年代，伯格森曾说："我们是自己生活的创造者，每一瞬间都是一种创造。"美国的创造教育学家奥斯本和帕内斯将企业的创造训练法引入教育领域，1948年麻省理工学院开设的"创造性课程开发"更是将创造教育渗透到各个领域。

三、从抵制到支持：实现社区的角色转换

班主任与社区建立共生关系的第三步在于实现社区角色的转换，这是最关键、也是难度最大的一步。

社区与学校的合作关系大致经历了三个不同阶段：

合作关系建立之初，社区往往处于被动的角色，因为在社区看来这种合作是利益不对等，以及合作主体间的地位不对等，他们是付出的一方、客体的一方，社区还没有认识到自己也是得益的一方，参与度越高，受益程度就越高。

合作关系发展的第二个阶段，社区成员开始参与到学校系统的不同层面，如教学、学校课程管理等。从一定程度上说，社区成员获得了更多的话语权，转而有机会以学校的整体发展为出发点考虑问题。然而，这样的关系也依然存在其"软肋"，即不对等的关系本质。虽然社区成员有了更多的机会了解学校和学校变革，社区成员参与学校变革也从被动走向了主动，但合作关系的目的还是学校的发展，依然没有跳出这样的逻辑：社区为学校变革服务。

现阶段社区与学校的合作关系，正呈现向共生双赢取向的转变。学校变革与社区发展纳入变革的共同目标，社区参与不仅仅是为了实现学校变革，同时也是为了实现社区的发展。

美国切尔西学区所建立的合作关系为家长、社区与学校之间共生共赢关系的构建提供了一个很好的佐证。20世纪80年代中期，切尔西市的学校被腐败和管理不善等问题所困扰，该学区高中辍学率高达52%，只有48%的学生高中毕业，而其中只有五分之一的学生能够升入四年制大学。但在1998—2006年间，该区四年级语文的学业成就失败率由39%降到12%，优秀率由2%上升到38%；数学学科的学业成就失败率由42%降到16%，优秀率从16%上升到36%，同时，该市的社会环境和经济也有了很大发展，过去因贫富差距加大等导致的紧张的种族矛盾也得到了有效改观。之所以能取得这样的进展，与其采取共生取向的学校变革目标和策略有很大关系。[2]

从美国社区参与学校变革的历史演进中，可以看出社区与学校的合作也是经历了不同阶段才实现本质的演变，即社区成员从一种被动付出转向主动付出，最终走向共生共赢。

1　俞学明，等. 创造教育. 北京：教育科学出版社，1999：36
2　武云斐. 走向共生的家长、社区与学校合作——美国的实践及其启示. 教育发展研究，2010（4）

学校与社区合作关系的建立可采用如下策略：

1. 熟人策略

这一策略主要借助社区熟人这一角色，即学校中生活在该社区的同事，可以通过他们进入社区，开展社区活动的方式了解社区。笔者所在社区是由原先的村转变过来的，社区的硬件、软件都不是很完备，社区现在定期开展社区教育，笔者的父亲作为小学教师，由于地缘上的优势，成为开展社区教育的第一人选，由此可见，利用熟人策略进入社区是可行的。

2. 顾客取向

正如前文提及的，"顾客取向"更多地体现一种意识，就是要将社区作为服务对象，积极地与其建立联系、充分地挖掘有助于学生成长的资源、与社区成员建立互信关系、让社区成员参与学校管理，进而转变社区角色定位，并将这种关系逐渐制度化。

👁 延伸阅读

社区研究

社区研究在美国早期社会学中曾占有极重要的地位。美国的芝加哥学派，就是以研究都市社区而闻名于世的。20世纪二三十年代，这个学派研究了美国大城市芝加哥的都市化过程，用以说明美国城市的结构和动态。芝加哥学派的人文区位学理论，就是在分析社区区位的基础上发展起来的。这个学派从不同的层次上研究了都市社区，不单以整个芝加哥市作为研究对象，而且还以芝加哥市内的犹太人聚居区、波兰移民区、上层阶级邻里、贫民窟等作为单个的社区研究对象。

芝加哥学派的主要代表人物R.E.帕克认为，社区的本质特征是：

① 有一个以地域组织起来的人口；② 人口或多或少扎根于它所占用的土地上；③ 人口的各个分子生活于相互依存的关系之中。帕克关于社区本质特征的观点，对社区研究产生了相当大的影响。在同一时期，美国学者R.S.林德和H.M.林德夫妇又开创了社区研究中以小镇为对象的全貌研究，即描述社区的各个不同部分并解释这些不同部分的相互关系。林德夫妇研究了当时美国印第安纳州的一个市镇，1929年出版的《中镇》一书反映了这方面的研究成果。他们在书中比较全面地描述和解释了这个大约有3.5万居民的小镇的状况，包括居民的谋生、安家、利用闲暇、参加宗教活动等方面的内容。20世纪50年代以来，在美国的社区研究中，又发展了关于社区权力的研究，目的是要了解社区里的权力分配状况，并据以辨认哪些人是真正左右着社区决策的。1953年出版的美国学者F.韩特的《社区权力结构》一书，是对亚特兰大市的权力分配进行研究的成果。他认为，如果辨认出这些"真正"的领导人物，同他们进行恰当的沟通或对他们施加压力，就可能促进当地社区的重大社会变迁。自韩特之后，社区权力研究已经成为社区研究的重要内容之一。

案例研究

石景山区在与北京师范大学2010年共同启动了"绿色教育发展实验区计划"。该计划借助北京师范大学强大的科研力量，了解和把握国内外关于学校与家庭、社区合作的基本理论以及相关运作机制建立的背景和运行情况，为实践的发展指引方向；通过课题研究，了解和把握国内外学校、家庭、社区合作的状况；深入基层学校了解具体情况，与教师研讨、与家长沟通，指导学校的工作，引领方向。

通过上述案例谈谈你对学校、家庭、社区合作的理解。思考如何落实《教育规划纲要》中提出的"将学校、家庭、社区合作提升到人才培养机制构建和现代学校制度构建"这一指导思想。

第四节
团队：合作还是竞争？

教育家语录

应该有这样的教师集体：有共同的见解，有共同的信念，彼此间相互帮助，彼此没有猜忌，不追求学生对个人的爱戴。只有这样的集体才能够教育儿童。

——马卡连柯

学习目标

1．了解教师团队合力形成的影响因素；
2．认识教师团队的结构类型。
3．行动转化：从自我成长的角度，如何构建合作的教师团队？

学生离开家庭进入学校，班级同学和老师成为他们相处的最直接群体。班级作为学校组织教育教学的基本单位，成为学生学校生活的重要场所。在这个场所中，对学生的教学活动又以分科教学的方式展开。学生在学校所要学习的知识被划分为不同的科目，每个科目由专门的老师承担。于是，每个班级便拥有了自己的教师团体。除了学生之外，科任教师是班主任最常接触的、关系最密切的群体。

苏联教育家苏霍姆林斯基说过："每一位教师不仅是教书者，

而是教育者。"[1]教书虽是科任教师的本职，精通专业知识和熟练课堂教学虽是其重要能力，但育人更是其教育之本。苏联教育家加里宁明确指出，要知道，教育者影响受教育者的不仅是所教的某些知识，还有他的行为、生活方式以及对日常现象的态度。对此，我国教育家徐特立提出：如果只传授点文化科学知识，而忽视培养方向，这样的教育是失败的。当然，这样的科任教师也是失败的。教书和育人是科任教师教育工作的重要内容，二者密不可分，缺一不可。教师不仅要传授知识，还要关注学生的精神世界，深入学生的心灵，成为学生精神世界的引领者以及健康心灵的培育者。

班主任研究专家张万祥认为，"'精神关怀'更深刻、更准确地反映了班主任教育劳动的意蕴，体现了班主任以人为本的教育理念，表达了班主任对学生的情感和态度"[2]。班级管理不是班主任工作的最终目的，只能是其实现"精神关怀"的手段。班主任不应陷于日常琐碎的管理事务之中，而要把更多的时间花在了解学生的精神世界，关注学生的精神成长上。有学者提出，班主任工作的立足点是塑造学生的灵魂，班主任工作是一项复杂而特殊的劳动，要在处理大量具体事务工作和日常班级管理工作中，渗透思想品德教育，有意识、有目的地塑造青少年的灵魂，使学生受到教育、培养和锻炼。精神关怀或灵魂引导是班主任工作的核心。

精神关怀理应成为科任教师和班主任共同的聚焦点，不同路径的工作最终都指向共同的终点：学生的灵魂。班主任和科任教师共同构成一个育人群体，共同对学生产生影响。因此，能否形成育人的教育合力，将决定着这一群体能在多大程度上陶冶学生的灵魂、引导学生精神成长，最终将影响这一群体的育人效果。

在这个教师团队中，每一个教师都是独特的。他们有不同的性别，不同的年龄，不同的受教育水平、不同的教学能力、不同的性格、不同的知识结构等。这些不同的个体由于学校的工作安排而聚到一起，成为共同教育某个班级学生的教师团队。因此，教师团队的合力并非自然形成。能否产生凝聚力、形成教育合力，完全取决于教师团队产生后所有成员的交往过程和结果。

一、教师团队合力形成的影响因素

教师团队是一个单位或集体的集合，合力是一种凝聚力和向心力。教师团队合力并非和教师团队同时产生，而是团队成员相互交往的结果。不同的交往过程将会产生不同的结果。在这一过程中，哪些因素将会影响到教师团队合力的形成呢？

1　苏霍姆林斯基. 给教师的建议. 杜殿坤，译. 北京：教育科学出版社，1984：14
2　张万祥. 给年轻班主任的建议. 上海：华东师范大学出版社，2006：36

（一）群体的领导方式

群体的领导者们有各自的领导方式，不同的领导方式又会对群体凝聚力的大小产生不同的影响。

🔗 **拓展资源**

领导方式与群体凝聚力

美国心理学家勒温等人曾做过实验，比较了在"民主""专制"和"放任"三种领导方式下各实验小组的效率和群体气氛，发现在"民主"型领导方式下的组员比其他组成员之间更友爱，群体的思想更活跃，工作主动性更强，个体满足感较高，工作效率也高，因此群体内的凝聚力更强。在"专制"型领导方式下则不同，个体只是服从领导者，以群体为中心的行动和有组织的行动少，对领导牢骚满腹，而且攻击性言行显著，成员间彼此推卸责任或进行人身攻击。在"放任"型领导方式下，有组织的行动和以群体为中心的行动少，对群体也无好感。

班主任作为学生成长的"主要精神关怀者"和班集体的领导核心，是班级教师团队的"首席"。班主任的领导风格成为影响班级教师团队合力的首要影响因素。它决定着教师团队成员之间的交往，以及教师团队对学生的教育影响。

🔗 **拓展资源**

教师人格与学生的互动关系

领导风格	教师的行为特征	相应的学生反应
强硬专制型	★对学生时时严加监视，认为大部分学生都不爱学习，只要一放松就会出问题 ★要求即刻无条件地接受一切命令，有严厉的纪律 ★认为表扬可能会宠坏儿童，很少给予学生表扬 ★认为没有教师监督，学生就不可能自觉学习	★屈服，但从一开始就厌恶或不喜欢这种老师 ★学生常常会推卸责任 ★学生容易被激怒，不愿合作，而且可能会做出背后中伤别人的事情 ★教师一旦离开课堂，学生就成了一盘散沙
仁慈专制型	★不认为自己是个专行独断的人 ★表扬并关心学生甚至能到无微不至，但这样做的目的是为了控制学生 ★以教师的好恶作为班级一切活动的标准 ★专断，相信自己所作所为都是为学生好	★大部分年龄较小的学生会喜欢这样的教师，但随着长大，学生会渐渐地对这样的教师反感 ★学生在各方面都依赖教师，学生不会表现出很大的创造性 ★课堂学习效率高 ★屈从，缺乏自主性发展

续表

领导风格	教师的行为特征	相应的学生反应
放任自流型	★在和学生交往中几乎没有什么信心，或认为学生爱怎样就怎样 ★优柔寡断 ★没有明确的目标 ★既不鼓励学生，也不反对学生；既不参加学生的活动，也不提供帮助和方法	★学生不仅学习差，而且不能形成良好的品德 ★学生常常会"推卸责任"，"寻找替罪羊" ★学生缺乏合作 ★课堂上谁也不知道该做些什么
民主权威型	★和学生共同制订计划，做出决定 ★在不损害集体情况下，乐意给个别学生以关心、指导和帮助 ★尽可能鼓励集体活动 ★给予学生客观的表扬与批评 ★把学生的问题看成是发展成长中不可避免的现象，总是采取乐观宽容的态度	★学生喜欢学习，喜欢同别人尤其是教师一道学习 ★在教师面前，学生情绪上轻松愉快，乐观向上 ★学生的学习效率高 ★学生相互鼓励，能够独立承担某些责任 ★不论教师在不在教室，学生都表现出较强的主动性

（二）群体成员的相处时间

除了领导之外，群体成员在一起的时间以及见面频率是影响群体凝聚力的直接因素。研究发现，人们在一起的时间长短，影响相互之间的凝聚力。如果人们在一起的时间比较多，他们就会更加友好。他们会自然而然地相互交谈，做出反应，相互打招呼，并进行其他交往活动。这些相互作用通常又会使他们发现共同的兴趣，增强相互之间的吸引力。

那么，哪些因素会影响群体成员在一起的时间呢？其中，物理距离的远近有着非常重要的作用。研究发现，同一组织的文秘人员中，两人之间相互交往的频率取决于他们办公桌之间的距离。我们能够想象得出，与住宅距离较远的群体成员相比，住宅距离较近的群体成员之间关系更加密切。住在同一个街区，同在一个停车场停车，共用一个办公室的人更容易形成凝聚力较高的群体，因为他们之间的物理距离较小。

从教师团队来看，团队成员之间的相处时间也直接决定了班级教师团队合力的大小。因此，教师团队活动的多少、见面的频率、商讨问题的次数都是影响教师团队合力的直接因素。

（三）群体成员的一致性

虽然群体成员的每一个个体都是独特的，但是他们之所以能够组成一个群体，则是源于他们的一致性，或者说他们的共同性或相似性。群体成员的一致性越多，该群体的凝聚力越强。研究表明，如果群体成员有共同的目标、共同的需要、共同的兴趣爱好，则成员之间的行为表现容易达成一致，群体的凝聚力就更强。

教育作为一项指向学生精神世界的活动，它直接受教师对教育的理解以及教育目标的推动。因此，教师团队成员在教育观念和教育目标方面的一致性程度将影响教师团队合力的大小。也就是说，如果教师团队在教育方面有共同的理解和追求，他们对教育会产生更多的共识，这有利于增加教师之间的认可，减少在教育行为上的分歧。此外，共同的认识也有利于增加他们交流教育观念，讨论教育困惑的可能性，从而增加了他们交流和相处的机会。总之，教师团队成员之间的共性与团队凝聚力之间具有正相关的关系。

（四）群体成员需求的满足度

组织行为学认为，任何一个人参加一个群体，总希望群体能满足其一定的需求。根据马斯洛的需要层次理论，这种需要包括生理需要、安全需要、自尊与友爱需要、归属需要和自我实现的需要等。当群体能够满足个体需求时，个体对群体的归属感就越高。可以说，群体满足个人需求越高，对成员的吸引力就越强。

从班级中的教师团队来看，其需求能否被满足以及满足的程度都是影响其合力形成的重要因素。在班级教师团队中，由于每一个教师个体的年龄、性别、经历都不尽相同，他们在需求方面也就存在差异。因此，他们的需求能否被满足主要取决于学校和班主任能否深入了解教师的不同需求，并在最大限度上满足这些需求。这将对教师团队合力的形成产生很大的影响。

（五）群体目标的达成度

人们的活动是有其自觉的目标的，对实现目标的追求是驱使人们行动的精神力量。不同的个体，由于其社会地位、生活条件、利益关系的不同而形成不同的甚互相至冲突的目标。但是，共同的目标却是其组成某个群体或者个体加入某个群体的直接动力。因此，群体能否实现该目标对于群体凝聚力的形成有关键的影响。研究表明，有效地达成目标会使其成员产生自豪感，增强凝聚力，而凝聚力反过来又会促进目标的达到。这样，群体凝聚力就进入良性循环中。

教师团队也是如此。每一个班级的教师团队之所以能够成为一个团队，就是因为他们有共同的目标。然而，这一目标能否达成以及它的达成度也会影响到教师对于该群体的信心和认可度。教师团队目标的达成度越高，教师对团队的认可度将越高；反之，则相反。可见，教师团队目标的达成度对其合力的形成也有着非常重要的影响。

（六）群体成员的信息沟通

在群体当中，信息沟通类似于其血脉。血脉是否畅通，直接影响该群体的生命力。组织行为学者认为，信息沟通是影响群体凝聚力的重要因素。沟通会使群体成员增强了解、消除隔阂、密切关系、增强凝聚力。这在管理学中是非常重要的因素，西方的人才管理学认为，每个人都是企业主和雇主，在同业人员中应实行同知、同想、同决策、同负责。为此，就必须拆除群体内部各种有形或无形的"隔音墙"，改善信息流通渠道，加强沟通。对于任何群体来说都是如此。信息沟通的畅通度是影响群体凝聚力的重要因素。

教师团队也是如此。教师能否就班级情况进行经常性的信息沟通也会影响教师团队合力的大小。经常性的信息沟通可以使每一个教师都了解班级情况，了解群体其他成员的状况，从而增加教师对所处教师团队的认同感；此外，这还有助于他们形成共同的教育理念和教育目标，从而更好地发挥教育的合力。

🔍 互动环节

作为班主任，你将如何团结所在班级的科任教师形成教师团队呢？

🔍 工作案例

与不同类型的科任教师相处

当班主任这么多年，接触了很多科任教师。总体感受不错，基本上能和谐相处。每个科任教师的个性特征、教学风格乃至教育人格都有差别，班主任不可能用单一的模式去面对不同类型的教师，只有学会和不同类型的科任教师相处，并进一步协调关系，才能真正发挥整体教育的优势，实现教育教学资源的优化。

这里，我将科任教师分为四种类型，即领导型、关注课堂型、个人发展优先型、不负责任型。并结合自己的带班经验，谈谈与不同类型科任教师相处的感受与体会。

案例一 与领导类教师合作

那是我刚当班主任接的是一个平行班，年级组长和我搭班。她是一个热心人，常主动参与到我的班级管理中来。一旦发现班级中的不足，就有针对性地给我提出各种意见和建议。刚开始我很虚心地接受了她的很多意见。但时间长了，我在班上布置学校工作时，学生都说："老班，'老老班'都说过了。你发布消息的速度太慢了。"心里难免有种不太舒服的感觉，而且她越关心我的班级，也就越发现我班的不少问题，其实这些问题每个班都存在，在她的关心下，这些问题就变成我班级管理的问题了。有些班干部和我交流时也会说："年级组长总说我们班级这样不好，那样不好。其实每个班都一样，哪个班没有谈恋爱的，哪个班没有迟到的。现在天天上课就批评我们班，都烦死了。"我问："那该怎么办呢?我又不好和年级组长说，她毕竟还在指导我工作，能不能请你们帮我想想办法。"班长说："我们班委发出号召，从每一件小事做起，每月解决一个问题。贴在班级公示栏里。这样，年级组长就不会每件事都找我们的麻烦了。"于是，我们共同拟订一个月月提高计划，做好后拿给年级组长请她提意见。这样，一个月主要抓一个常规，年级组长也知道我的工作思路了。其他方面，她的要求也就正常了。

与领导类的任课教师合作，他们有强烈的管理意识。在班级管理上有经验，对待学生有方法有策略，会给你很多工作方面的指导与帮助，遇到班级突发事件时，还能及时、妥善指导你应对。我们要尊重这些领导类的任课教师，多请教，多学习。但是，他们在班级中的强势，他们个人的魅力也会给你的工作带来一些麻烦，会削弱班主任在学生心中的威信，科任教师成为无形的班主任，学生会不再服从班主任的管理，以该科任教师的意见为指挥棒，从而影响了班主任对班级工作全局的管理和把握。这时，班主任要通过演讲，组织大型活动展示自己的魅力与能力。让学生信服自己，信任自己。

案例二　与只关心自己课堂的老师相处

工作几年后，由于带班的成绩不错，学校让我带了全校最好的班，也配备了一些在学科上发展很好的老师，原先没有遇到的问题接踵而至。开学一个星期后，就有家长打电话给我，说作业太多，孩子不适应，没想到高中这么苦。我调查了一下，几乎每个教我班的老师都额外布置了一些提高题训练，或者布置很多课外阅读任务。我自己也是这样，毕竟带的是好班，要求更高一些。我给学生做了一些思想工作，也和任课教师做了一些沟通。一个星期后再调查作业一点也没有减少。于是我说从我做起，减少作业量。第二天，我问了一下孩子们写作业的时间，几乎没有减少 。回答是："你的作业是优先写的，现在少了，我们有时间就要认真完成其他学科的作业了。"面对这样的教师团队，我的做法，首先肯定任课教师对学生认真负责的态度，然后邀请他们参加班级丰富多彩的班会课活动，让他们全面地了解学生，接纳学生。如，学生邀请语文老师排练了话剧《雷雨》，邀请外语老师参加了英语配音比赛。老师们参加了学生的活动后，都对学生的组织能力给予称赞，也看到了孩子们的另一面。通过这些活动，学生与老师走得更近了。

只关心自己课堂的老师，他们能管理好自己的课堂，完成相应的教学任务，却不会在教学与课堂之外参与提议和管理。他的目标很明确，只管好自己的课堂，只注重自己的教学效果。如果班级中的任课教师都是这样，班级整体感觉压抑，每个老师都在关注分数与排名，短期学生的成绩是会提高，但长期相处，孩子感受不到快乐，感受不到班集体的温馨。成绩不太理想的孩子还会有较大的心理负担，甚至产生一些心理问题与一些极端的做法。与这些老师合作，教师之间关系处理是很有必要的，三五好友经常小聚一下，谈谈学生，谈谈家庭，谈谈在学校的发展。在班级活动时邀请他们共同参加，让孩子和老师一起娱乐，让孩子看到老师的另一面，也让老师看到孩子的另一面。

案例三　与只关注个人发展的教师相处

"老班，我们班的某学科作业太多了，每天他都要找我们。我们又不是只学这一门功课，还有其他功课要学习呢，你能不能和他说一下。再这样下去，我们都要被他折磨得发疯了。"这是几个该学科成绩不太好的孩子找我时谈的感受。这位老师对自己的要求很高，对孩子的要求也很严格。他带的班成绩一直是年级第一，和他搭班的老师也有抱怨，他的作业太多，挤占了其他学科的作业。作业批改也是最严格的，不符合要求的当天要找谈话的，孩子写他的作业都是极端认真，花的时间也是最多的。期末考试后，我们整理各学科的成绩，他的学科成绩是年级最好的，但其余的学科成绩在下降。关键是我班除了几个成绩优异的孩子之外，其余孩子的其他功课排名都在下降。

为此，我找所有任课教师开了一个座谈会。把班级现状做了分析，首先感谢所有老师的付出。然后将做好的成绩分析表给各位老师，征求大家的意见。一个任课教师提出了要均衡作业的问题，要我调查一下每天的作业量，与学生的实际感受。这位老师说："我是小学科，一个人教三个班，付出是一样的，为什么你们班的成绩与别的班级有差距，问题肯定不在我这里。"我给一个意见，孩子不能只学习个别学科。这个老师说出了我想讲的话，那位老师显然有点不太舒服，当天的作业明显减少了一些。会后，那个老师找到我，说："你可不能让孩子放松对这门功课的要求啊！"和他的合作我是既放心又担心。放心的是成绩，担心的是学生的心理状况；开心与苦恼并存，开心的是我班的尖子生很突出，他的学科成绩很优秀，苦恼的是整体实力下降和其他任课教师的抱怨。我和校长商量，高考考核奖首要考核班级整体成绩达标，若整体成绩不能达标，单科成绩不予考核。高考奖励方案公布后，我们各学科老师在一起开了一个坦诚的交流会。大家都表达了自己的想法，我也很客观地指出了我班成绩不均衡的现状，要求每位教师在做作业布置上能够控制时间。我将我班临界生的成绩做了统计，将每个学生分配给相应的老师。通过交流，大家明确了方向，虽然那位老师的作业依旧较多，但该学科成绩比较好的部分孩子在其他学科上的时间多了。

个人发展优先型，这类教师是班主任非常头疼的科任教师。他们只盼自己所教的学科名列前茅，只希望自己的学科上多几个优生——即使牺牲其他学科利益也在所不惜。在班级管理上不听从班主任的协调，在教学理念上，认为自己所担任的教学科目最重要；在作业覆盖量上，占据了学生的大部分时间……甚至公开向学生灌输这种思想："我教的学科更为重要，其他学科对你们将来没多大用处，学不学都无所谓。"班主任必须采取各种方式，让他清楚地认识到集体和个人利益的主次关系，学会考虑其他老师的感受。其中，开教师座谈会就是很好的办法，在座谈会中大家明确班级目标，明确每个人的任务，把一些阻碍班级发展的问题明确化，从而有效地解决问题。

案例四　与对自己不负责任的教师相处

前面几个案例中，这些老师对自己还是有要求的，至少他们的课堂不需要担心，考试成绩不需要担心，班级整体的氛围不需要担心。有一次搭班的某位老师快退休了，他自己也一直不怎么努力，快退休了还只是一级教师，高级没评上。工作上没有动力，课上得不精彩，孩子睡觉他也不管。家长对这位老师的意见很大，和我反映了多次。我让孩子集体写了一封信给这位老师，意思大概是："如果您的孩子遇到了您这样的老师，她会怎样评价她的老师。如果你的孩子告诉你，他的老师是不备课，上课睡觉也不管，你是什么感受。"信给了这位老师，他就来找我，问是不是我让孩子写的。我说："你是希望家长写信给校长，还是希望孩子写信给你呢。我已经帮你做了很多家长工作了，他们提出要换老师，我又不好提什么要求。只能让孩子写封信给你，请您对他们要求严格一些，他们是怎么说的，是不是言语上不尊重您了。我帮您教训这些孩子。您不知道家长说得有多难听，要是反映到校长那里，你会更生气的。我班的成绩摆在那里，其他学科也都正常，你的学科差距比较大，家长当然意见大了。最后一届了，您也花点精力抓抓，你若是精力不够，你布置好任务我帮您完成。"此后，该老师也花了一点精力，半学期后我班也换了老师。

对自己不负责任的老师，这是班主任最难沟通的对象，是学生全面发展的最大隐患。相信作为教育工作者，每个教师都曾经有过热情，都曾在三尺讲台挥洒过汗水。这种类型的教师今天为什么是这样的工作态度呢？是年纪大了有了船到码头车到站的想法？是工作中遇到挫折遭受了打击？是日常生活消耗了太多精力？还是个人价值观起了变化……班主任最好先了解他们的个人情况，摸清造成这种工作态度的具体原因，再有针对性地做工作。实在无法改变其工作态度，班主任应向年级和学校反映该教师的情况，决不能搞无原则的"和谐"。

总之，我们必须信守一条准则：和不同类型的科任教师相处，作为班主任都应该做到冷静、智慧、科学、理性。工作时，一定要多看别人的优点，推功揽过，营造集体舆论，树立科任教师的威信。同时，班主任应做到虚心诚恳，团结热情，要正视自己工作的失误，认真听取科任教师的意见、建议甚至批评，不能摆班主任架子。对出现的问题和矛盾，必须妥善解决，切忌动辄向领导打小报告。要让科任教师有认同感，认识到班主任是一个强有力的核心，和这样的班主任搭班，一定会出成绩，能有好的教育教学前景。只有这样，才能与科任教师和谐相处，调动科任教师的积极性。只有把科任教师的积极性调动起来，才能真正建设好、管理好班级。愿我们的班主任都能与科任教师和谐相处，形成合力，实现共同的教育目标。

（南京市建邺高级中学袁子意老师提供）

🔍 互动环节

1. 你赞同上面案例中这位班主任的想法与做法吗？为什么？
2. 假如你是这位班主任，面对这样的科任教师，你会怎样与他们相处呢？

二、教师团队的结构类型

教师团队能否产生合力受着很多因素的影响，所以现实中的教师团队在结构上呈现出不同的类型。不同结构类型的教师团队会形成不同程度的教育合力。其中，比较常见的有两种：第一，竞争型的教师团队；第二，合作型的教师团队。作为新班主任，这是他们最有可能遇到的两种教师团队。在开展班主任工作之前，我们需要认识这两种类型教师团队的内部结构及其特征。

（一）竞争型教师团队

竞争型的教师团队以教师之间的竞争为内部结构。在这种类型的教师团队中，每个教师都以自己个人的教育业绩而非所在的班集体作为展开工作的着眼点。他们关心的是自己在教学方面的成绩，班级教师团队中的其他老师不是教育学生的合作者，而是竞争者。

今天，当"考试成绩"成为一切教育工作的指针时，学生的考试成绩也成了评价教师教育业绩的唯一指标。因此，考试成绩成为教师竞争的对象，成为教师展开工作的着眼点。有老师对此进行了这样的描述：

教师团体既是合作者、朋友，又是竞争的对手、敌人。平时嘻嘻哈哈，天空海阔，一旦到了月考，立马就成了乌眼鸡，恨不得你吃了我，我吃了你。月考哪里是在考学生，分明是在考老师，考老师的水平、能力、承受力、脑神经。好不容易结果出来了，要比高低、比大小、比长短、比能耐，比得人心惊肉跳，比得人午夜惊魂。

考得好，你就是英雄，就是能人；考得不好，你就是狗熊，就是蠢蛋。有分数，就有地位；没有分数，就没有尊严。分数就是硬道理，分数就是生产力！如此恶性竞争，试问哪个老师不红了眼，哪个老师还有平和的心态？

……这就是我们当前教师的竞争现状。很多老师面对残酷的应试竞争，无奈、痛苦，甚至有一种绝望感，"然而，我们还在这样的世上活着……"[1]

如今学校评价教师工作往往是"好"或"不好"，而"好"与"不好"的界定是升学率和分数，结果是决定教师的工资水平。如此，教师惶惶不可终日，长期处于紧张状态之中，唯有通过激烈的竞争，并在竞争中取胜，方能拿到满意的薪酬。这就是目前以分数为指标的竞争型教师团队的生活状态。

或许你会问：在一个班级中，每个教师关注自己的教育业绩为何会导致班级教师团队的内部竞争？这便是以班级为单位的分科教学模式的结果。在这种教学模式之下，不同学科的教师同时教一个班级的学生。然而，每一个学生的时间和精力都是固定不变的。这样，每个教师都想在学生有限的时间和精力中攫取更多的时间和精力，用于自己学科的学习。这便成为其他学科教师教育业绩的潜在威胁。这就导致了班级教师团队内部的竞争。可见，在竞争型教师团队中，由于科任教师只关注自己学科的教学工作，以及学生在自己任教科目中的考试成绩，教师的"育人"职能被忽视了。当以考试成绩或分数为教学工作的指标时，不同科

1　教师竞争，有多少痛可以不来. [EB/OL]（2005-08-05）http://www.ht88.com/article/article_3042_1.html

目的教师之间便会产生竞争关系。如果以"育人"或者学生的全面发展为着眼点，班级教师团队就不再是竞争关系，而是互补关系。因为不同科目是从不同的方面对学生进行培养，而要实现学生的全面发展，当然需要不同科目教师之间的协作。

正因为此，竞争型的教师团队难以和班主任形成协作的关系，两者在工作上更多地处于疏离的状态。在这种结构类型的教师团队中，由于每个老师都将"教学"和"分数"作为自己工作的重心，认为科任教师的工作就是负责本科目的教学，让学生在这门科目考试中取得好的成绩，而对学生的管理则是属于班主任的工作。这样便出现了以下情况：

我管不了你，找你们班主任去

执教以来，经常遇到这样的尴尬。科任老师在处理课堂纪律问题时，经常会不顾你的感受，你是否有时间，都会用"我管不了你，找你们班主任去"这样的话指示学生。结果，往往形成了恶性循环，间接地促成了"学生只听班主任的话"这种现状。老师们，当您遇到这类问题，您是怎么协调的呢？

在竞争型的教师团队中，班主任经常会遇到这类让他们感觉很头疼的问题。面对这样的教师团队，班主任常常陷入琐碎的学生管理工作之中，难以关注学生精神的成长。

（二）合作型教师团队

当科任教师都不再以"教学"和"分数"作为自己工作的重心，而是以"育人"为重心时，不同科目的教师之间就不再是竞争的关系，而是合作的关系。因为他们都有相同的教育目标，即学生精神的成长。共同的教育观念是合作型教师团队产生的关键，每个科任老师都不再是学生时间和精力的攫取者，而是"育人"工作中相互补充、不可缺少的部分。

从班级教师团队中的每一个个体来看，他们都是独特的。首先，他们有自己的专业知识领域，对自己任教的科目有专门的了解。其次，他们都有着自己独特的性格、兴趣和特长等。比如，年龄大的老师具有更为丰富的教学经验；年轻老师可能更富有创新性；女教师更细心，能够关注细节；有的老师在言辞方面比较突出，有的教师在组织活动方面有其专长，等等。总之，每一个教师都是独特的，与众不同的。

当他们都以"育人"为目标时，这些差异就不再是合作的障碍，而成为合作的优势条件。育人是一项复杂的系统工程，团队中的每一个教师在精力和能力上都是有限的，单独一个人是无法完成育人工作的，单独一个科目的教学更是无法实现育人的目标。因此，他们必须相互协作，才能实现其共同目标。这样，班级教师团队的内部结构就呈现出合作型的特征。每一科目的教师都会根据自己学科的特点渗透思想教育的内容，通过本科目的教学过程促发学生的精神世界。每一位老师都会利用自己的特长，运用自己能够掌控的方式关心学生的精神世界，引导学生的精神成长。在学生精神成长方面，每一个老师都是有限的，同时又是不可缺少的。

合作型教师团队中的每一位老师在遇到困难时，都能够寻求到其他老师的帮助，和其他老师商讨对策；当别的老师遇到问题时，他也会积极参与商讨，给其他老师提供信息和建议。在引导学生方面，他们是相互依赖、相互补充的。比如，当某科任教师在教学过程中发现一个棘手的问题学生时，由于他与该学生的接触时间有限，无法深入了解这个学生，他就可以从其他科任老师那里寻求有关该学生的信息，了解该学生在其他课堂上的表现。这样，他便能够获取更为丰富的有关该学生的信息，更全面地了解该学生，从而更好地解决问题。

这样，合作型的教师团队与班主任形成了协作的关系，两者的工作产生了更多的交集。科任教师不仅关注教学，也会主动地参与班级管理，将自己视为班级教师团队中的一员。对此，有学者这样描述：

不仅班主任努力融合各方力量，而且各学科教师有着自觉的"班级"意识，有着融入这个班级学生发展系统的自觉努力，把自己视为系统中的一员，而非独立的一个系统，或者独立于班级系统的"学科"教师系统。[1]

一些一线教师对此进行了更加详细的描述：

合作型教师团队中的科任教师

科任教师要把自己当成班主任。不是说像班主任那样管理班级，而是要有班主任的责任心，把自己当成班级的一分子，时时处处为班级着想，学生自然也会接纳你。每次学部组织的大型活动，我始终和学生在一起，给他们鼓励，为他们加油，让他们感到老师的心和他们在一起。

学生有事情找到你时，千万不能说：这事我不管，找你们班主任去；或者说：等班主任来了再处理。那你在学生心目中就是一个外人，说话永远没有分量，学生也不会听你的。

学生在自己课堂上发生的问题，一定要自己想办法解决，实在解决不了的，再求助于班主任，不要把事情推给班主任。有的老师或许会说：再不听话就告诉你们班主任去！这无疑降低了我们科任老师在学生面前的威信，给学生管理、教学工作带来了难度。[2]

以上便是合作型教师团队的基本特征，"育人"是该团队共同的教育目标，每一个独特的教师都从不同的方面实施这一目标，他们相互合作、相互依赖，每个人都是该团队中不可缺少的一分子。

1 李家成. 论班主任作为教师团队的关键人——基于学生立场的教师团队建设之思考. 教育研究与实验，2012（5）
2 科任老师如何管理班级. [EB/OL]（2012-10-25）http://wenku.baidu.com/link?url=0YOd2U9O1UzQPKq5Pf3W7MJmfdEphiBxLKDGYsMaxUR5tMjbHVfbE6vinTUNcmIkKe07aOCZZgbixgE7QWm643dgAxilzWBj0lQjPYZmgb_

🔍 **案例研究**

帮助科任教师树威信

我向学生介绍班级情况时，把所有任我班课的教师都夸奖一番，比如英语老师黄宝艳娇小可爱，口语表达全校第一，她不但口语标准，声音甜美，知识丰富，在老师当中口碑很好，我们师生很幸运遇到她，我们一定要珍惜这个学习机会和师生缘分，在我们班以老师为首，带领你们一起尊敬爱戴她，共同完成高中两年的学习任务。我们的数学老师陈建杰的教学水平在全校很有名气，不但教学水平高，语言干脆利落，逻辑性强，声音很有震慑力，教学顶呱呱，她教出很多优秀的学生……这样我把所有的任课教师都夸奖一番，我告诉我的学生，我们以有这样的老师教自己而感到骄傲自豪，这样教师威信在同学心中树立起来。[1]

读了这个案例，你怎么看待这个班级当中的教师团队以及这位班主任的做法？

第五节
学校：共生还是对抗？

📢 **教育家语录**

学校是造就人的工场。

——[捷]夸美纽斯

🎯 **学习目标**

1. 了解共生型学校的特征和结构。

2. 了解对抗型学校的特征和结构。

3. 行动转化：尝试运用所学理论，分析一个学校的个案。

管理学者张新平教授认为，我们在制定基础教育阶段学校办学标准时，应将"人、财、物、事、气"确定为办学标准的指标。

具体而言，"人"的指标是指办学治校必不可少的人员条件，这里的"人"包括学校领导与管理人员、教师和职工、学生等；"财"的指标是指维持学校正常运转和促进学校进一步发展所需的各项经费条件，涉及经费的来源、支出及其管理效率等；"物"的指标是指学校不可或缺的各项基本物质条件，既涉及整体上的

1　班主任如何协调好与任课教师的关系. [EB/OL]（2008-11-21）http://blog.sina.com.cn/s/blog_5d0b09360100buhc.html

校址选择、学校布局、规模以及教育信息化的程度，也涉及校园内部校舍、场地、仪器设备、图书资料、卫生生活设施设备等不同方面；"事"的指标是指为培养人而对学校各项事务分别设置的工作标准。主要包括教育教学工作指标，以及为教育教学提供辅助性服务的各种学校管理工作指标。"气"的指标是指学校必须具有的一种精神气质、整体气氛。"气"赋予学校以生命、活力和特色，"气"涵盖的内容较广，像学校传统、学校形象、办学理念、组织文化，特别是相应的学风、教风、工作作风以及领导作风等，皆是"气"的重要组成部分。[1]

在这几种标准中，"人"和"气"的标准是最为核心的，是一个学校的灵魂所在。"气"作为学校的文化或精神气质，是"人"的"产物"。它是学校中"人"和"人"的互动塑造出来的，是"人"的活动的精神产品。

从"人"的标准来看，我们可以将学校人员按照职能分为两大类：教师群体和学生群体。根据其所承担职务的差别又将教师群体分为两类：行政人员和专职教师。学校行政人员以学校管理为主要工作，也即学校管理者；而专职教师则不承担管理工作，以教育教学为主要工作。因此，学生、专职教师和行政人员构成学校成员的三个主要部分。他们之间的不同互动类型形塑了不同的学校精神气质。

一、学校的精神气质

初任班主任在进入学校之前和之后，首先需要了解的便是学校的整体精神气质。什么是学校的精神气质呢？它指的是学校中成员在互动过程中所形成的整体氛围，是学校成员的共同行为模式，决定着他们的行为方式。那么，他们应该从哪方面切入学校的精神气质呢？由于学校整体的精神气质源于学校中"人"和"人"之间的互动，班主任可以从学校三类人群之间的互动来了解学校的精神气质。根据互动的性质，可以将学校的精神气质分为两种类型：共生型的学校和对抗型的学校。需要说明的是，对于两种类型学校的划分，主要是基于韦伯的理想型意义上的，在现实生活中，并不存在严格意义上的此类学校。这样分类仅仅是出于认识和理解的需要。

（一）共生型的学校

教育学者周振宇认为："教育是一个培养人的工程，它的核心目标是塑造人的完美人格，激发每个个体的生命活力，促进他们的个性化发展。要达到这样的目标，就应该进行共

1　张新平. 关于基础教育阶段学校办学标准的若干思考. 教育研究，2010（6）

生文化的建设。"[1]可见，共生型学校是围绕"人的发展"这一育人理念所构建的教育生态。学校所有成员都是此教育生态中的一分子，他们相互依存、协作，为实现"人的发展"共同努力。因此，共生型学校的典型特征便是学校成员之间的相互依存和协作。主要体现在两个方面：

1. 教师和学生的共生

从教师和学生的关系来看，学生在共生型学校中处于"主体"地位。共生型学校体现的是民主和平等，而非教师和学生之间的权威和等级关系。这可以从学校的物质环境、制度环境和心理环境三个方面体现出来。

从物质环境来看，共生型学校强调所有老师和学生都有平等使用所有学习资源的权力；在空间安排上追求老师和学生之间的平等和民主。以教师的办公室安排为例，共生型学校不将教师办公室作为教师独占的空间，不将其视为教师权威和权力的体现。办公室是自由交流的开放场域，其空间安排、格局布置都有利于师生之间进行平等的交流和沟通；办公室的组织是灵活的，因任务的不同而随时调整。办公室的布置和设施因学习团队的身心需要和工作需要而定。

从制度环境来看，共生型学校坚持"以人为本"的教育理念，并以此理念为原则设计学校各项制度，并贯穿于学校所有制度的执行和运行过程中。在这一类型的中小学校中，各项制度并非立足于管制，而是学生的发展。当学校制度与学生发展存在冲突时，教师在严格执行制度的同时也会适当调整规则。优秀班主任陈宇老师是这样做的：

执勤班委每节课都会统计迟到人数，我们强调按规定只要打了预备铃还没有进教室就算迟到了，但我悄悄地嘱咐执勤班委，把记录的时间延长到打正式上课铃，就这两分钟，给了同学们处理应急事务预留了时间，也减轻了执行规定的难度和压力，谁没有个意外情况？这两分钟使规则的执行有了回旋余地，尽管以我班学生的素质可能用不到这两分钟，但我们事先必须考虑周全，因为人不是机器，是人就有失误的可能性，校内的规则不应该是铁板一块。事实上，这两分钟的确至今没有用过，同学们都很自觉守时，尽管如此，这两分钟仍然是必需的。[2]

从心理环境来看，共生型学校中的教师承认每个学生都拥有善的天性，都有其独特的才能和禀赋。他们认为不存在差生，只存在具有不同职能和特长的学生。教育的过程要以学生为中心，教育的目标是充分尊重学生的智能结构和自主性，帮助学生成长，发展学生的天性、激发

1　周振宇. 追寻学校发展的共生生态——基于学校的教育生态优化研究. 教育理论与实践，2010（3）
2　教你做智慧的班主任（二十三）. [EB/OL]（2010-11-05）http://chen024177.blog.163.com/blog/static/504512592
010104114216876/

学生的潜能。为实现这一教育目标，共生型学校要求教师在教育过程中必须充分尊重学生的多元化特征，积极满足学生的多元化需要，反对教育过程的标准化和"一刀切"的做法。

2. 专职教师和行政人员的共生

在共生型学校中，专职教师和行政人员也是相互合作、民主平等的。作为学校主要的管理者，学校行政人员是专职教师的服务者，为教师的教育教学工作提供服务，而不是他们的管制者。此外，专职教师不再是被管制者，而是会积极参与学校的管理。两者共同着眼于学校的育人工作。

从人性假设来看，共生型学校中的行政人员不是将教师视为天生厌恶工作的，也不认为他们是被动的；而是认为教师具有工作和自我发展的需求，是充满想象力和创造力的。因此，共生型学校中的管理人员主要采取引导的方法，以满足其发展的需要为推动力，调动专职教师的主动性和积极性，使他们发挥自己的创造能力，既能达到学校的目标，又能实现个人的目的。

从组织结构来看，共生型学校不是采取金字塔式的科层制结构，而是将权力重心下移，形成一种扁平式的组织结构。教育学者苏君阳曾对这种组织结构进行分析，指出："扁平化管理的目的在于……建立一个能够有效调动专业组织成员积极性的自控型机制，使得团队中的每一个成员都能够进行自我调控与管理，最终达到实现教育、教学与管理创新以及学校自主发展的根本目的。"[1]因此，共生型学校的扁平式组织管理结构并不着眼于对专职教师的控制，而在于促发其自主管理的动机和能力。

从管理的参与度来看，共生型学校不是将专职教师视为管理对象，而是追求专职教师共同参与学校管理。学校管理者在设定制度之前，会全面了解教师的需求，征求所有老师的建议，并在老师建议的基础上设定学校制度。由于制度符合教师的需要，教师不仅会遵守制度的规定，而且还会自主地维护制度，参与学校的管理。

（二）对抗型的学校

众所周知，人与人之间在观念、性格、身份、地位等方面都存在着诸多分歧与差异，如果不能处理好这些分歧，就会产生对抗和冲突。师生之间以及师师之间也是如此。当对抗与冲突成为学校生活的主要状态时，我们就称这种学校为对抗型的学校。也就是说，学校成员之间的对抗是对抗型学校的主要特征。那么，这种对抗的表现是什么呢？新班主任可以从两个方面进行了解：

1. 教师和学生之间的对抗

在对抗型学校中，教师和学生是两个主要的对抗群体。这是因为教师和学生之间在价值

1　苏君阳. 我国学校内部组织管理：科层化与扁平化的冲突与协调. 北京师范大学学报（社科版），2010（1）

观、地位、工作性质等方面都存在较大的差异。当教师不能很好地理解学生、与其进行沟通或者过分限制学生的自由时，师生之间的差异就会转变成对抗或冲突。调查发现，在这样类型学校中，"认为与教师发生一两次冲突的占22.5%，与教师发生过多次冲突的占9.3%，两者之和达31.8%……三分之一左右的学生认为与教师发生过冲突"，从教师来看，"认为有时与学生发生冲突的教师占49%，常常与学生发生冲突的达5.9%，与学生频繁发生冲突的有2.0%，三者合计达55.9%，超过半数"。[1]可见，教师和学生的冲突在学校中是非常常见的。

那么，教师和学生之间产生对抗的原因是什么呢？概括起来，可归因为教师没有能够通过合理的方式处理好与学生之间的差异。具体来说，我们可以从学生和教师两个方面加以分析。从学生来看，对抗产生的最直接原因便是他们对教师规则的触犯，比如不遵守课堂纪律、迟到等。从教师来看，对抗的产生有可能源于压迫性的学校制度对学生的过分限制，学生几乎没有属于自己的时间，没有能充分发挥自身潜力、体现人的丰富多样性。当老师代表学校实施这种制度时，教师和学生之间就容易产生冲突。此外，当下中小学教师繁重的工作压力也容易成为教师和学生产生对抗和冲突的原因。笔者曾经在江苏省南京市某小学实习时，有老师这样描述：

教师要参加晨读晨练，午休时间要监督学生休息或进行讲课，节假日要补课。教师还得参加各种名目繁多的继续教育培训、信息技术考核、学历进修等。可以说，走进不少中学，我们看到的都是教师疲倦的面容，喑哑的声音。教师在这种身心状态下，身心俱疲，对复杂微妙的教育工作容易失去应有的耐心，容易烦躁，进而与学生发生冲突。

从师生对抗的表现形态来看，有外显的剧烈冲突和内敛的轻微冲突。在这两种对抗形式中，外显的剧烈冲突发生的概率较小，内敛的轻微冲突则更为常见。主要源于学生相对于教师的弱势地位，他们不敢轻易与教师发生外显的冲突。但是，他们却可以通过比较内敛的方式对教师表示不满。比如，上课做小动作、偷看其他书籍、和周围的同学小声聊天，等等。

2. 行政人员和专职教师的对抗

除了教师和学生，行政人员和专职教师也是比较容易产生对抗的两个群体。这是因为，在对抗型学校中，学校管理者和专职教师在工作的着眼点上存在差别，比如，学校管理者是从全校的秩序维持来展开工作的，而专职教师则不关心学校的整体秩序，而只关注本班学生的学习成绩以及自己的利益。两个群体思考问题的立场不同，在观念上便会存在差异和分歧。当这种分歧没有能够合理处理时，行政人员和专职教师便会产生对抗。

---

1 王琴. 学校教育中师生冲突的研究. 河南社会科学，2007（5）

调查发现，行政人员和专职教师产生对抗的原因主要有三种[1]。

第一种属于认知性对抗，认知差异是导致对抗产生的主要原因。具体来说，对抗型学校中管理者和专职教师分属于两个不同的体系，两者之间缺少应有的沟通和交流，这就导致了他们对同样的问题会产生不同的认识。

第二种是情感性对抗，情感性因素是对抗产生的第二种原因。情感性因素是一种非理性的原因，难以进行理性的认识。比如，两个人见了就毫无理由地抵触、两个人个性存在较大差异，难以亲近。

第三种是利益性对抗，即利益是对抗产生的第三种原因。在对抗性学校中，行政人员是管理者，专职教师是被管理者。当行政人员侵犯了专职教师的利益或者相反时，两者就会发生对抗。此外，对抗型学校中行政人员所坚持的人性恶的假设也是对抗产生的重要原因。在人性恶的假设下，学校行政人员认为专职教师对待工作是被动的，需要被管制的。这种不信任常常使得专职教师、行政人员之间产生对抗的心态。

一般来说，对抗型学校中行政人员和专职教师的对抗表现为内在的、缓和的方式。以下这种情况在对抗型学校中是极为常见的现象：

领导不放心老师，怕老师懒惰懈怠，像地主看长工一样。上班了，要看是不是还有老师没到校，上课了，到教室转一圈，看是不是每个教室有老师。老师们呢？就像老鼠和猫做游戏一样，看领导办公室门是开着还是关着，如果是关着，就表明今天没领导在家，可以松懈一下。

虽然这种对抗比较缓和，但对学校教育工作的影响却是非常大的。因为这种对抗极为隐蔽，学校行政人员一般难以发现，也就没有机会去解决这种对抗，于是便会一直在学校中存在。除了这种隐蔽的、缓和的对抗之外，学校行政人员和专职教师之间偶尔会发生外显的、激烈的对抗。这时，对抗就从水底浮到水面，强度也较大。一位老师描述了这样一个对抗：

学校教务处为了加强教学常规管理，提高教学质量，制定了常规教学考核方案，每学期评估一次。期末考核评估为不合格的廖老师（一位教学经验丰富的老教师）对教务处意见很大，他找教务主任理论："你们教务处吃饱了没事做，净搞毫无意义的东西，教学质量的好坏标准是看高考成绩，而不是靠教案、听课、论文、科研的检查，在中学搞什么科研，科研是虚的，我只要上好课就行了，你们教务处几位老师的科研水平也不怎么样，评价的指标也不科学……"他们一直吵到校长办公室。

1　罗金云. 中学教师与学校行政人员发生冲突的原因分析及协调. 现代教育论丛，2003（6）

由于这种对抗将冲突从底层拉到表层来，而且冲突极为激烈，因此这种冲突实际上在对抗型学校中也较少发生。他们更多地采取无声的对抗。

二、班主任与学校的关系

除了学校的整体精神气质之外，新班主任在进入学校之后还需要了解自己作为学校中的个体与学校精神气质之间的关系。因为不同的关系会影响班主任的工作运行。那么，班主任应该如何了解自己与学校之间的关系呢？一般来说，班主任与学校精神文化之间的关系受两者教育价值观念的影响。

有学者根据学校建立的时间和所处的阶段，将学校分成新建校、成长中的学校和老校三种类型。一般来说，新建校建立的时间大约在10年以下，10～40年为成长中的学校，40年以上为老校。新建校的特点是：学校的建筑与设备硬件新，教师队伍也是新组建的。学校既无名声，也无负担。成长中学校的特点是：学校的运行已形成常规，校长和教师之间形成了比较稳定和熟悉的人际关系，学校积累了一定的办学经验。成长中的学校也有两种情况，一种是健康的成长，发展是正常的或者向上的；另一种则是不健康的，问题和矛盾比较多。这两种学校的发展任务是不同的：前者需要形成特色、优势和一定的声望，走向成熟；后者则需要打破恶性循环，克服困难和障碍，走上健康成长的道路。老校的特点是：学校发展历史长，意味着拥有一批名师，几代教师相互传承，在教学上形成一定的风格，办学上有一定的制度和传统，并形成特定的学校文化。[1]学校类型不同，班主任与之的关系也会不同。

（一）班主任与学校的共生

由于新建校或者成长中的学校在学校文化方面还未定型，学校成员在教育价值观念方面还处在摸索和磨合过程中，学校还未形成稳定的主流价值观念。新班主任带着自己的观念进入这样的学校，他将不会面临太大的观念冲突，而是能够加入学校文化和主流价值观念的形成过程之中。另外，由于学校文化还未定型，它的包容性更强，能够包容新成员和新观念的加入。

和新建校不同，老校在文化方面已经定型，并且拥有了稳定的主流教育价值观念。同时，老校还会有一批教学技能强、年龄偏大的名师，相对而言，人脉关系较为复杂。这给新班主任融入学校带来一定的困难。如果新班主任的教育观念与学校的主流价值观念相符合，或者新班主任在心理上欣赏或认可老校及其价值观念，并且努力适应和理解学校的文化和价值观念，便能很快融入所进入的老校。当然，新班主任进入老校之后，还会面临很多的困

---

1 钟祖荣. 学校类型及其校长管理策略. 中小学管理，2002（3）

难。比如，校长及各级负责人多是年长者，担负着领导角色；中老年教师对青年教师负有指导责任。这种心理上的年龄差异、角色差异，以及年长者处于居高临下的地位，往往给新教师带来一定的心理压力。新班主任在职前和入职初期都应做好这方面的心理准备，了解学校的行政运作、规章制度及教师的组织行为规范；了解中老年教师的心理特点，掌握处理与领导和中老年教师关系的原则。这样，新班主任便能较好、较快地融入老校及其文化，从而与学校处于共生的状态。

（二）班主任与学校的对抗

新班主任进入老校，如果不能处理好与学校文化及成员之间的关系，就会形成与学校的对抗关系，在心理和行为上排斥学校。这首先表现为价值观念上的对抗。小王老师讲述了自己的工作经历：

大学毕业之后，我带着在学校学习到的理想教育观念，比如素质教育、尊重学生个性、培养学生各方面能力、让学生学会学习等，进入到一个有着百年历史的重点中学。这所重点中学是当地有名的好学校。本来以为自己进入学校之后能够将自己的教育观念落实到实践中，实现自己的教育理想，自己也能够得到领导和同事的赏识。进入学校之后才知道，所谓的好就是死抓学生成绩、搞题海战，分数和高考本科率成为这所学校所有老师和领导工作的中心。而我在这所学校则显得格格不入，自己在心理上也很排斥周围人的这种做法。这种状态让我感觉很茫然，也很痛苦。

除此之外，新班主任进入学校之后，还会面临人际关系的障碍。如果不能处理好这些关系，便很难融入这所学校。慢慢地，两者也会处于对抗状态，新班主任便一直游离于学校文化和人际圈子的边缘。此外，由于老校已经形成了固定的制度和传统，如果新教师无法了解这些制度和传统，在心理上容易与学校处于格格不入的状态。因此，在师范生培养过程中，其教育目标除了指向理论学习和教学技能之外，还应该关注人际关系能力。而老校也应该提供入职培训，以帮助新班主任了解并适应学校的制度和文化。新班主任进入老校之后，也应该努力融入学校，处理好与老教师的关系，并从他们那里获得学习。

🔍 案例研究

学校整顿课间操，一些做操不认真的班级要留下重做。高二（4）班多次被留下，学生不服，29名男生自行决定集体罢操。具体经过是：前一天课间操时，值日领导发现高二（2）～（5）班做操态度极不认真，决定留下这四个班重做。做完后，（4）班班长兼体育委员周海鹏在全班学生面前气愤地说："太不公平，为什么总是留我们班级？明天我不出操了！"得到大多数男生的响应。第二天，全班31名男生只有两名男生出操，其他29名男生在教室里不出来，集体罢操。班主任知道后，到教室要求学生出操，学生不听。学校领导发现后，十分气愤，责令政教处对此事严肃查处。

对于这个事件，有四种处理方法：

方法1：学校政教处责令班主任限期整改，给高二（4）班一个集体通报批评。

方法2：学校政教处召集不出操学生或者学校领导到高二（4）班去，集体训斥，以观后效，然后在全校学生大会点名通报，以儆效尤。

方法3：学校召集高二（4）班未出操学生开座谈会，校领导对学生的错误进行批评，然后让学生自由讨论，畅所欲言，探讨如何改进课间操的质量。

方法4：政教处紧急召开专题会议，认真研究事件的起因和动机，分析了事件的错误性质和造成的不良影响，最后决定分四步做工作：第一步，找班主任了解事情发生经过，听取班主任对事件的认识和看法，然后统一认识——如何通过这件事教育学生；第二步，做学生工作，先找未出操的班委周海鹏等同学，认真倾听他们的意见，让班委首先认识到问题的严重性和影响的恶劣程度，然后班委做其他学生工作，逐步把工作做到每一个人；第三步，政教处主任到高二（4）班召开班会，充分肯定学生的集体荣誉感，认真听取学生的意见，然后与学生一起共同讨论：这种集体罢操的行为的错在哪里？有哪些负面影响？如何纠正高二（4）班形象？如何挽回影响？你们认为学校应该如何处理？第四步，利用班会课在高二年级展开"高二（4）班男生集体不出操到底是对还是错"的大讨论。在班会课上，高二（4）班讨论热烈，最后全班达成共识：1．为了挽回（4）班在全校造成的不良影响，第二天课间操时全班在全校学生面前集体亮相做操，接受全校师生监督；2．以高二（4）班全班同学的名义写道歉信，向全校师生公开道歉。为了做好第二天的课间操，29位学生利用课余时间请体育老师帮助集体练操。第二天，高二（4）班全体学生站在操场中间，做操十分认真，动作整齐、到位，效果显著。

请对这四种处理方法进行分析，它们所展现的学校的精神气质是怎么样的？

本章小结

本章为初入职场的教师或班主任呈现了真实的学校教育场景中必需面对的几个具有对象性关系的群体，即：学生、家长、社区、团队和学校，以及可能采取的不同立场与态度，以形成对学校社会关系系统的认知，以及面对复杂的教育问题采取复杂性思维的方式方法。例如，了解家庭文化有助于了解学生的生存状态，进而将学生置于学校、家庭、社会这一关系系统中加以认识。以期帮助初任教师正视教育对象的不可选择性，调整理想与现实之间可能存在的心理落差，以尽快了解与适应学校教育环境。

总结 >

ⒶⒶ 关键术语

关怀伦理 Ethics of care	家庭功能 Family function	社区 Community
社区研究 Community studies	学校精神气质 school ethos	竞争型教师团队 Competitive teachers team
合作型教师团队 Cooperative teachers team		

🔗 章节链接

在这一章，你读到……	在其他章节中，你将发现相关的讨论……	
学生精神关怀应成为班主任和科任教师的共同追求	第六章	适应与超越：班主任的自我成长
合作型教师团队中班主任与科任教师的关系	第五章	互动与评价：有效的反馈机制

应用 >

⚡ 批判性思考

1. 在你工作之前，你觉得哪些学生是班级的"局外人"？当你开展班主任工作后会以什么视角或方式发现"局外人"？如何实践"爱一切学生"的关怀伦理？

2. 为什么亲子户外真人秀节目《爸爸去哪儿了》备受孩子和家长的喜欢？如果您是班主任，您会通过什么方式与节目中的家长沟通？对于他们的家庭教育方式你有什么建议？请说出最认同的家庭或亲子沟通方式，并举例说明。

3. 现实生活中，社区的教育功能未被广泛挖掘，而且往往是排斥与学校合作的，作为班主任你将如何变抵制为共生，探索学校–社区合作共赢的路径？

✏ 体验练习

1．选择一个班级进行实地观察，发现学校场域中还有哪些未被关注的学生面相，并尝试分析背后的原因。

2．走访一些社区，了解其功能定位、价值取向，学校-社区合作的方式等。

3．选择一所学校，对学校中行政人员、普通教师和学生进行观察，记录下他们之间发生的各种事件以及他们的处理方法，最后对这所学校的精神气质进行分析。

拓展 >

☕ 补充读物

1　叶澜．教育概论．北京：人民教育出版社，2006

　　该书以系统论思维为方法论，详细而深度地分析了教育与人的发展及教育与社会发展这两个教育基本问题。叶澜在《作者的话》中提出了：首先"教育整体"的观念，主张把教育作为一个系统来研究，而不是只取其中的一个部分来研究。在教育内部层次结构上，提出了教育的宏观、中观及微观研究的关系和区别，以及教育系统的结构与功能的关系；在教育与社会的关系上，区别了教育系统与社会整体的关系，以及教育作为社会子系统与社会其他子系统这两种不同的相互关系，体现了系统论作为方法论对人事教育现象的功能。

2　李镇西．我这样做班主任：李镇西30年班级管理精华．桂林：漓江出版社，2012

　　该书是李镇西老师从教30年来，在班级管理工作中的教育理念和方法的精华集萃。他以民主与爱心为出发点，以真挚的情感和人类普适的价值观滋养学生的心灵，与学生共同感动、成长。他出神入化的班级管理艺术和经验解答了怎样提高教师的教育素养，怎样与学生心灵沟通，如何让学生自我管理等老师困惑的诸多问题，告诉你怎样做最好的班主任。

💻 在线学习资源

推荐教育影片：

1．放牛班的春天；

2．叫我第一名

3．死亡诗社（又名春风化雨、暴雨骄阳）

4．热血教师

5．小孩不笨2

第二章

时间与空间：
有效的规划与运作

本章概述

　　在班级管理过程中，时间与空间是我们不得不考虑的两个重要方面。只有分别管理好时间和空间，才能对班级进行有效的规划与运作。时间管理是指通过事先规划并运用一定的技巧、方法与工具，实现对时间的灵活以及有效运用，从而实现个人或组织的既定目标。空间是与时间相对的一种物质存在形式，表现为长度、宽度、高度。而班级管理中的"空间"则是学生学习、生活的重要场域，是对学生的发展产生影响的各种外部条件的总和。本章将从班级时间管理与班级空间管理两个方面，分别进行相关内容阐述。

结构图

时间管理

1

时间与空间

2

空间管理

ⓐ
班主任的一天

一天行事历　如何进行一天
　　　　　　的行事安排

ⓑ
班主任的一周

一周行事历　如何规划班主
　　　　　　任的一周

ⓒ
班主任的一学期

一天行事历　如何进行一天
　　　　　　的行事安排

ⓓ
班主任的自主时间规划

阅读　　培训　　观察
书籍　　学习　　反思

ⓐ
物理空间

物理空间　物理空间
为了谁　　如何布置

ⓑ
心理空间

何谓心理　为何要经营
空间　　　心理空间

经营怎样的　如何经营班
心理空间　　级心理空间

学习目标

1. 学会科学管理时间，对班主任的一天、一周、一学期进行有效规划；

2. 学会从物理空间、心理空间两个维度，营造班级社会空间。

读前反思

1. 结合自己的学校生活经历，分析空间对青少年身心发展带来怎样的影响？

2. 面对繁琐的日常工作，如何处理班主任工作与自主发展的关系

第一节
班级时间管理

🔊 教育家语录

合理安排时间，就等于节约时间。

——弗兰西斯·培根

🎯 学习目标

1．了解班主任一天、一周、一学期的工作行事历。
2．学会合理规划班级管理时间。
3．学会合理利用自主时间，实现自我成长。

📂 本节概述

时间管理是指通过事先规划并运用一定的技巧、方法与工具，实现对时间的灵活以及有效运用，从而实现个人或组织的既定目标。这是关于时间管理的一般定义，它针对的是一般性情况。联系班主任的工作实际，这个定义有两层特殊的含义：

首先，要对班级未来的建设和自身未来的专业发展有明确的目标，只有根据发展目标去合理安排时间，才会让你在制订工作计划时有方向可言。

其次，班级时间管理有具体的方法和技巧，比如制订班级工作计划表、在一定时期内根据工作计划表进行总结等。

你可能会认为班级时间管理就是用最少的时间做最多的事，班级时间管理的意义，不在于用最快的速度达到预期的效果，而应该将时间按主次有条理地运用到日常的教学和管理中，将时间的合理安排和班级建设目标相结合，实现班主任的自我成长。总的来说，班级时间管理，就是班主任根据自身的专业发展和班级未来的建设方向，合理分配各项班级管理事务所占的工作时间，做到每一天都能井井有条、按时按量地完成任务。

班主任工作的对象主要有教学和学生管理两方面。在教学方面，班主任要认真备课、上课、按时批改作业和试卷、准备教学评比、通过大量阅读来拓展自己的专业知识等；在学生管理方面，班主任要参与每天的晨会、组织班级例会和家长会、监督班级的卫生打扫情况、和学生一起出操等。这些工作繁杂而无序，常常会让班主任们忙晕了头。所以，班级时间管理的技能对于班主任的日常工作十分必要。让我们从班主任的一天开始，来经历班主任工作中一个平凡的学期吧。

一、班主任的一天

🔍 工作案例

忙碌的一天[1]

新的一天开始了。

早晨到校后，张老师习惯性地走进了教室。像以往一样，进教室后，他就开始处理自己发现的班级问题。当看到学生小直在抄作业时，他想也没想就把小直叫到了教室外面。他想用早自习课前的几分钟来处理这一事情。

"抄作业有什么好处？"

"有好几个同学在抄作业，为什么单单抓我？"

小直的回答让张老师大为恼火。伴随着张老师和小直的争吵，自习课开始了。张老师的批评强度越大，小直的辩解"理由"就越充分。直到自习课结束的时候，他们的争执也没有停止。楼道里聚集的看热闹的学生越来越多，张老师的批评声调在不断地提高。

当张老师和小直正争论得"热火朝天"时，语文课代表胆怯地问张老师第一节语文课需要讲的单元检测题在哪里。张老师只好先把这事放一放，准备这一节课的讲解内容。可到办公室拿单元检测题时，张老师才发现：检测题还有几份没改完。原来，张老师原定今天早自习课时把检测题改完的，可因为处理小直的事情把检测题的事情忘干净了。而且，张老师昨天只是改了试卷，还没有分析这次检测的具体情况。在课堂上，那几个检测题没改的学生大有意见，抱怨张老师偏心。由于不了解检测的具体情况，张老师只是对了答案，并没有指出这一个单元学生的学习收获和现存不足。因此，这一堂课上得很不成功。

……

课是体育课，张老师便把小直叫到了办公室，准备继续处理小直抄作业的问题。尽管小直很不情愿，但还是不得不来到张老师的办公室。可刚开始处理没几分钟，张老师就接到了政教处主任的电话，询问他今天早晨怎么没把星期一的班会记录交上来。张老师赶紧开始找班会记录，幸好很快就找到了。但找到班会记录后张老师发现，"班会反思"一栏还没有填写。于是，他草草填写完毕，然后快速地送到了政教处。当然，因为班会记录送晚了，这一次的班会记录量化分没得满分。"都是小直惹的祸！"张老师边走边怒气冲冲地想。等张老师回到办公室准备继续处理小直的事情时，十几分钟已经过去了。在这十几分钟里，小直一直站在那里等张老师回来。当张老师正和小直谈话时，总务处又通知他去领班级的消毒液。没办法，张老师只好赶紧去领。在回办公室的路上，张老师遇到了李老师，就一堂课的教学设

1　王宝祥. 阳光心态每一天——班主任的每一天. 北京：教育科学出版社，2009:22~23

计问题两个人忘情地聊了起来。正侃得起劲儿时，张老师忽然想起小直还在办公室里，便匆忙地告辞跑回办公室。等他回到办公室时，发现小直已经回教室了。办公桌上放着一张纸条，是小直在回教室前留下的。纸条上的字不多，但几句话就足以表达小直的不满了。

下午刚下班，课代表送来了作业。张老师赶紧花了一节课的时间把作业改完，接着开始备课，张老师边和同事聊天儿边备课，直到下午第三节课要结束的时候，张老师才准备好了第二天要讲的内容。伸伸懒腰，张老师告诉自己终于可以休息一下了。

正当张老师在网络浏览中"漫游"时，校长把他叫到了校长室——小直的家长向校长打电话投诉张老师浪费学生的时间。放学后好长时间了，校长的批评还没有结束。等蔫蔫的张老师收拾好东西准备回家时，窗外早已华灯闪烁。刚踏出校门，张老师又开始担心了，为了迎接明天教育局的检查，各班第四节课卫生大扫除，自己还没有进班级检查一遍，不知道学生们打扫得是否彻底，明天早晨7:30检查课就要开始了……

蹬着自行车，张老师感觉特别疲惫，忙乱了一天，也郁闷了一天。随着蹬车幅度的变化，被路灯拉长的身影也不停地变化着。看着自己的身影，张老师自言自语道："做班主任真是太累了，我真不想做了！"

上面这个案例让我们看到了一位平凡班主任忙乱而又紧张的一天。案例中张老师的这一天可谓"苦不堪言"：不仅没能按时完成自己分内的工作，也没能处理好班级里的突发事件。我们在跟随他的身影的同时，也着实为他那忙碌的一天捏了一把汗。

现实生活中每个校园里都能见到班主任们匆忙的身影。他们肩负着组织学生学习生活，建设优秀班集体的任务，同时也肩负着完成自身专业成长的任务等。这些任务又涉及班级管理中林林总总的小事，班主任的事情或大或小，只在重要性和紧迫性程度上有差别，但每一项都需要班主任亲力亲为地去完成。我们也看到，有些班主任忙忙碌碌一整天，却依然还是有处理不完的事情，最终发出同案例中张老师一样的感慨：做班主任真是太累了！但是，也有一些班主任能够做到有条不紊，将各项事务处理得井井有条，在班主任岗位上显得游刃有余。我们不禁会产生疑问：是什么原因造成了这种差别？相信即将成为班主任的你，都希望自己能够胜任班主任工作，那么了解造成这种差别的原因就非常有必要了。

时间是公平的，每个人每天只有24小时，但是我们利用时间的方式却不一样。有的人擅长将一天安排得井井有条，这必然少不了一份周全的计划；有的人喜欢不拘一格，工作起来也是想到什么就做什么。显而易见的是，不同的时间管理方式会让我们在工作中有不同的表现。这也解释了我们刚刚提出的问题，原来工作上的"差别"是由时间管理方式不同造成的。同时，它也告诉新手班主任们，虽然班主任工作非常琐碎，但是如果能够进行合理的时间管理，相信你也能够将每一天都安排得忙碌却有收获。

合理有效的时间管理第一步是了解班主任一天的工作任务，只有这样我们才能做到有的放矢，根据任务类型进行有效的时间管理。

（一）一天的行事历

1. 早读

（1）按时进班，主动和学生打招呼，并检查学生的出勤情况。如有缺席要及时与家长取得联系或进行家访，搞清楚原因。同时，检查学生着装仪表情况是否符合学校要求，及时进行教育。

（2）督促学生早读，不占用早读时间做自己的课前准备。

（3）其他老师指导早读时，可在一旁协助管理，或者处理一些班级事务。

2. 卫生保洁

（1）了解值日生的工作，如今天轮到哪几位同学值日，有无认真完成班级打扫工作等。

（2）认真检查教室内外卫生情况，要求干净整齐。班主任无法离开教室时，可安排小干部检查室外劳动。

（3）观察班级公物保管状况，发现损坏及时调查、教育和处理。

3. 广播操

（1）指导训练学生自觉排队，做到快速、安静、整齐，彰显学生的朝气。

（2）认真巡视学生做操情况，及时纠正动作。

4. 晨会

（1）能按照学校要求认真上好晨会课，不随意更改晨会课的内容。

（2）注意寻找班级、学校、社会中具有教育意义的典型事例，丰富晨会内容，少说教、少训斥，不使晨会变成批评课。

（3）指导学生完成自主晨会，帮助学生正确收集资料。

5. 课堂纪律管理

（1）每天指派学生值日班长，检查督促每节课的正常进行。

（2）如果遇到突发事件，主动协助科任老师一起解决。

6. 眼保健操

（1）按时进班，主动提醒学生做好眼保健操的准备。

（2）学生做操时要认真巡视，对学生的做操姿势进行引导和纠正，不做与之无关的事情。

7. 学生学习情况

（1）检查课代表收交作业情况。

（2）每天观察班级上课情况，掌握班级学风的进展和变化。

（3）如果有考试，要针对考试情况及时总结。

8．课间

（1）检查学生课间文明的状况，预防和禁止学生之间的打闹行为，避免酿成严重后果。

（2）需要和学生沟通、并能快速处理的事情，也可以放到课间解决。

（3）每天了解班级学生学习情况，及时与任课老师沟通。

9．午餐和午休

（1）关心学生用餐情况，督促学生遵守用餐规定，注意保持环境整洁。

（2）坚持每日午休都有老师在场，保证学生的休息。

10．每日总结

（1）随时发现班中的先进事迹或不良现象，及时进行表扬或批评教育。

（2）利用固定的时间对一天的学习生活做好小结，要奖惩分明。

11．学生放学

（1）按时放学不拖堂，将学生队伍送到路口，指导学生遵守交通规则。

（2）坚持每日在离开班级时，检查班级的"四关情况"，即水、电、门、窗。

这里罗列的班主任一日行事历只是一些常规工作，也就是班主任每天肯定会碰到的、必须要处理的事情。其他还有一些工作是随机性的，比如上级领导的检查、班级突发事件的发生、学校组织的班级教学评比等，这些也都是班主任工作的重要组成部分，也会增加班主任的工作量。面对这么多的工作，我们必须进行科学合理的时间管理。现在，就让我来告诉你一些关于班级每日时间管理的小诀窍吧。

（二）如何进行一天的日程安排

1．给一天的任务分类

班级时间管理首先涉及的就是对工作任务的分类问题。假如你是一名班主任，在开始规划一天的时间安排之前，先问自己几个问题。"明天必须要完成的任务是什么？""如果发生了突发事件怎么办？""昨天还有什么任务没有完成？"接下来，你的大脑里就会呈现出一个个具体的任务，这些任务看起来非常凌乱，需要我们按事情的轻重缓急来分类。那么，如何来给这么多的工作分类呢？下面介绍的时间管理"四象限法则"也许可以解答你的这个问题。

柯维在《与时间有约》[1]一书中用数学的平面坐标系理论，对事情的重要性、紧迫性进行了阐述。他依照事情急迫和重要的程度划分出四个象限，分别为：第一象限——急迫、重要；第二象限——不急迫、重要；第三象限——不急迫、不重要；第四象限——急迫、不重

1　史蒂芬·柯维. 与时间有约. 台北：天下文化出版社，2009

要（见图表1）[1]。

按照柯维的理论，对班级管理方面可能遇到的事情进行如下分类：

（1）急迫且重要的事——学生的意外事故、校园安全事件、其他冲突事件等；

（2）重要但不急迫的事——班级教学工作、学生学习情况、家长到校与任课老师的联系，其他学校交代必须完成的工作等；

（3）不重要但急迫的事——比如家长因为一些并不重要的事情与教师联系；

（4）不重要也不急迫的事——无关教育教学的谈话等。

我们常常听到这样的感慨：生命要浪费在美好的事物上。我们更应该这样去实践：时间要花费在重要的事情上。时间管理的一个重要观念是应有重点地把主要的精力和时间集中放在处理那些重要但不紧急的工作上，这样可以做到未雨绸缪，防患于未然。在班主任的日常工作中，很多时候往往有机会去很好地计划和完成一件事，但常常却没有及时去做，随着时间的推移，造成工作质量的下降。比如班级向心力的建设需要长期的努力和付出，但是却因为很难在短期内见效，因此得不到很多班主任的重视。所以，把主要的精力有重点地放在重要但不紧急这个"象限"的事务上是必要的。在重要的事情上多花时间，减少在不重要且不急迫的事情上浪费时间，从整体上进行规划和合理的调控，这项原则必须贯彻在我们的日程安排时间表中。

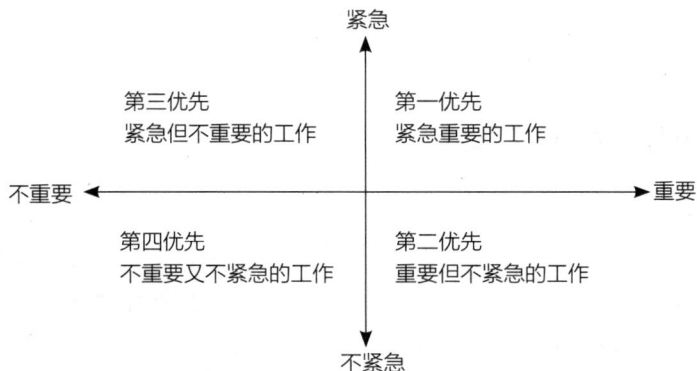

```
                        紧急
                         ↑
                         │
   第三优先               │        第一优先
   紧急但不重要的工作       │        紧急重要的工作
                         │
不重要 ←──────────────────┼──────────────────→ 重要
                         │
   第四优先               │        第二优先
   不重要又不紧急的工作     │        重要但不紧急的工作
                         │
                         ↓
                        不紧急
```

在给每天的任务分类之后，我们要将其中相对比较重要的事情提取出来，再详细地梳理出一天的工作任务。这些任务包括必须完成的任务、有可能发生的事情、突发性事件、可做可不做的事情。必须完成的任务一定要仔细梳理出来，像备课、上课、改作业、检查学生的到校情况、学校要求上交的一些材料等都是必须要做的，如果不及时完成，就会出

---

1 朱宸材. 行知理论在班级时间管理中的运用. 教育教学研究，2011（8）

现工作上的失误。有可能发生的事情是指在完成必须完成的任务时生发出来的一些不稳定因素，比如在开家长会前的半天，有些家长可能会打电话了解学生的情况，沟通至少半个小时才能结束，这就容易打破班主任的日程安排，这些有可能发生的事情需要班主任根据经验来进行预测，在日程安排中留出一定的机动时间。学生出现伤亡、校外人员来学校滋事生事等突发性事件，都是不可控制的，需要班主任详细了解校园安全管理的相关规章制度，能够做到沉着应对。可做可不做的事情，是指那些需要近期完成的事情，但时效性不强，可以做也可以不做。

2. 制订日程规划表

一天的时间不长也不短，如果你没有一个可以像电脑一样准确记忆的大脑，那么就请多动动你的手指吧！养成一个好习惯，利用每天晚上的五分钟到十分钟时间，根据上面提到的任务分类法则，提前将一天的日程安排时间表写在纸上。这个时间表可以是概括性的，比如一天要完成哪几项工作，每项工作大概需要花费多长时间，在什么时间段内去完成比较合适等；也可以是具体、细致的，比如将一天的工作时间划分为一个个小的时间段，在每个时间段内分别安排经过分解后的任务。一份好的日程安排表，可以让你在工作时保持清晰的思路，保证完成每日的工作量。想要进行科学的时间管理，不仅要掌握科学划分任务类型的技能，还要能够运用时间管理法则，分别将这些任务安排进不同的工作时间内，这也非常重要。

要进行科学的时间管理，至少要做到以下六点：

（1）明确日程安排的两个基本时间段。一是早晨到办公室后要开始一天的日程安排，大约需要十分钟；二是下午到办公室后调整下午的日程安排，大约需要五分钟。如果遇上突发性事件，就要随时调整日程安排。

（2）要熟知当前的作息时间表，便于随时选择合适的时间完成工作任务。

（3）要熟知自己授课班级的课程表。备课、上课时间是固定的，不能随意更改。另外，熟悉本班的课程表，如遇到突发性事件，便于和其他任课老师协调后调整课程安排时间，不影响一天上课任务的完成。

（4）要充分利用时间，在预期规划的时间内完成相应的工作任务。如果因规划不合理而导致一些任务没有完成，要及时做出调整，另寻完成任务的时间。

（5）日程安排的时间要尽量充足，并留足一个小时左右的时间作为机动时间，便于应对一些突发性事件和因规划不合理导致完成任务的时间出现拖延的情况。

（6）工作难度大的任务完成时间规划得要充足一些，以便保证完成质量。

在实施具体操作时，还要注意表格的设计。至少应该包括："完成工作任务的时间段划分""要完成的工作任务""工作任务的拆解及完成时的注意事项"几项内容。其中"工作任务的拆解及完成时的注意事项"一栏要把格子设计得相对宽大些，因为要把一些注意事项都具体地表述出来，比如在开家长会的当天，"关闭手机"这一条一定要写到注意事项里，因为有一些家长在这一天是要打电话的。实际上，这样的家长平时并不关心自己的孩子，开家长会了才开始关心，他们打电话大多表达的是对自己孩子的不满或担忧，很少能反映一些有价值的信息，所以这些家长的电话可以不接。为了避免这一点，班主任在这一天就可以关闭手机。

日程安排时还有几条注意事项：第一，以自己的上课时间为分界线，确定日程安排；第二，要把较多的工作任务安排在自己不上课的时间，既不与上课冲突，也便于调控；第三，必须要做的事情优先安排在合适的时间段，避免出现工作失误；第四，要把各项任务统筹安排，尽量节省时间，提高工作效率；第五，每天留出一个小时左右的机动时间，用于处理有可能发生的事情和突发性事件；第六，日程安排得不要太紧张，要留出调控的余地，避免出现工作的忙乱。

我的日程安排[1]

时间：ＸＸＸＸ年Ｘ月Ｘ日　星期Ｘ

时间段划分	主要完成任务	任务分解及注意事项
7:20~7:35	梳理当天的工作任务，设计一天的日程	不可不做的任务：两节语文课（含备课和改作业）；准备今晚召开的家长会的讲解内容；上报优秀生名单；开晨会；给婷、华调位；有16位家长提出家长会前后单独交流；"五一"放假事宜安排；起草《兰山区第四届优秀教育科研成果评选的材料报送说明》 有可能发生的事情：得知学校职能部门突然下发一些通知，可能会要求当天完成；按惯例，政教处对今晚召开的家长会做细致的要求，一般需要在下午放学前完成；一些突发性事件；不少家长可能会打电话询问自己孩子的成长情况 可做可不做的事情：给《中小学管理》杂志的约稿，离交稿还有三天；两个学生政、宇想和我谈话，他们说会主动找我；昨天下午下班时王老师想让我帮她修改论文，但她明年才能晋升一级职称，今天不一定给她修改
7:35~7:40	询问纪律委员学生到校情况，核实几个一日量表	和班长一起核实《一日学习情况汇总》《一日卫生保持情况公布》《一日纪律保持情况公布》，并签字；让宣传委员把这几个表格张贴到"班级信息栏"中；如果时间允许，再和卫生委员一起检查几个卫生死角；如果时间不允许，就听卫生委员汇报
7:40~7:50	晨会	晨会结束，提示学生把晨会讲稿交给学习委员
7:50~7:58	给婷、华调位	如果时间不够用，在第二节语文课后的课间十分钟休息时继续调位。婷要求和学习成绩优异的华做同桌，华也同意。华的眼睛有点近视，不能太靠后。坐在第四排的宁单独一桌，想让婷的现同桌——视力很好的红和宁坐一起，只是不知道红愿意不愿意。如果红不愿意调位，就得让婷和华现在的同桌博调换，博的身高等因素都适合去婷现在的位置
7:58~8:00	在学生课前两分钟时离开	赶紧回办公室，准备备课
8:00~8:45	备课——《伟大的悲剧》（第一课时）	如果有老师来访，先询问事情的轻重缓急，然后在五分钟之内结束交流。如果事情很麻烦，请这位老师写成文字稿，发到我的邮箱，我看后再处理。关闭手机，专心备课

1　王宝祥. 阳光心态每一天——班主任的每一天. 北京：教育科学出版社，2009:33~36

续表

时间段划分	主要完成任务	任务分解及注意事项
8:45~8:50	去教室，准备上课	课前询问课代表本班昨天练字的收交情况和初步检查意见
8:50~9:30	上第一节语文课	
9:30~9:40	选出优秀学生名单	特优生一名：爽有绝对优势，直接确定。优秀生10名，进步生5名，需核对成绩单。名单确定好后，课间操跟操时带到操场，请班长交到政教处
9:40~9:58	到操场跟操	课间操开始前和政聊几句。如果聊得深度不够，请政写在成长日记中，我和他明天在日记上进行书面交流。学生退场会教室，有4分钟时间，可以根据上一节课的上课情况调整讲课思路
9:58~10:00	去另一个班的教室，准备上课	课前，询问课代表班级昨天日记的收交情况和初步检查意见
10:00~10:40	上第二节语文课	
10:40~10:50	回本班教室，明确家长会召开的时间	如果给婷、华调位的事情已经解决，可以趁机和宇聊几句（如果聊得深度不够，请宇写在成长日记中，我和他明天在日记上进行书面交流）。如果没有解决，继续调位
10:50~11:05	起草《兰山区第四届优秀教育科研成果评选的材料报送说明》	必须在11:20前到打印室打印出来，否则没有时间分发纸质通知到各教研组。莫忘记把《说明》张贴到学校的通知栏里，保证下午教师签到时能看到通知。还要把《说明》挂到学校的网页上，便于老师们下载
11:05~11:20	去阅览室快速翻阅当天的书报	有价值的文章拿到文印室复印，并回办公室仔细阅读。在文印室同时起草打印的《兰山区第四届优秀教育科研成果评选的材料报送说明》，回办公室前张贴到学校的通知栏里
11:20~11:40	机动时间	
11:40~14:30	到教室送学生回家、午饭、午休	学生们5分钟内离校回家，我也回家吃午饭，并午休。送学生时再次强调家长会的召开时间，请家长们提前做准备
14:30~14:40	签到后，到办公室简单调整下午的日程安排、检查学生到校情况	把上午未完成的必要任务重新安排
14:40~15:40	改作业	一个小时的时间改作业，时间肯定用不了。把剩余的时间用来修缮今天语文备课的教案，尤其是写教学反思。如果时间还充裕，可以备课，准备第二天要讲的内容
15:40~16:10	准备家长会的讲解内容	分析期中诊断考试的成绩和半个学期来的各种常规管理表格、班级建设的重大举措，准备家长会的讲解内容。家长会19:00开始，20:30结束，准备一个小时的讲解内容，留半个小时和个别家长交流
16:10~17:10	继续准备家长会的内容	关闭手机，防止被外界干扰
17;10~17:40	机动时间	
17:40~17:50	记录《工作日志》	
17:50~18:00	去教室安排家长会前的事宜	询问班长家长会要准备的几件事情是否准备完毕；询问卫生委员卫生检查情况；询问学习委员每位同学期中考试的成绩分析表是否准备完毕
18:00~19:00	晚饭。准备家长会	18:30前到教室，可以约请五六个要求单独交流的家长，在教室外单独交流。每个家长交流的时间控制在3分钟左右，如果有要详细了解的内容，抽时间继续交谈
19:00~20:00	开家长会	着重介绍本学期学生的特点、班级建设的几项措施、期中考试的情况分析
20:00~20:30	和要求单独交流的家长沟通	每个家长交流的时间控制在3分钟左右，如果有要详细了解的内容，抽时间继续交谈

这是一位有经验、高效率的班主任的一日安排。事实上，我们在具体操作时，任务分解和注意事项不一定都写在纸上，可以做一个大概的工作时间划分。只要能够保证在工作中有序而不乏灵活，将每一天都安排得紧凑但不忙乱，你也可以在不断的工作磨炼中找到适合自己的日程安排计划表。

3. 学会利用零碎时间

班主任的一天是有自主时间的，可是多以零碎时间为主。班主任除了要完成分内的教学任务，还要参与学校组织的各项教研活动、会议等。此外，属于班主任的零碎时间还有课下十分钟、会议前的几分钟等。虽然班主任在工作期间也有比较完整的时间，比如班主任的课表上会有连续几节的空课，但是因为绝大多数班主任还要承担学科教学任务，一般都是把批改作业、反馈作业等作为自己当日的首要工作予以优先安排。这样，原本的完整时间也变得不完整了。这都要求班主任必须学会利用零碎时间。

如果你善于观察，就会发现班主任一天中的零碎时间大部分是被一些和教育教学活动无关的事情侵占的，比如和其他教师之间的闲聊、被手机和电脑中的无关信息吸引，等等，这些本来可以得到很好利用的时间，却被白白浪费了，实在是一种损失。魏书生先生曾让自己的学生统计过每天浪费在闲话、闲事、闲思上的时间，有一个学生写道：今日"三闲"数量——闲话280句，闲事13件，闲思3.5小时。其实，他实际浪费时间的数量只会比这多，不会比这少[1]。借用这个案例，我们也可以通过记录每天花费的时间，看看我们的零碎时间到底去哪儿了。

那么，我们又该如何利用这些零碎的时间呢？比如，可以在制订日程安排时间表时，将那些能在十分钟内解决的小事情罗列出来，这样当你有零碎时间时，就可以把它们拿出来看一看，并逐一完成。还要注意的是，这里涉及一个"切换成本"的问题。所谓"切换成本"，就是指从一件事情切换到另外一件事情所花费的时间，它是杂事衍生出来的一大问题。不要觉得这个时间不多，根据国外机构的统计，一般人花费在切换任务的时间，大约占了正常工作时间的30%~40%。这也提醒我们，尽量避免将需要花费大量时间的任务放在零碎时间里去完成，因此产生的切换任务时间会降低我们的工作效率。其次，要努力训练自己在不留余地，又饱受干扰的情况下，完成预计的工作。这并非不可能，事实上，工作快的人通常比慢吞吞的人做事精确些。日本专业的统计数据指出："人们一般每8分钟会收到1次打扰，每小时大约7次，或者说每天50~60次。平均每次打扰大约是5分钟，总共每天大约4小时。"[2]既然无法避免在工作中受到干扰，我们就要训练自己能够在零碎的时间中完成指定的任务。

4. 积极拖延

班主任每天有很多事情要做，但是因为时间有限，也许会产生一些任务当天无法完成，

---

1 魏书生. 班主任工作漫谈. 桂林：漓江出版社，1993:103
2 华为管理时间的4大法宝. [EB/OL]（2012-03-22）http://blog.sina.com.cn/s/blog_52f476c60101472u.html

这就需要拖到第二天来处理。很多人会认为，拖延是一种不良的工作习惯，应该尽量避免。但是，如果确实有一些当天无法完成的工作，我们又该怎么解决呢？这里，我就告诉你一些"积极的拖延方法"。

首先，当你发现有任务无法完成时，就需要你将没有完成的工作按照任务"四象限法则"给它们重新分类，并安排进明天的日程计划中。你要清楚记得每一项未完成的工作，以免遗漏。千万不要把未完成的工作束之高阁，这样只会越拖越麻烦。

其次，如果你提前预感到今天会有完不成的工作，就会面临一个选择——将哪些任务拖延到第二天？这时就可以运用时间管理的"2/8法则"。"2/8法则"是19世纪末和20世纪初由意大利经济学家及社会学家帕累托提出的，最初是用于经济领域中的决策。这一原则是说在任何一组东西中，最重要的通常只占其中的一小部分（大约20%），因此对于重要但只占少数的部分必须分配更多的资源，更注重对它的管理。在选择拖延哪些任务时，我们可以选择拖延价值较低的80%的任务，将时间有效地利用在具有更高价值的20%的任务上。此外，工作中肯定会有一些突发和迫不及待要解决的问题，如果你发现自己天天都在处理这些事情，这表示你的时间管理并不理想。成功者花最多时间在做最重要的事，而不是最紧急的事情上，然而一般人都是做紧急但不重要的事。根据"2/8法则"，我们就可以对那些看起来很急迫但是并不重要的事情说"不"。

总的来说，班主任要学会将一天零散的时间利用起来，化散为整。首先，你要学会合理配置时间，区分出所要做的事的轻重缓急。这就要求你理解急事不等于重要的事情。每天除了办又急又重要的事情外，一定注意避免成为急事的奴隶。有些急但是不重要的事情，你要学会放掉，要能对人说 No！其次，一份科学的日程安排时间表非常重要，你不仅要学会合理利用零散的时间，也要学会将重要的工作集中在一个时段内完成，这都需要你积累丰富的工作经验，在分配时间时做到心中有数。最后一点也是最重要的一点就是，班主任也要学会劳逸结合，每一分钟都用在工作上只能说明你是一个勤劳的人，但不是一个有智慧的人，学会提高工作的效率，并作适当的休息，可以达到事半功倍的效果。

🔗 **相关链接**

节约时间的4D原则[1]

美国时间管理专家提出节约时间的4D原则：丢掉不管（Drop it）、拖一拖再办（Delay it）、委派别人去干（Delegate it）、自己做（Do it）。这就很好地契合了时间管理的"2/8法则"。把一些与目标无关的、无效益的、应差的事等丢掉不管；把一些偏离目标的精神情

---

1 傅建明，胡志奎．*班级管理案例*．广州：广东教育出版社，2009:120

绪活动、次要工作、信息资料不完全的工作等，暂时挂在一边，待有空余时间再去处理；将能委派出去的事尽量派给他人去干，这是80%的非重要事情，只能占用自己20%的时间。不能丢掉不管、不能拖一拖再办、不能委派给别人的事，按照优先顺序自己亲自去完成，这是20%的重要事情，需要花上自己80%的时间。

二、班主任的一周

做好每一天的工作是美好一周的基础，相信有了合理计划的每一天，你的一周也能游刃有余。那么，班主任的一周一般要做哪些工作呢？

（一）一周行事历

1. 每周一的早晨组织学生按时有序、庄严肃穆地参加升旗仪式，班主任应站在学生队列前面，起到维持纪律的作用。

2. 依据校例制定每周一次的班会课，按时保质保量完成学校的例会工作。

3. 每周班委会议：有针对性总结上周工作（思想、学习、纪律、卫生等方面），并安排新一周的工作计划。

4. 主动与任课老师联系，了解学生情况，当好学科教学上的协调人。

5. 注重学生文明习惯的养成教育，及时处理突发事件，重大问题应及时报告。注重对学生进行良好习惯的教育，培养良好的班风学风；帮助学生树立远大理想，明确奋斗目标，掌握科学的学习方法、拥有正确的学习态度。每周要在班上树立几名标兵，积极鼓励有进步的学生。

6. 经常找学生座谈，注重谈心的方法和效果。还要注重倾听学生的心声，及时掌握学生的心理动向，把学生中的问题解决在萌芽状态。同时，要做好谈话的记录工作。

7. 抓好班级的德育工作，每周进行一次德育考评。可以采取累计奖励机制，对表现出优秀品质的学生给予适当奖励。

8. 做好家校合作工作，与学生家长建立经常性的联系，及时沟通教育信息，指导家长掌握科学的教育方法，正确处理好家长与任课教师的关系。

9. 经常了解住宿生晚自习及就寝情况，每周不定期至少两次深入宿舍了解情况，并对突出问题及时进行教育或处理。

10. 规范填写《班级日志》及《班主任工作手册》，多收集关于班级成长的资料。

11. 班级日常管理工作还包括班级板报、花草树木，每周要安排学生更新板报内容，及时给花草树木浇水。

12. 每周在固定的时间，进行至少一次的卫生大检查，由班委会成员协助完成，保持班级公共环境的卫生。

13．做好班会和周一升旗仪式的会后总结，及时将学校的最新消息传递给学生。

（二）如何规划班主任的一周

每一天都是从合理的日程计划开始，每一周也是如此。你可以挑选星期五的某一段时间制订下一周的日程计划表，一周的时间安排不必过于细致，应当结合学校的日程安排，将必须在某一天前完成的工作写在时间表中。下面是南京市外国语学校仙林分校的一周工作安排，如果你是一位初三年级的班主任，想一想该如何结合学校的日程安排，来计划自己的一周工作。

南京市外国语学校仙林分校一周工作安排[1]

星期	工作安排
周一	1. 晨会：主题——让文明成为习惯 2. 初一班级教育小组组长会议（班改专题汇报） 3. 初一年级学生大会（时间：16:10　地点：小剧场） 4. 初二、初三、高一、高三班级教育小组组长例会 5. 高二年级学生座谈会 6. 高三年级学生大会 7. 初中全体英语教师参加南外本部校本课程研讨活动
周二	1. 初中选修课正常 2. 班级"三关"检查通报 3. 初三年级学生大会（地点：小剧场）
周三	1. 校园一日社会实践（初二14班） 2. 初二年级教师期中总结会 3. 初三实验考查（物理、化学） 4. 高二年级各班班教小组学情诊断碰头会 5. 高三年级班级教育小组月诊断分析会
周四	1. 高中选修课正常 2. 学部课程建设研讨会 3. 大队委员改选（时间：16:10） 4. 初三年级家长会（地点：小剧场） 5. 落实高一年级生涯规划招聘单位 6. 高三年级教师三模分析会 7. 个人课题研究讲座（主讲人：李洵　时间：15:30　地点：图书馆202室）
周五	1. 初一年级家长会（时间：14:00　地点：小剧场） 2. 初三英语加试口语测试 3. 高一年级学生人才市场调研 4. 高二年级班干部例会、班级教育小组组长例会 5. 高三年级家长会（时间：14:00　地点：二楼小阶教）
备注	周六初三英语加试，口语测试

---

[1]　2013/2014学年第二学期第十三周工作安排．[EB/OL]（2014-05-09）http://www.nflsxl.com/info/2014/5/9/info_63_28570.html

除了合理计划外，还有哪些做法能帮我们更好地处理班级事务、合理规划时间呢？

1. 学生值周制度

根据各校的具体情况确定值周任务，一般是对全校学生的部分常规情况进行检查。任何一位班主任都可能会在工作中感到分身乏术，因此列出工作中所有可以授权的事项，将一些事情指派或授权给学生来做，是提高时间使用效率的有效方式之一。由班级中优秀学生组成的值周小组，不仅可以在学生中起到带头作用，也可以适当减轻班主任的工作量。当班主任有其他更重要的工作需要处理时，值周学生可以起到临时班主任的作用。

学生值周工作主要包括：（1）出勤检查：代表全班同学向老师问好，检查迟到情况；（2）校服检查：对班级穿校服情况进行检查；（3）广播操、升旗出勤人数检查：登记未上操和未参加升旗仪式的人数，对没有假条无故滞留的同学要登记姓名，对请假同学收取假条；（4）中午纪律检查：对学校操场、教学楼、教室进行检查，要求同学们在教室里午休或自习；（5）其他情况检查：课间在主干道进行巡查，对在校园里骑车、踢球等比较危险的情况进行制止，有严重的违纪现象立即向班主任或其他老师汇报；（6）食堂纪律检查：就餐时间对食堂进行巡查，要求同学们排队就餐，按要求处理吃剩饭菜及杂物。所有的检查应有记录，并能在当天及时将检查情况反馈给班主任。

其次，在合理授权的同时，也要对值周学生提出严格的要求：第一，以身作则，严于律己，发挥值周班长的榜样作用。第二，准时到岗，认真负责，坚守岗位，合理公正。第三，爱护值周学生牌，工作时正确佩戴。班主任应重视学生值周工作，把值周作为班级日常管理与学生自我教育相结合的过程。

2. 班级教育日记

苏霍姆林斯基在《给教师的建议》一书中提道：记日记有助于集中思想，对某一个问题进行深入思考："我建议每一位教师都来写教育日记。教育日记并不是什么对它提出某些格式要求的官方文献，而是一种个人的随笔记录，在日常工作中就可以记。这些记录是思考和创造的源泉。"[1]

结合班级时间管理的要求，我们可以将每天实际的工作安排都记录在教育日记中。比如，在什么时间段做了哪些事情。这些记录下来的内容一定要能真实地反映你当时的状态，这样才能保证你清楚地看到自己的时间是如何花掉的。在一周结束之后，你可以将这周的教育日记拿出来分析一下，并问自己几个问题：下周你的时间如何可以更有效率地安排？和教育无关的活动有没有占太大的比例？有没有方法增加时间管理的效率？美国管理学者彼得·德鲁克（P. F. Drucker）认为，有效的时间管理主要是记录自己的时间，以认清时间耗在什么地方；管理自己的时间，设法减少非生产性工作的时间。坚持记录教育日记，可以让你在

1　苏霍姆林斯基. 给教师的建议. 北京：教育科学出版社，1999:123

班级时间管理的道路上越来越有收获。

3. 考虑不确定性

在班级时间管理的过程中，还需应付意外的不确定性事件。在制订每周计划时，需要为处理意外事件留下适当的时间。有两个预防此类事件发生的方法可供你参考：第一是为每项任务都留有多余的预备时间。这要求你拥有足够的班主任工作经验，能够预测每项工作需要花费的大概时间。同时，快速、高效地完成工作任务，也是空出多余时间的一大法宝。第二是另准备一套应变计划。比如，当班级里有突发事件发生，需要你暂时离开学校时，你必须能够迅速找到其他教师或学生来代替你的职务，维持班级的正常纪律和教学。

迫使自己在规定时间内完成工作，对你自己的能力有信心，并仔细分析将要完成的事，然后把它们分解成若干意境单元，这是正确迅速完成工作的必要步骤。考虑到不确定性，才能在紧急情况来临时避免手忙脚乱。

石块效应[1]

课上，教授在桌子上放了一个玻璃罐子，然后从桌子下面拿出一些正好可以从罐口放进罐子里的鹅卵石。教授把石块放完后问他的学生："你们说这个罐子是不是满的？""是。"所有的学生异口同声地回答。教授笑着从桌底下拿出一袋碎石子，把它们从罐口倒下去，摇一摇，问："现在罐子是不是满了？"大家都有些不敢回答，一位学生怯生生地细声回答："也许没满。"教授不语，又从桌下拿出一袋沙子，慢慢倒进罐子里，然后又问学生："现在呢？""没有满！"全班学生很有信心地回答说。是的，教授又从桌子底下拿出一大瓶水，缓缓倒进看起来已经被鹅卵石、小碎石、沙子填满的玻璃罐。

一个平常的玻璃罐就这样装下了这么多东西，但如果不先把最大的鹅卵石放进罐子，也许以后永远没机会把它们再放进去了。生活中那么多事情，其实都可以像往这个玻璃罐里放东西那样，先进行时间级别分类，如根据班主任工作的日常安排，按照"事分轻重缓急"进行组合，确定先后顺序，做到不遗不漏。

三、班主任的一学期

俗话说"好的开头是成功的一半"，当你刚接触一个班级时，开学初的那一个月至关重要。你需要在开学初完成的工作很多，比如，建立班级常规管理制度、安排座位、选举班干部、布置班级学习环境、首次和家长联系，等等。除了这些常规工作，你还需要尽快建立起和同学们之间的沟通渠道，让班级尽快走上正轨。如果缺少一份时间规划，很难做

1　傅建明，胡志奎. 班级管理案例. 广州：广东教育出版社，2009:121

到面面俱到。

（一）一学期行事历

1．学期初

（1）对班级建设有一个整体设想，了解学生的性格特征和基本资料；

（2）树立班级形象，确定班名、班歌、班训；

（3）学生费用的收交工作；

（4）安排学生座位、吃饭、住宿工作；

（5）及时组建班委、明确分工、落实责任；

（6）布置班级环境，迎接学生，用美好的环境加强班级文化建设；

（7）制订班级学期计划，如每周的班会主题内容；

（8）贯彻学校规定的思想道德、仪容仪表；

（9）收交假期作业、了解假期生活并作点评。

2．学期中

（1）平时加强对学习的督促，在学习方法上加以指导，组织班级"一对一"帮扶工作；

（2）积极开展学校组织的各项活动，按照学校要求和学生实际认真组织每周班会；

（3）每次考试后都要做好总结工作，让学生积累学习经验，并在班会上交流；

（4）定期组织家长会，建立有效、密切的家校合作关系；

（5）积极参加学校组织的教学研讨活动，并总结教育教学经验。

3．学期末

（1）贯彻诚信考试教育；

（2）召开师生座谈会、学习方法交流会、考试分析会等；

（3）期末三好学生、优秀干部、优秀团员的评选；

（4）填写学生一学期的基本情况和成绩报告单，进行学期末班主任工作总结；

（5）假期实习实践活动的安排及注意事项。

（二）制订学期工作计划

新的学年就要开始了，班主任在开学之前的一份重要工作，就是在学校工作计划的指导下制订本班级的工作计划。这样，班主任在工作时才不会陷入盲目性，更因为有了明确的目标，才能增强对每一项工作的主动性、积极性。

1. 确定班级的学期发展目标

目标具有导向性、激励性等功能，一个合理的学期发展目标能够帮助班主任在工作时有章可循，指导班级工作朝向预期的方向发展。

何谓合理的学期发展目标？首先，班级的学期发展目标是层次分明、合理有度的。从对象上来看，它包括了个体目标和集体目标。将每个学生的个体目标和班集体目标结合起来，有利于把班级发展和个体发展紧密联系在一起，既为达成个体目标营造了积极的环境，也为完成集体目标提供了支撑。从时间上来看，它包括了阶段化目标和长远性目标。只有一个长远性目标，容易盲目；只有阶段化目标，容易失去方向。只有将阶段化目标和长远性目标结合起来，才能在循序渐进向总体目标迈进的过程中又不失体验成功的快乐。它还包括具体目标和全面发展的成长目标。每个学生都应当有全面发展的成长目标，但它与学生的现状有一定的距离，在确定个体的具体目标时，要引导学生把它与自己的全面发展的成长目标联系起来[1]。

其次，学期发展目标应该是在班级全体成员的参与下制订而来，它既包括了任课教师，也包括班级里每一个学生。班主任应当对班级里每一个成员的期望都谙熟于心，并利用一次或几次班会课的时间，通过讨论将这些表达个人诉求的期望分层次纳入到班级总体目标体系中。

最后，学期发展计划不应当是班主任的空空而谈，还应该将它细化成一个个可具体操作、测量的行为目标。对于班主任工作而言，只有将目标分层次梳理，列出相对应的具体行为目标，才能真正让班级的学期发展目标落到实处。

2. 制订学期工作计划

制订学期工作计划的方法具体到班级、个人会有所不同，但大致是在总结上学期班级工作的基础上，提出这一学期的计划。班主任可以根据个人喜好，选择按时间发展来制订学期工作计划。例如，学期初、学期中和学期末工作计划；也可以根据工作内容，将工作计划分成德育、智育等几个方面。

具体到制订计划，可以先写一段序言，在序言里概述班级的基本情况，包括上学期总的情况说明，如学生的学业情况；学生掌握各科知识中存在的问题；班纪班风有哪些不足的地方，等等。根据上学期的情况，提出本学期班级工作的奋斗目标，如加强精神文明建设、进行爱国主义教育、劳动教育以及人生观、世界观的教育等。

四、班主任的自主时间规划

上帝公平地给了每个人每天3个8小时。第一个8小时用来工作，第二个8小时用来睡觉，人与人的区别是由第三个8小时创造出来的。如果你每天花3个小时上下班，2个小时吃早中晚饭，1个小时看电视，那你自由支配的时间就只剩下2个小时了。你可能会非常节省地用它来陪女朋友看电影，健身或者唱歌、打游戏。如果你能从交通、睡觉、吃饭里分别省出一些

---

1 陈爱苾. 春华秋实每一年——班主任的每一学年. 北京:教育科学出版社，2009:15

时间花在个人未来规划上，相信一段时间后你会比其他人做得更好。

"出色管理时间的本质是个人规划。"美国人博恩·崔西花了25年时间，钻研各行各业成功人士的时间管理，得出这样的结论。有经验、受欢迎的班主任所拥有的时间并不比别人多，但他们却创造了令人瞩目的教育成就，很大程度上是因为他们有明确的理想追求、执着的实践研究、及时的教育反思，也是因为他们能够将更多的自主时间用在个人规划上。总的来说，班主任的专业发展对自主时间的规划提出了要求。

个人规划可以减少班主任自我发展的盲目性，缩短班主任自我实现期，增加自我实现的动力。当班主任拥有教育自觉后，个人规划为班主任的自我发展提供了方向，班主任可以沿着较为清晰的自我发展路径前进。他会为之选择学习资源，安排学习进度，观察教育实践，反思教育行为，总结教育心得。班主任自主时间规划包括以下几个方面内容。

（一）阅读书籍

读书是最便宜、最经常的专业成长方式，也是自主时间里最简便、最经常的自主活动。对于自己所选领域内的资料，每天至少阅读一个小时。一天一个小时，一周就能读完一本书。12个月能读完50本书，在3年内，你将成为业内专家。"带一本书去旅行"说出了现代人的生活状态和追求。"带一本书在身边"也是实现个人规划的好方式。无论自主时间长短，无论在何时何地，班主任都可以捧起书本阅读。

在信息和网络高速发展的时代，阅读的途径和方式更加便捷，可以拓展到网络。中国知网的硕博论文、教育专家、名人的博客博文，教育专题网站和博客圈，世界名校的网络课程，都呈现着一大批草根教育者的才思，闪耀着比钻石还亮的光芒。

（二）培训学习

培训学习是班主任专业成长中必要的一种方式。与读书成长的方式不同，培训学习的优势在于培训主题明确，培训内容一般紧贴教育需要，可以提供互动交流的平台与资源，它可以在培训期间给予头脑风暴式的冲击，能促进班主任的成长上一个平台。

（三）观察反思

观察反思是执行个人规划重要的一种方式。阅读、培训是大量吸收知识和信息，而观察反思是消化知识和信息并结合实践吸收信息的过程，是知行结合之后再创造的前提。有人说，写三年反思的可成名师。可见观察反思对个人规划实现的巨大作用。

班主任可以从哪些方面进行观察反思呢？反思自己的教育行为，发现自己所学有多少落实在行动中，又有多少成效；观察反思班级建设、学生发展，发现这方面的核心问题或相关点；观察反思优秀班主任的思想和行动，或迁移他们的已有成果，或琢磨它们行动背后的思维方式。

下面这个案例给我们呈现了班主任是如何利用时间进行规划，以及如何加强自我管理的。

🔍 工作案例

班主任该如何支配时间？

随便找到一个班主任，若问平时工作最大的感受是什么？或许所有人的答案都只是一个字：累。但若要追问平时都做了些什么，为什么而累时，你看到的大多是一张茫然的脸。

作为众多班主任的一员，我也经常问自己：我都忙了些什么？都做了些什么？我的时间都到哪里去了？

有一个数学公式：劳动量=劳动效率×劳动时间。作为班主任，必须清醒认识到自己的任务和目标，并合理分配好自己的时间，争取有所成就。

首先，要对自己有一个合理定位。班主任，并非是一个只忙于班内事务处理、活动组织、教学上马马虎虎、随随便便的教师。恰恰相反，他必须首先是一名教学业务非常过硬的老师。然后，才能评价他的班级管理水平和能力。想要成为一名合格的班主任，必须先要成为一名合格的教师。教学水平永远是一名一线老师的立身根本。

其次，要学会合理分配好自己的时间。茶余灯下，我曾多次品读、体味魏书生老师的管理艺术。从班主任，到校长，到教育局长，魏书生老师都牢牢把握住了两个字——"分解"，把大的工作分解成小的，把复杂的事情分解成多个简单的。"事必躬亲"作为一种工作精神尚可，但是作为一种工作方法，那就大错特错了，而且班干部队伍长期得不到锻炼，将会出现"蜀中无大将，廖化作先锋"的尴尬局面。团务有团干部，班务有班委，要放心大胆地使用，发挥他们的作用。现代教育理念是让学生轻负荷发展，班主任也要学会轻装前进。"班主任工作分解+学生自主管理"应是一个值得探讨的模式。或许我们做不到魏书生老师那样，外出讲学几周，学生自教自学依然如故。但若要减少自己的无谓劳动，应该是没问题的。

基于此，我认为班主任的时间可做如下划分：一是常规时间。在此时间内，你要去完成你的常规工作：备课、上课、批改作业、学生谈话、问题处理、活动组织等。一定要注意方法、提高效率，切不可陷入泥水战。有的老师可能会嘟囔：说得轻巧，光作业就好几种，堆成山，批都批不完！可是你去查阅一下教师岗位职责，就会发现，并未要求作业一定要教师亲自批改，全批全改。抽查、互批等都可以作为作业批改的辅助方式。魏书生老师之所以有那么多时间去搞研究，是因为他的常规时间效率很高，比如作业，有许多都承包给学生了。常规时间尽量控制在6~7个小时，把8小时中剩下那一部分放到第二块时间：

个人发展时间中。我们的业务水平提高主要在这一段时间内完成，像学科教学的研究，班级管理的方法，前沿的教育理论，教学方法，如同一座森林中的宝藏，等待我们去探索发现。

个人发展时间往往是零散的，在上班的时间，一定要充分利用好学校的资源。首先是校图书馆，它藏书丰富，针对性强，有空就去坐一坐，看看书，记点笔记，对专业素养提高是大有裨益的。其次要经常请教同行，有问题自己记下来，随时随地带着问题去谦虚地请教同行，是提高时间利用率的一个好方法。另外还要用好零碎时间，求学时的吕叔湘先生，英文单词是在厕所里和上学放学路上来背的；鲁迅先生也是利用时间的高手，还记得他那句话吗——"时间就像海绵中的水，只要挤，总会有的"。想一想，即使每天只能抽出半个小时的时间，一年下来也是一个不小的数字。

"青青园中葵，朝露待日晞"。作为班主任主体的青年教师们，不妨在热情的工作中多一些理性的精神，创新、唯实，首先从合理利用时间开始。且学且思，提高效率，在教育事业中，更好地实现自己的人生价值。

（东营市育才学校　任中华）

🔍 **互动环节**

在本节的开头，我们给大家提供了一个案例，现在请大家回过头来思考几个问题：

如果您是案例中的那位班主任，您会如何处理班级中的突发事件？

请根据您自身的工作情况，制订出可以灵活使用的一日、一周和一学期工作计划。

第二节
班级空间管理

🔊 **教育家语录**

无论是种植花草树木，还是悬挂图片标语，或是利用墙报，我们都将从审美的高度深入规划，以便挖掘其潜移默化的育人功能，并最终连学校的墙壁都在说话。

——苏霍姆林斯基

📖 学习目标

1．理解班级物理空间、心理空间的含义；
2．掌握班级教室布置的基本原则以及座位安排的具体方法；
3．掌握班级气氛营造、人际交往等方面的具体要求和策略；
4．行动转化：请描述一下你的班级设计的构想。

📂 本节概述

班级管理中的"空间"是学生学习、生活的重要场域，是对学生的发展产生影响的各种外部条件的总和。一个健全的生命个体，不仅要拥有丰富的科学知识，也要拥有丰富的情感世界。学校教育，在引导学生不断获得知识、拓展心智视野的同时，必须培养其敏锐的生活感受力，增强个人的生活体验。无视学生生活世界的教育是不完整的教育，教育者需要从知识世界出发，引导每一位学生主动地面对生活世界，使其成为真实、完整的人。

本节将班级空间管理分为物理空间、心理空间两个范畴并进行相关论述，力图为大家展示一个为学生所需要的、充满生命活力的"生活世界"。

一、物理空间

（一）物理空间为了谁？

班级环境是学校环境的一个重要组成部分，而物理空间是指班级环境中有形的、静态的自然环境、设施以及时空环境。苏霍姆林斯基说过："只有创造一个教育人的环境，教育才能收到预期的效果。"很显然，舒适、优雅、愉悦的物理空间会对学生产生潜移默化的作用，给学生增添学习与生活的

> **物理空间：**
> 指班级环境中有形的、静态的自然环境、设施以及时空环境。

乐趣，消除学习后的疲劳，产生蓬勃向上的力量。但是在实际情况中，学校的物理空间布置并不像我们想象中的那么完美，甚至有的偏离最初的教育目标。

班级墙壁应表达孩子的声音[1]

前不久笔者曾经到一所外省名校听课，出于职业习惯，课间我去转了校园，偶然发现了这样的场景：在某班教室墙壁前，老师正在更换墙壁上的画，有个女孩子流着泪，用双手护着墙壁不让老师换画，并且用细小的声音哀求老师能不能明天再换，老师说不能。细问才明白，本来学校在进行校园文化建设，让所有学生在自己班级的教室墙壁上张贴或悬挂孩子心中的七彩世界。一个下午孩子与墙壁共舞，童真童趣，校园一下子热闹了起来，欢乐一片。可是恰逢上级来校视察，责令学校立刻换掉墙上孩子的作品，理由是孩子的作品太差太乱，

1　姚玉琴．班级墙壁应表达孩子的声音．中国教育报，2007-11-12（3）

没有大校名校的风采，是给名校丢人……生动的校园顷刻恢复了往常的一片洁白。难道大校名校的孩子就不是孩子？难道教室里的一切是为客人做的，是做给别人看的吗？

笔者曾在英国学习考察一个月，校园、教室的布置可谓缤纷斑斓，杂"乱"无章，但是我却能实在地感受到孩子们的声音。所有学校都充分利用每一点有效的空间，或摆或吊或挂各种各样的孩子们的"杰作"。在"中国周作品展"中，我看到校园里挂满倒"福"字，画栏布满了中国汉字、书法、画龙、梅竹等，十年级的孩子还为我们表演了"舞龙"……如果用我们的标准来衡量，用"质量低下"来描述一点都不过分，但校长介绍时却津津有味，如数家珍。校长告诉我们："让校园成为孩子们向往的乐园，游戏就是为了成功。"

现在我们很多学校硬件条件都非常好，教室环境显得高端、大气、上档次，正如上例中的那所"名校"。可是，这样的一所名校却为了迎合上级检查，保持名校风采，不顾孩子的身心发展需要，毁掉了孩子们的七彩世界。我们不禁疑惑：学校或环境的布置到底是为了谁？学校是孩子成长成才的重要场所，学校教育应该致力于孩子德、智、体、美、劳等方面的全面发展。为实现这样的目标，创造温馨、和谐的物理空间更在情理之中。基于此，我们得出这样一个共识，即物理空间是为了学生。因此，教师要有班级经营的理念，善于营造一个人性化、温馨舒适、真正能表达孩子意愿的班级物理空间。

（二）物理空间的布置

一般而言，班级中的物理空间即是指教室。在现代教学理念下，教室要集中体现以学习者为中心，为学习者服务。因此，教室布置的意义不仅在于为学生提供快乐学习的场所，更重要的是如何充分发挥其应有的教育价值。教室布置主要体现在教室环境的创设上，不同的教室环境对于学生产生的影响是大不相同的。教室布置应该对学生有吸引力，没有吸引力就谈不上注意力！而吸引力则主要体现在教育性上。如果教室环境一味强调整洁，白墙绿桌、窗明几净，显然缺少了活力，简直与医院的病房一样。教室环境布置一定要适应学生心理、生理特征，一定要有形象生动、活泼丰富的内容。只有当学生热爱自己的教室时，才能在这个环境中潜移默化地接受美的启迪，情感的陶冶。因此，班主任必须注意对班级环境进行精心的设计和布置。

教室一瞥[1]

大凡去过幼儿园的人，都会喜欢那里的班级环境的布置。学校走廊的墙面上，挂满了孩子们幼稚而可爱的图画，这已经让人们目不暇接了。而循着绿色的走廊来到教室，那里简直

---

1 齐学红. 今天，我们怎么做班主任——优秀班主任成长之路. 上海：华东师范大学出版社，2006:44~45

就是一个童话世界。教室的背景是一棵大树，如此茂密而且硕果累累，抬头就能看见好多诱人的水果，有香喷喷的苹果、黄灿灿的橘子、紫得像玛瑙的葡萄……在教室中央的小桌上，放着好些拼图玩具，孩子们面对面坐着，开心、认真地玩着，不时和旁边的小伙伴交流、嬉笑。进门的角落有个置物筐，冬天孩子们御寒的手套、围巾，夏天路上遮挡太阳的帽子都放在这里。教室内外墙上，不时变换着内容，有孩子的食谱、游戏安排、活动项目，老师提供的家庭教育中的窍门，还有每个孩子的图画、手工制作。教室的窗台上还有一些小花小草、养在鱼缸里的小金鱼。最里面的角落是个图书角……在这样一个童话乐园里，小孩子爱老师、爱同学、爱自己的班级。

上面这个案例为我们展示了幼儿园班级的全景画面，虽然没有亲眼看到，但是否也觉得在这样的环境下学习、生活是件很惬意的事呢？幼儿园、小学的班级还能让我们看到一些童趣，而一旦走进中学校园就会发现，教室环境几乎是千篇一律。如果走进一个布置得合理美观、窗明几净的教室，会使人精神抖擞，长期处于这样的环境里，学生就会得到美的熏陶和滋润，并很可能成为一个"美"的人。相反，走进一个杂乱无章、肮脏的教室，会使人情绪低落沮丧，长期处于这样的环境中，学生能健康成长吗？教室环境对于学生来说，意义可谓重大，那么到底如何对其进行安排、布置呢？

1. 教室布置的原则

主体性原则： 在班集体中，学生是各种教学活动的主体，更是在教学活动中形成各种社会关系的主体。而教室作为学生在学校活动的主要场所，对其布置显然也离不开学生的共同参与。学生根据自己的需要，充分发挥主观能动性，用自己的双手亲自营造一个温馨、舒适的班级之家。这样不仅可以让学生成为班级的主人，更加热爱这个班集体，而且在某种程度上可以增强班级凝聚力，有益于整个班集体的长远建设。但是，我们强调充分发挥学生的主体性，并不意味着可以忽略教师在这个过程中的重要作用。教师可以提供主要的设计思路，而由学生动手操作，将设计思路付诸实践。当然，如若涉及某些有争议的问题时，师生应当共同协商，在此基础上去解决问题。总之，在教室布置过程中，我们要尽量避免两种倾向：一是教师放任自流，教室完全由学生来布置；一是教师独断专行，完全不考虑学生的意见。

个性化原则： 班级作为一个学生接受教育的重要场所，除了具有社会化功能之外还具有个性化功能。在我们进行教室设计与布置时应充分考虑班级和学生的个性，使学生各尽其能，发挥出每个人的聪明才智，尽量设计出具有独特意义的教室。在一个充满个性化的空间里，学生们不仅可以自由地发挥主观能动性，同时还可以养成自我认识、自我设计、自我塑造、自我完善的能力，培养具有不同特色的需要、动机、兴趣、信念、性格、能力等品质，为培养独特的个性奠基。

目标性原则： 教室作为学生在校生活、学习的主要场所，可以说是一个班级活动和班集体建设的营地，营地的布置，首先要体现集体的目标。作为一个班级，它的奋斗目标是这个集体精神风貌的表现，而这个目标的确定又是根据学校总体目标与班级实际来确定的，只有确定了集体的奋斗目标，整个教室环境的布置才能以这个奋斗目标为中心，围绕这个中心进行整体考虑、设计。

实用性原则：教室布置不单单是为了好看，而要发挥其潜移默化的教育功能。环境布置不仅仅是一种物化环境的装饰，应关注其之于个体的教育意义，并作为一种课程进行开发。一方面，要重视教育环境的教育意义；另一方面，要避免"圣诞树"式的环境设置，即并非设置的东西越多越好、越全越好，而要以一定的主题为主线，同时关注美感。基于现实的思考，需要重视以下问题：教室布置如何为学生学习服务，如何为教学服务。在布置教室时，可适当添加一些与教学有关的适用资源，这是教室布置增加实用性的有效方法之一。

时效性原则：教室的环境布置应根据各阶段的教育目标，有针对性地对内容进行更换，不能像有的班级那样，一个学期甚至一年内都不做任何改变。有时效性的环境布置才会有新鲜感、有吸引力。

艺术性原则：教室不仅是学生学习的地方，也是潜移默化影响学生的场所，教室布置本身就是显性课程和隐性课程的结合体。教室栏目的大小、字体的选择以及色彩的搭配要适宜。

🔍 工作案例

现在班上推行的一个新玩意——学生海报，是我在看篮球赛时突发奇想的。

在篮球队里，每个球队主场上都挂着球员的巨幅画像，我想这何尝不能用在我的班级里呢？当学生走进班级，看到墙上全是他们的画像，预示着这是他们的班级，他们是班级的主人，这是一件多么自豪的事情啊！每天一进门就看到自己在对着自己微笑，一天也都有好心情，同时也时刻提醒自己可千万不能做什么错事，因为自己时刻看着自己，监督着自己。

（史菁南京市第24中学）

2. 教室座位的安排

所谓座位安排是指学生日常座位次序的排列方式。座位编排方式在班级文化中有重要的作用。其要义实际上是教学空间、文化空间的组织形式。不同的空间组合形式直接影响班级活动中的师生交往和生生交往，影响学生的人际关系，学习动机和态度，以及班级文化活动的效果。[1]因此，座位安排是物理空间布置中一个非常重要的内容。

> **座位安排：**
> 即班级学生日常座位次序的排列方式。

1　田慧生. 教育环境论. 南昌：江西教育出版社，1996：259~263

（1）座位排列方式

教室座位安排的形态是相当重要的，教师要了解不同座位的形态对于师生互动和学习结果的影响，从而使座位的安排与自己的教学意图相符合。例如，要限制学生互动，让学生独立工作，排排坐是很适当的；但要学生进行讨论，圆形安排则显得优势明显。座位排列方式主要有以下几种类型：

行列式（秧田式）　这是最传统、最常见的座位形态，最适合教师演讲或背诵，希望学生只注意一个方向时采用。教师的位置是站在教室前面，面朝学生讲授知识，与前排学生接触比较多，互动相对频繁。如果教师要改变他在教室内的位置，就需要四处走动，使学生有机会更多地双向沟通。

马蹄式（U形排列式）　这是指将教室里的课桌椅排列成U形，教师一般处在U形的开口处。这种方式有助于问题讨论、实验演示、即兴表演等，教师可以随时走到中央地带，与学生进行沟通以及课堂管理。

圆形式　圆形的座位形态是学生围成一个大圆圈进行教学活动，在进行讨论、分享、游戏、表演等活动时适合采用这种形态。这样的编排方式有利于学生之间、师生之间的言语和非言语交流，增加了师生之间以及生生之间平等交流的机会，并为师生之间的各种活动提供了一个较大的公共空间。但是如果班级人数过多，学生需要坐成一个很大的圆圈，则可能会增加老师与学生的距离。

小组式　这是适应新课程改革中学生自主学习、合作学习和探究学习需要而设计的一种编排形态。每个小组3~5人。学生可以讨论、探究、发表意见，为学生个性化发展提供了条件。

以上这些座位安排方式各有优势与不足，老师应根据不同需要适时调整座位安排。比如，有些学校的座椅都是单人单桌且不固定的，便于学生搬动，教师可以根据不同类型课的需要，随时让学生变换不同的座位形态。

（2）应该避免的座位安排方式

教师除了要对整个教室座位的形态进行整体考虑外，还须进一步考虑每一位学生所坐的位置，以及学生与学生之间座位的合理搭配。那么，在进行座位编排时应该避免哪些座位安排方式呢？

成绩型　不少班主任按照学生成绩优劣来编排座位，座位成为教师奖优罚劣的工具。哪个学生成绩好，哪个学生就有机会挑选好的座位。这种座位编排方式很容易挫伤学生学习的积极性。

表现型　有些班主任根据学生平时的表现好坏来编排座位，表现好，编排上等座位；平时表现差的学生只能坐下等座位，甚至给表现不好的学生以"专座"的形式，以示惩罚。这种编排似乎有一定道理，殊不知这样做不但不能促使学生的不良品行得到改正，反而容易致使学生产生逆反心理和自暴自弃的行为，很明显是不可取的做法。

任意型　没有任何的依据，学生或者自己选择或者由教师随意安排。看似公平的背后体现的是不负责任的态度，很难考虑学生的特殊情况。

关系型　教师在编排座位时，依据自己与家长关系的远近来安排座位。与其家长关系密切的学生安排好的座位，反之则安排较差的座位。这种编排方式带有明显的功利性，严重损坏了教师的形象。

总而言之，教师应当公正合理地安排学生座位，照顾到每个学生的成长，而不应当以牺牲某一部分学生的利益为代价来成全另一部分学生。

（3）座位安排应考虑的因素

以上讨论的4种座位方式都是我们在班级安排学生座位时应该避免的，那么作为教师，要想有效安排学生的座位，不得不考虑以下几个方面的因素：

生理因素

班级成员的身材高低不同，而身高与座位排列又有直接的联系。如果高个同学坐前排，矮个同学坐后面，高个同学势必会挡住后排矮个同学的视线。另外，学生注视黑板或教师时，视力消耗比较大，长期固定使用某一座位，会对学生的视力造成不良后果。同时，有的学生视觉能力强，有的学生视觉能力弱，若把较弱视力的学生排在后座，会影响其对黑板内容的注视，造成视觉的负担和注意力的分散，进而降低听课效果。

心理因素

中学生兴趣广泛，心理需求丰富多彩，其中，重要的一种需要就是人际交往的需要。学生座位在空间距离上的远与近，会影响学生相互间的接触、交流、沟通的机会，对学生的人际交往，对学生的气质、性格、智力等都可能产生或多或少的影响。因此，在安排座位的过程中，应考虑到不同学生的性格和气质。例如，将胆汁质、多血质、黏液质和抑郁质四种气质类型的学生在空间上错开搭配，对学生形成较完善的心理品质会很有益处。

地域因素

地域相同或相近的学生，如同一个街区、同一住宅楼或同一乡村的学生，若坐在一起或聚集在同一组，容易产生狭隘的乡土观念，产生不易控制的非正式群体，甚至形成帮派。这种情况在城市里的务工子弟学校尤为明显。

父母因素

随着时代的变化，独生子女越来越多，父母对于孩子的关心与爱护也非同一般。同时，由于学校也在追求家校合作，学生家长可以有更多机会进入学校参与班级管理。教师在给学生安排座位时，有时候也得参考父母的意见，尽量避免不必要的冲突。如果教师能够和家长携手合作，步调一致，形成教育合力，那么，班级管理工作将会轻松不少。

🔍 工作案例

请家长排座位[1]

作为班主任，那可真是事无巨细，事必躬亲。这不，刚开学，就遇到了令我十分头疼的事——排座位。如今的家长，特别重视孩子的学习和成长，都渴望孩子有个理想的座位。所以，开学第一天一大早，教室里的"黄金地段"——三至五排的座位，就被先到的学生占据了，而迟来的家长只能给孩子随便找个座位坐下。望着家长们无奈的表情，听着他们的抱怨，我一筹莫展。于是，我打算先安于现状，过几天再说。接下来的几天，手机电话和短信接踵而至，几乎所有人都有一个共同的目的——让我关心一下小孩的座位。对此，我只能说："一定会加以关注，妥善安排，请放心！"一位经验丰富的老班主任提醒我说："新生排座位最好是'快刀斩乱麻'。否则，时间拖得越久，难度就越大。"我一听，觉得颇有道理。于是，赶紧利用周五的班队课，请数学老师参与，按学生个头的高矮把座位排好。看着教室里坐好的学生们，我不由得长长舒了口气。可是放学时，一位来接孩子的家长走进教室，对我说："许老师，我孩子前面的学生高一些，怎么反而坐到前面去了，我孩子的视线就被挡住了。"我仔细一看，前面的那个学生是略高一点，可并不明显。面对家长的质疑，我不知该如何解释，只好含糊其词地说："这只是过渡时期的座位。等过一段时间，我会根据学生的身高和性格特点重新调整座位。"家长听了，这才悻悻而去。后来，又陆续有几位家长跟我反映，自己孩子的座位安排不合理。怎么办？我陷入了沉思，该如何合理解决新生入学后座位安排这一难题呢？很多家长总是不放心班主任安排的座位，怕自己的孩子受到不公正的对待。与其让他们担心，何不邀请家长参与到我的班级管理之中，发挥家长的作用，来为学生排座位呢？我的眼前一亮，感觉豁然开朗。在接下来的新生家长会上，我谈了自己的设想，并诚恳地邀请家长们参与到我的班级管理之中，第一项工作就是协助我合理安排学生的座位。听完我的想法之后，家长的积极性非常高，纷纷举手要求参与。最终，我们选了6位家长作为代表，并定下排座位的时间。那天，6位家长如约而至。我让学生在走廊里分男、女生站成两队。家长们走进学生中，根据学生的个头，从低到高给学生排队。此时的我甘当配角，听从家长们的指挥。6位家长一丝不苟，认真观察。他们摸摸这个男生，拍拍那个女生，眼中满是怜爱，仿佛都是自己的孩子。他们还不时蹲下身来，比较两个孩子的高矮，对自己的孩子也一视同仁。我看着眼前的一幕，不禁暗暗点头，心中既感动，又钦佩，更为自己想到这一招而庆幸。男、女生队伍调整好后，我便让一个男生和一个女生搭配，依次走进教室，从前往后入座。等全班同学都坐好了，我又把家长们请进教室，让他们现场审视一下，随机进行调整，力求做到公平、公正。忙碌了整整两节课，终于把学生的座位排好了。

几位家长如释重负，脸上露出满意的笑容，我诚挚地向他们表示感谢。从那以后，再也没有哪位家长跟我提孩子座位的事了。每次遇到家长，他们都热情地跟我打招呼，神情和话语中更多的是信任和支持。就这样，令我头疼的"排座位难题"迎刃而解了！我感到从未有过的轻松，对做好班主任工作更是充满了信心。教育不仅仅是学校、教师的事情，更需要社会资源的参与，家长就是其中最重要的社会资源。这件小事也启迪我，在今后的班级管理中，要充分发扬民主，发挥广大家长的积极性和重要作用。这样，教育教学工作才能达到事半功倍的效果。

个人爱好及性别因素

安排学生座位时，应该考虑不同学生的特长和个人爱好，避免将具有同一爱好或特长的学生编在同一个组，否则将不利于班级课外活动的开展。另外，学生的性别也是座位安排时考虑因素之一。

3. 教室布置的方法

孩子在他周围经常看到的一切，对于精神面貌的形成具有重大的意义。这里的任何东西都不应当是随便安排的。孩子周围的环境应当对他们有所诱导，有所启示。我们竭力使孩子所看到的每幅画，读到的每句话，都能启发他去联系自己和同学。[1]

著名教育家苏霍姆林斯基在上面这段话中强调的正是物理空间不容忽视的教育性，那么如何做才能更好地达成这种愿望？

在布置教室时，应突出所选材料和布置内容的教育性，关键是调动学生的积极性，让其成为学生锻炼能力展示才华的舞台。班主任要引导学生群策群力，充分发挥学生的主体作用，共同创造一个育人、化人、宜人的教室环境。在了解了座位安排的相关内容后，下面让我们深入探究教室布置的具体方法。

整洁、明丽、温馨的教室环境可以激发学生性情、陶冶他们的情操，从而达到启迪教育的目的。这里主要从教室里的标语悬挂、墙报设计、图书角即布局等几个方面进行说明和分析。

比如，可以悬挂精美鲜活的图片标语，设计温馨简约的墙报。

教室是学生大部分时间的活动场所，学习、交流、成长都在其中。对于教育者来说，教室空间便成了有力的教育资源。四周墙壁上悬挂着的标语首当其冲，也许只是学生偶尔某一次抬头所能捕捉到的信息，使学生得以自我认识，自我教育。那么，标语主题的选择和设计就不应当随便安排了。

在选择标语的时候，首先要遵循教育性原则。在教室里所悬挂的各种标语应该能够配合

---

1 苏霍姆林斯基. 帕夫雷什中学. 赵玮，等译. 北京：教育科学出版社，1983：135

教师的管理、教学目的，对学生起着潜移默化的教育性作用。其次，标语的选择应该考虑美的原则，让美育渗透到学生的日常生活中，加强学生对于美的意识和认识。比如，我们可以选择悬挂《蒙娜丽莎》等世界名作等。再者，内容必须简约。墙壁的空间有限，在有限的空间里要实现最有效的教育，必须选择凝练简约但易懂的语言。最后，选择的标语需要贴近生活，尽量使用学生喜闻乐见的语言和表现形式。

还有一个更具魅力的空间，可以给学生带来乐趣和知识，并为学生提供自我展现的舞台，这便是墙报。墙报是一个班级展示给他者最直接的面孔，也是源自学生内心深处的声音。很多时候，我们可能会轻视了班级墙报的设计和制作，其实这是教育资源的严重损失。对于学生来说，除了课堂上的发言和主题班会上的交流，很少有展示自己的时间和空间，那么墙报正好可以弥补这一缺憾。

墙报的设计形式可以根据情况而定，或者以主题举办系列墙报，或者是学生分组分期举办，也可以是大家就每一热点问题而专门设计墙报，形式多样，不拘一格。但是，墙报的主题必须是明确的和鲜活的，在这方面班主任要发挥其积极的引导作用，以建议的方式给学生正确的提示和指导，但不宜过多地干涉学生。学生在这个过程中完全实现自主创作，大家集思广益，积极发挥个人的主动性，激发其潜在的创造力。在这个过程中，学生之间进行合作和交流，互相学习，共同进步，使学生学会合作，实现班级凝聚力的提升。

墙报的设计一样需要遵循简约而充盈的原则，清晰醒目。很多时候我们为了追求"多"往往在客观上忽视了墙报内容的"精"，导致墙报的繁杂，而且，全版的字迹难免失去了墙报的美育效果。

墙报内容的选择可以从学生日常生活中发生的种种实例当中提取，也可以从各种媒体反映的焦点问题里筛选。学生自主选择，可以对自己常态化的生活予以反思和认识，或取长补短，或发扬光大；班主任及其他科任教师可以通过对学生自己选择的"新闻事件"来关注学生的兴趣点和心路历程，教师如果能很成功地把握这一点的话，对其在教学和管理方面大有裨益。

🔍 **工作案例**

让后黑板成为班级的文化名片[1]

在一个学校里，即使一个最普通的班级，也应该有自己的长处。班主任在带班过程中需要细观察，发现班级中的人才和一个班级整体的强项，有意识地加以培养、放大，逐渐形成富有自己班级特色的"名片"。所谓的"班级名片"，就是在一个学校中，你的班级能被识

---

1 袁子意. 让后黑板成为班级的文化名片. 中国德育，2011（3）

别的特色，就是被别人所羡慕的过人之处，它是班级凝聚力的象征，是班级自信的源泉。在"班级名片"的选择上，可选择"成绩名片"与"文化名片"。"文化名片"更能体现一个班级的风采，丰富学生的文化内涵，促进班级的和谐发展。苏霍姆林斯基曾说过，要使教室的每一面墙壁都具有教育的作用。在现代学校教育中，前黑板主要承担了传授学生知识技能的功能，随着科技的发展，前黑板不断地发生变化，白板和现代化的投影屏幕不断地丰富着前黑板的教育效果，也影响着我们的教育观念。而后黑板几乎成为被遗忘的角落，除非学校检查需要，大多数班级的后黑板几乎没有变化。选择后黑板作为班级"文化名片"，我做了一些实践与思考。

1. 后黑板的平台化，推动班级制度文化的变革

让后黑板变成学生实施民主管理的平台。班委选举，是学生票选，在后黑板上统计出结果做到公开公正。班级的各项常规制度也是由班委会制定出来，在后黑板上民主公示，按照学生票选过半的规定执行，未过半的修改后征求班级学生的意见，过半后执行。班级中的班风、学风、班级三级目标都由学生参与制订，在后黑板上公示，学生对此很感兴趣，甚至会引发学生观念上的碰撞。我们呼唤学生主体地位，强调培养学生的民主意识，只要解放思想，合理利用好后黑板这个平台，民主之风必然融入学生的心灵深处。我班改革了学生评价制度，由原来的三好学生的评选改为精彩学生、感动班级人物、班级突出贡献人物的评选。例如，在后黑板上写上大家推荐的各项精彩学生称号，"街舞先生""人际关系大师""电脑达人""篮球先生""足球先生""最甜美笑容女生""才艺女生"等，学生投票选举。当票选出来后，很多平时不被老师所看好的学生走到了讲台上，或幽默或慷慨地发表了他们的获奖感言。在后黑板，在改变了的评价方式面前，他们找到了自信，不少学生也发生了令人欣喜的巨大转变。

2. 后黑板的人文化，推进班级精神文化的发展

班级精神文化是班级文化的核心内容，包括班级精神、班级凝聚力、团队意识、班级文化活动等内容。我们通过系列解读让后黑板更具有人文性，更加直观地反映班级的精神文化。比如，我们利用后黑板，来解读青春、解读大学，让学生看到生命的多样性与自己的独特性，合理评价自己，形成正确的人生观与价值观。每次集体活动后，我让学生把活动的照片和奖状贴在后黑板上，做成班级荣誉墙，同时对为班级做出贡献的学生提出表扬。学生在后黑板上写上自己的感受与对班级的祝愿。学生都以能够登上班级的荣誉墙为荣。后黑板变成荣誉墙，让学生懂得每一个人都应为班集体出一份力，为班级获得的荣誉而自豪。后黑板，原先所有学生每天进班时那一瞬间看到的地方，现在已经成为我班学生的拍照留影的纪念地；原先没有人关注的地方，现在是我班学生最值得骄傲的地方；原先在学生老师会被遗忘的角落，将来会是他们最值得留恋的地方。因为它是我班的"文化名片"。

墙报的魅力[1]

这是发生在N市某中L班的一个真实故事。该中学是一所普通高中，综合实力在N市大概处于中下水平，L班则是该校中所谓"差、乱班"，也就是说，年级里其他班级"管不了"的学生统统由这个班来容纳。大家可以想见，这样的班级一定是学校的"刺头兵"，当然是没什么值得大家学习的可能。然而，谁曾料想，L班竟然成了学校赫赫有名的特色班级，何以如此？其中有一招，就是特色、个性的班级墙报吸引了人们的眼球，团结了班级人员，展现了每个学生的特长。

该班级师生为了班级的进步和发展，齐心协力。

五四青年节又到了，学校组织各班级进行班级墙报大赛。L班开始悄悄策划，所有学生都动起来了，大家群策群力，各自拿出好主意，几乎每个人都参与其中，不亦乐乎。最后，同学们决定，要想在这么有限的黑板上争取最好的宣传效果，凸显墙报主题，只能通过"美术"来完成这个力作。大家力荐班里在美术方面有特长的同学来做墙报的主力；然后确定这次的主题是"五四青年节"，那么，一定要凸显青年人自己的个性和年轻人特有的蓬勃朝气，经过仔细推敲，墙报题目定为"青年们，站起来"。

接下来的工作便是具体设计，几位"小美术家"们茶余饭后都在竭力构思，放学后还在一起商量，有的时候难免会有意见不合，但是，总能在关键的时候找到合适的解决方案。最终大家计划选定12个青年人作为这个墙报的"主体"内容，以直观的"画面"来表达最鲜活的主题。同学们这才开始动手"画"，其他的同学们，有的做"小画家"的助理，有的制作墙报的其他小板块，有的在饭时给大家负责"粮食运输"，每个人都在"奔波"，不无繁忙之象，但是同学们的劲头十足，干得可谓热火朝天。谁说他们是"差乱班"了？

经过多日的"辛苦劳作"，L班的墙报大作成功出炉，赢得学校评委组的一致好评和夸赞。这次的墙报设计新颖独特、主题鲜活，无论是墙报的内容还是形式都足以吸引老师和学生的眼球，成为这次评选的焦点。

最终评选结果出人意料——"青年们，站起来"竟然在学校墙报大赛中荣获特等奖，这么好的结果确实是大家始料未及的。同学们别提高兴成什么样子，班主任老师作为"幕后总指挥"更是高兴得无以言表。

通过这次墙报大赛，L班再也不是学校眼中的"差乱班"了，大家对其可谓是刮目相看。L班的同学也从此自信起来了，团结起来了，成为了学校的"明星班"，并积极探索进步的其他方法，班级在不断摸索中进步着。

1　南京师范大学班主任研究中心主办"随园夜话"班主任沙龙第9期．班级文化的营造（2009年6月4日）沙龙纪要

再比如，建设有班级特色的"图书角"。

书籍是人类的精神食粮，对于正在长知识的中小学生来说，更是如此。那么，我们知道在有限的课堂教学中，学生只能接受有限的科学知识。班级的"图书角"便可以很好地满足学生兴趣。

班主任可以通过各种可行有效的方式方法来收集丰富的图书、报纸、杂志等，然后由指定的同学进行管理和监督，学生可以自由地阅读到自己感兴趣的图书资料。然后可以定期地举行各种读书心得交流活动，促进学生的知识交流，充分调动学生的积极性，使图书角充分发挥其应该有的文化资源作用。

还可以设计有条不紊的布局，以呈现整洁明丽的教室。

整洁、明丽、温馨的教室环境可以激发学生性情、陶冶学生情操，从而达到启迪教育的目的。教室可以毫不夸张地被认为是学生的第二个"家"，学生在这里学习、课间休息、举行各种主题活动等，所以在校的一切活动都离不开教室这个小小的空间。那么，保持教室的整洁、温馨便成为一种必然的诉求。

班主任老师在日常生活教育当中应当注意学生的卫生教育，培养他们讲究卫生的良好习惯。认真安排学生做好打扫、清洁工作，勤于洒扫地板，定期擦玻璃和窗户。教室可以适当利用打扫的过程来对学生进行适度的劳动教育和美德教育，培养学生热爱劳动、勤于劳动的品德；学生清洁工作也是一个协作的过程，可以进一步培养学生的团队合作意识。

整洁、明丽的环境有利于学生的身心健康成长，温馨则可以是学生有更强烈的"家"的感受，也就是班级归属感。在这个方面，需要注意给教室增添一些"柔和"的味道，比如在教室的窗台上养几盆淡雅的花，可以把窗帘的颜色设计成柔和但要清爽的色调，这样使学生更舒适地享受学习生活。

那么，教室的布局也要合理、美观。学生座次要依据他们的体检情况予以适当安排，兼顾学生的视力、听力、身高等客观条件。学生桌椅摆放必须保持整齐，卫生工具须井然有序；过道要畅通，便于学生与老师有足够的空间进行交流和互动。

清新有序的室内布局不仅利于学生的学习和成长，对于老师也是一种感染。注重教室物理空间的布置和应用，使其达到教化学生的目的，更好地实现教育的生活化，是班主任的职责所在。

二、心理空间

1. 何谓心理空间？

心理空间也称心理环境，是指环境中无形的、动态的人际氛围、人际关系、心理氛围。

> **心理空间：**
> 指环境中无形的、动态的人际氛围、人际关系、心理氛围。

　　良好的心理空间往往表现出积极而活跃、协调而融洽的特征，是一种催人上进的教育情境，它有助于提高和优化学生的思想水平、行为方式和心理品质。而不良的心理空间则表现出拘谨而刻板、冷淡而紧张的特征。这种心理空间容易使学生产生压抑感，并助长人际冲突和消极行为的发生。

　　2.　为何要经营心理空间？

　　（1）学生健康成长的需要

　　埃里克森的人格发展理论认为，青少年的成长有其固有的规律，中学生自我发展实际上是人格形成的关键时期，面对外界如此多的诱惑，他们必然有各种各样的选择，而如何做出正确的选择是他们所困惑的。如何引导中学生理性对待人生中出现的各种挫折与荣誉，促使他们身心健康成长起来，是一教师急需解决的课题。

相关链接

埃里克森的人格发展理论[1]

　　埃里克森（E.H.Erikson）1902年出生于德国。年轻时受教于弗洛伊德，是现代著名的精神分析学家之一。他提出了心理社会发展理论，把发展看作一个经过一系列阶段的过程，每一阶段都有其特殊的目标、任务和冲突。各个阶段互相依存，后一阶段发展任务（developmental task）的完成依赖于早期冲突的解决。埃里克森还指出，不仅所有的发展阶段是依次地相互联系着的，而且最后一个阶段和第一个阶段也是相互联系着的。埃里克森认为在每一个阶段的发展中，个体均面临一个发展危机（psychological crisis），每一个危机都涉及一个积极的选择与一个潜在的消极选择之间的冲突。个体解决每一个危机的方式对个体的自我概念以及社会观有着深远的影响。埃里克森把人的心理发展分为以下8个阶段。

　　1．信任对怀疑（0~1.5岁）。这一阶段，婴儿的目标是建立起对周围世界的基本信任感。所谓基本信任感是指"一种充分信任他人并且自己也值得信赖的基本感觉"。如果婴儿得到较好的抚养并与母亲建立了良好的亲子关系，儿童将对周围世界产生信任感，否则将产生怀疑和不安。

　　2．自主对羞怯（1.5~3岁）。这个阶段中的儿童已经学会了走路，并且能够充分地利用掌握的语言和他人进行交流。儿童开始表现出自我控制的需要与倾向，渴望自主并试图自己做一些事情。儿童这对权力和独立性的渴望常常与父母的要求相冲突。这时，父母要允许儿童自由地探索，给予适当的关怀和保护，帮助儿童形成自信心。

　　3．主动感对内疚感（3~6、7岁）。这一阶段儿童的活动范围逐渐超出家庭的圈子，儿

1　陈琦，刘儒德. 当代教育心理学. 北京：北京师范大学出版社，2007:42~44

童开始追求出于自我利益和动机的活动。他们想象自己正在扮演成年人的角色，并因以为自己能从事成年人的角色和胜任这些活动而体验一种愉快的情绪。而由于儿童能力的局限，他们出于自我动机的活动常常会被成年人禁止，使他们认识到"想到的"和"应该做的"之间的差距，从而可能会降低从事活动的热情。因此，本阶段的危机就在于儿童既要保持对活动的热情，又要控制那些会造成危害或可能会被禁止的活动。

4. 勤奋感对自卑感（6~12岁）。本阶段儿童开始进入学校学习，开始体会到持之以恒的能力与成功之间的关系，开始形成一种成功感。这些成功的体验有助于儿童在以后的社会生活中建立勤奋的特质，表现为乐于工作和有较好的适应性。学生在这一阶段的危机未解决好，往往是其以后学业颓废的重要原因。

5. 角色同一性对角色混乱（12~18岁）。这一阶段大体相当于少年期和青春初期。个体此时开始体会到自我概念问题的困扰，也即开始考虑"我是谁"这一问题，体验着角色同一与角色混乱的冲突。

6. 友爱亲密对孤独（18~30岁）。这一时期相当于青年晚期。此时个体如能在人际交往中建立正常的人与人之间的友好关系，可形成一种亲密感。这种意义上的亲密感是指个体愿意与他人进行深层次的交往，并保持一种长期的友好关系，学会与他人分享而不计较回报。如果害怕被他人占有和不愿与他人分享便会陷入孤独之中。

7. 繁殖对停滞（30~60岁）。本时期包括中年期和壮年期。这里指的是广义上的繁殖，不仅包括人的繁衍后代，而且包括人的生产能力和创造能力等基本能力与特征。本阶段个体面临抚养下一代的任务，并把下一代看作自己能力的延伸。

8. 完美无憾对悲观绝望（60岁以后）。本阶段相当于老年期。这一阶段个体的发展受前几阶段发展的影响极大。如果个体在前几个阶段发展顺利，则在这一时期巩固自己的自我感觉并完全接受自我，接受自己不可替代的作用，意味着个体获得了自我完满感；相反，没有获得完满感的个体将会陷入绝望，并因而害怕死亡。

（2）营造良好班级氛围的需要

班级不仅是学生学习各种文化知识的场所，同时也是一个拥有多种人际关系的场所。处理好师生、生生等各种关系，有助于学生尽快实现社会化的转变。而要想成功地实现这种转变，良好的班级氛围是关键，而良好的班级氛围又依赖于和谐的心理空间。这种良好的心理空间会在潜移默化中影响着班级中的每一位成员，促使他们积极、健康地成长。

（3）建设良好班集体的需要

正如一个完整意义上的个体一样，良好的班集体不仅要求学业方面取得一定的进步，还要求集体中的每一位成员都要有积极向上的精神风貌，健全完整的心理状态，只有这样，这个班集体才可称为优秀的班集体。而这些都离不开班级中良好的心理空间。

3. 经营怎样的心理空间？

既然心理空间对于成长中的中学生来说如此重要，那么我们到底该经营怎样的心理空间呢？一般来说，良好的心理空间包括以下三个方面：

（1）和谐温馨的班级氛围

班级氛围是在班级社会体系中各成员的交互作用过程中产生的。由于各成员之间的价值观念、态度、期望与行为交互影响，经过一段时日后，自然形成一种独特的情绪气氛，弥漫在整个班级之中。它影响每个成员的思想观念和行为模式，不知不觉地塑造了学生的态度和价值，也影响了学生在教室中的学习活动。

班级氛围作用大[1]

如果一个孩子生活在批评之中，他就学会了谴责。

如果一个孩子生活在敌意之中，他就学会了争斗。

如果一个孩子生活在恐惧之中，他就学会了忧虑。

如果一个孩子生活在怜悯之中，他就学会了自责。

如果一个孩子生活在鼓励之中，他就学会了自信。

如果一个孩子生活在忍耐之中，他就学会了耐心。

如果一个孩子生活在表扬之中，他就学会了感激。

如果一个孩子生活在认可之中，他就学会了自爱。

如果一个孩子生活在分享之中，他就学会了慷慨。

……

如果一个孩子生活在诚实和正直之中，他就学会了真理和公正。

如果一个孩子生活在安全和信任之中，他就学会了相信自己和他人。

如果一个孩子生活在友爱和互助之中，他就学会了感恩和感动。

（2）亲密友好的人际关系

师生关系

这是班级管理过程中最基本的人际关系。教师不仅是教会学生做人的典范、治学的表率和严格的师长，而且应当是同学们的知心朋友，他既要扮演组织者、教育者和管理者的角色，又要扮演朋友的角色。学生一旦感到班主任平易近人、和蔼可亲，就会乐于接受班主任对自己的要求，"亲其师，信其道也！"如是，平等融洽的师生关系就会建立起来，最终为良好班集体的形成奠定基础。

---

1 余文森，洪明. 班级管理与班主任工作. 福州：福建教育出版社，2007：62

同学关系

在学校，同学之间的交往性关系对学生有最直接的影响作用。良好的同学关系，有助于学生满足稳定感和归属感，获得社交经验，提高宽容能力和理解能力，发展对集体的忠诚，等等。而且，在青少年成长过程中，个体面临更多的烦恼、危机和冲突，情绪变化快、不稳定，同龄朋友之间的沟通和交流，可以消除或减少情绪紧张及其压力。因此，同学关系对青少年成长过程中的心理发展具有补偿作用，在一定程度上可以代替或补充亲子关系和师生关系，为个体提供强有力的心理支持和帮助。在班主任工作过程中，教师要善于借助学生之间的矛盾冲突，指导学生提高交往能力，学会交往技巧，从而创建和谐的同学关系。

亲师关系

教师与家长的关系非同一般，他们在目标上是一致的，内容上是互补的，形式上是协作的。亲师关系沟通良好，温馨融洽，一方面，有助于班级管理、教学管理，因为教师有家长这个坚实的后盾在支撑着、拥护着，所谓"亲师好沟通，教学就轻松"；另一方面，通过增进家长教养知识，推动亲子关系更加协调和亲密，使学生感受到父母对自己的关怀与爱护，从而化解学习上、心理上的障碍。

如何与家长进行良好沟通？

良好的亲师沟通离不开教师与家长之间的理解与包容，因此，在与家长沟通时，教师必须有一个良好的态度，让家长感受到教师的诚意以及对孩子的关心。以下这些话语可以给大家一些参考。

○您的孩子最近表现很好，如果在以下几个方面改进一下，孩子的进步会更大。

○这孩子太可爱了，老师和同学都很喜欢他，继续加油。

○谢谢您的理解，这是我们应该做的。

○请相信孩子的能力，他会做好的。

○请家长不要着急，孩子偶尔犯错是难免的，我们一起来慢慢引导他。

○谢谢您的提醒！我查查看，了解清楚了再给您答复。

○您有什么想法，我们可以坐下来谈谈，都是为了孩子好。

○孩子之间的问题可以让他们自己来解决，放心吧，他们会成为好朋友的。

○很抱歉，孩子受伤了，老师也很心疼，以后我会更关注他。

○我们非常欣赏您这样直言不讳的家长，您的建议我们会考虑的。

○您有这样的心情我很理解，等我们冷静下来再谈好吗？

（南京金陵中学苏华老师提供）

同事关系

　　任课教师在学生成长过程中起着重要作用，他们的关系是否协调友好，也会直接影响学生的心理状况。如何协调处理好学生与任课老师之间的关系，具体体现为同事之间的关系。作为班主任，应该调动各个任课老师的积极性，让他们乐意为这个班级服务。首先，班主任应避免与任课老师发生正面冲突，不干涉别人的事务，支持他人的工作。其次，愿意为任课老师服务，为其他老师的正常教学创造条件，包括整顿班纪班风等。从任课教师的角度而言，班主任的服务意识是对其教育方法的认同，使他感到自己的教学工作是受到重视的。班主任旗帜鲜明地站在他的一边，无疑是对任课老师工作的最大支持。优秀班主任总能最大限度地减少学生与任课老师的冲突，刺激任课教师使出浑身解数，乐意为本班学生服务。

🔍 **工作案例**

一把椅子 [1]

李镇西

　　刚才听到有个老师提了个问题：班主任与课任老师的关系是领导与被领导的关系吗？

　　我不知道老师们是怎么想的。我想领导与被领导是从行政上讲的，实际上班主任很难成为实际上的行政人员，他没有办法给他排课，也没有办法控制他的奖金，在这个意义上他和科任老师是平等的。但是我觉得班主任应该是这个班级的灵魂，是引领与被引领的关系。但是从行政上讲你又没有行政权力，又怎么引领呢？我觉得是人格、情感、尊重、信任。

　　班主任应该是一个心胸宽阔的人，是一个很大度的人，而且是富有情感的。人和人之间是有差距的，我们的每个老师都是有差距的，不可能说把最强的老师都放在一个班，但是在班主任就像要欣赏每个学生一样，要相信每个老师都可以把这个班教好的。这个风气是由班主任带起来的，如果班主任对课任老师都不信任，甚至互相说一些不太好的话，这种关系就很糟糕了。

　　另外一个很重要的问题就是学生和老师发生矛盾了，你站在学生一边，那个老师肯定会不高兴的，说你这个班主任怎么都护着学生？但是如果有的时候是老师的错，学生是对的，如果这时班主任护着老师，即使学生嘴上不说，但是心里肯定有想法。

　　有一年我教高三，当时我教理科班，我是班主任，我的一个科任老师是另一个班的班主任，当时我比那个老师要年轻，我四十来岁，他已经五十多岁了，是个老教师，非常要强。有的同学跟我讲，这个老师偏心，在他们班上课的时候讲得非常细，在我们班就说这道题选A或选B，其他就不讲了，然后就把试卷贴在墙上。我当时就不相信，说不要随便讲何老师，你们误解何老师了。后来经我了解的确是这样的，他们班的课时明显地就是比我们班

1　根据李镇西老师2009年4月2日在南京师范大学班主任研究中心举办的"随园夜话"班主任沙龙上的发言整理

多，而我的压力也是很大的。怎么办呢？我想我如果去找何老师谈，他肯定不会承认的，而且他反而还会觉得我们班的学生讨厌，在李老师面前说他的坏话，这不是激化矛盾吗？我觉得还是要通过情感，让我的学生去感动这个老师，这才是最关键的。

我管不了这个老师的行为，但是我可以利用我的学生，让他们表现得更好，我就寻找机会。有一次何老师生了病，他人比较胖，血压比较高，我听说后觉得机会来了，我就跟班长讲：你做三件事，第一，只要是何老师的课就放一把椅子在讲台上，我们都知道，老师上课一般是不允许坐的；第二，明天早晨你们用班费给何老师买点补品；第三，从今天开始何老师上课你们要特别关注他，要特别认真。最后我跟他们嘱咐不要让何老师知道是我让你们做的。

当天晚上我不知道发生了什么事情，但是第二天早上，因为何老师和我是一个办公室，坐我后面，早上来的时候他就跟我说：李老师，你们班上的孩子真可爱。我装作不知道，说怎么了啊？他说我们班的人就一个都没有想到给我抬一把椅子。我说我们班的孩子有这么懂事吗？他说是啊，今天还给我买了奶粉之类的，我很感动。就这样，以后何老师就没有出现过厚此薄彼的事情了。当然我举的这个例子不一定适合解决每一个难题，或者说不一定适合每一个老师，我想说的是遇到问题不一定要和科任老师开会或者怎么样，而更多的是做学生的工作。这样班上的老师就会凝聚在班主任的周围。老师的教学水平参差不齐，我总是尽量让学生去感动老师，让他们能全力以赴地投入到教学中。

让爱通过第三方传递[1]
李镇西

我们学校有一个传统：每个老师生日的时候我都会发一条手机短信——祝你生日愉快！后来我发现虽然这件事情做起来很有意义，但这只是我个人对他的关心，我要让它变成学生对老师的关心。

一次，快到我们学校一位老师的生日，早晨我去操场找他，想跟他说一句生日快乐。走到他的面前，我看到他正在和学生一起做操，于是我灵机一动，问道："杨老师，你们班的班长是谁啊？"他说是某某，然后叫他站出来。结果我一看，出来一个小伙子，我想想不对，又问他："你们班有没有女生班长啊？"他说有的，随后喊了一个女孩子出来。为什么要女孩呢？因为女孩子做事比较细心。我和这个女孩走到远离他们的地方，就问她：杨老师对你们好不好啊？她说好。我又问：你爱不爱杨老师啊？——爱。我接着又说你们要善于表达爱。

这个女孩看着我，一副不理解的样子。

我说："今天是你们杨老师的生日。"此前我听说这个班有些学生跟杨老师之间有点隔阂，我就对这个女孩说："杨老师住得那么远，每天到学校真是不容易。今天是他生日……"

1　根据李镇西老师2009年4月2日在南京师范大学班主任研究中心举办的"随园夜话"班主任沙龙上的发言整理

班长马上就明白了我的意思，说李老师，我知道该怎么办，您放心。

我说你们不要隆重地给他庆祝，你们只要在他进教室的时候来一阵掌声，或者一起说祝杨老师生日快乐，就会让他感动的。记住不要让杨老师知道我跟你说过这个。

那天下午，杨老师到我办公室里来，非常感动。原来上课时，杨老师一走进教室，学生们就给他送贺卡，那是学生中午回去写的。

我就把这个故事讲给我们班主任听。我说，调节科任老师和班主任之间的关系，或者科任老师和学生之间的关系是有很多方法的，我这是从情感上去引领。这样一来，科任老师、班主任和学生的关系就会很融洽。

🔍 互动环节

读了李镇西老师的两个故事，你对班主任与任课教师的关系有了哪些新的理解？你又会怎样处理与任课教师的关系？

（3）健康向上的个体心理

健康的个体心理是营造良好班级心理空间的基础，教师应当引导孩子形成积极向上的心态，并在孩子的心理出现困惑或问题时，及时沟通并提供帮助，帮助孩子走出心理困境。

一般来说，健康的心理状态有以下具体表现：

与群体融洽地相处

人是社会性的动物，其思想、行为应该呈现与周围的环境和人群一致的趋势。心理健康的人能够与周围的人群和谐共处，并与周围大多数人的心理体验和状态保持一致。如果一个人的思想、言行、好恶等与社会大多数人格格不入的话，就要考虑其心理是否正常。心理异常往往有三种可能性：其一是心理发展水平超过了同龄人；其二是发展滞后于同龄人；其三是属于心理疾病。

客观认识自己及他人

心理健康的人能够客观地认识和对待他人，清楚自我的优点和劣势；并能够用客观的态度来对待自己的学习和生活，在求学、择友、择业方面做出正确的决策，有自尊心和自制力。同时，在思想上对社会现实有客观和正确的认识，对周围的事物和社会生活能够保持清醒的认识与判断力，有很好的适应能力和协调能力。

心理和行为一致

心理健康表现为外显的行为，即心理和行为持续稳定的一致性。这里的一致性，首先是行为方式和人的社会角色一致，每个人都应该与其对应的社会化结果相一致；其次是年龄和行为方式一致；再则是刺激的强度和反应的强度之间能够保持相对稳定的关系。心理健康的学生，对各种刺激的反应是适度的，因此能与周围的环境保持良好的平衡。

乐观向上的生活态度

积极向上的生活态度包括：积极乐观的情绪，如活泼、开朗、愉悦的心情；健康向上的生活态度，如自信、豁达等。心理健康的学生能够排除心理障碍，有烦恼和困惑的时候能够及时地解脱，即使遇到困难和挫折，也能够尽快地摆脱，主动采取行动措施来恢复正常稳定的心理状态。

情绪的稳定性和持续性

健康的心理状态是一种持续并且稳定的情绪体验。由于青少年身心发展的波动不平，暂时的困难和挫折是难以避免的，间断性的个人体验也是很正常的。但是，如果暂时的不快统治了持久的心绪体验的话，就可能产生心理问题，比如患上抑郁症等。

（四）如何经营班级心理空间？

1. 营造民主的班级管理氛围

现代教育把学生作为责权主体来对待，这是教育民主的重要标志。班集体是培养学生成长的一方沃土，在班级管理中，应创设民主化的管理情境，把学生从受教育者转变成一个自我教育者，从被管理者转变成为一个自我管理者。

民主管理氛围的营造离不开学生对于班级管理的参与。为了培养学生自我管理的能力，教师必须有"授权"的意识。从班级常规的制定、班级物理空间的布置、班级组织的建立，以及班会等班级活动的开展，教师都应充分调动每个学生的积极性，为他们创造参与班级管理的机会和条件，使班级逐步向自我管理、自我教育和自我发展的目标靠近。

2. 加强班级成员之间的交流

沟通是建立教师与学生亲密无间关系的纽带，对学生的发展起着很大的动力作用。如果教师肯花时去跟学生沟通，并且具备一定的沟通技巧，如倾听、同理、接纳、引导等，具备一定的敏感度，那么他肯定能够从学生的些微表现中了解学生感受和需求，了解学生生活中遇到的各种困扰，以及学生需要哪些方面的专业帮助。班级成员之间相互交流，既充满温情和友爱，又充满互助和竞争。同学之间通过提供帮助而满足自己影响别人的需求，同时又通过互相关心而满足归属感。当学生在一起合作融洽、工作出色时，他们得到的更多，团结互助的班级人际关系得以形成，融洽和谐愉快的班级精神氛围得以产生。

3. 积极开展心理健康教育

一般认为，心理健康就是指心理及行为方面不存在障碍的一种持续的状态，是指个人生活适应上所表现出的和谐状态。健康不仅指没有身体缺陷和疾病，而且要有完整的生理、心理状态以及社会适应能力。开展心理健康教育不仅能使青少年有个良好的心理状态进行学习和生活，很好地适应未来社会的挑战，同时也为实现终身教育提供了一个良好的心理平台。

如何开展心理健康教育？

开展心理健康教育应遵循如下原则：

（1）平等信任原则

平等信任原则是指在心理健康教育过程中，不以学生的成绩、家庭条件、性别、智力等因素对学生进行人格和心理的歧视。在心理健康教育过程中，充满信任的心理氛围的建立，是有效开展心理健康教育的前提。信任氛围的建立，需要以师生平等关系为前提。班主任应该从平等的立场出发，相信学生的诚意和人格，努力和学生建立朋友式的关系，让学生能够轻松、信赖地倾诉自己的心声。

（2）尊重差异原则

尊重差异原则要求班主任根据每个学生的特点采取有针对性的对策，在分析普遍性原因的同时关注其特殊性。同一种心理现象的背后可能有不同的原因，班主任不能武断地根据表面现象进行判断，要在充分了解学生的基础上对其实施个别观察和心理辅导。

（3）艺术性原则

艺术性原则主要表现在教师的思维、语言和行为三个方面。艺术性原则是实现有效心理健康教育的重要手段，同时也最具有不稳定性，是需要教育者在学习和实践中不断摸索的。

（4）面向全体原则

教师的心理健康教育不同于专业的心理咨询活动，其根本任务是要促进学生的健康成长与发展。所以，心理健康教育要面对全体学生，而不是针对有明显的心理疾病的学生。心理辅导不是针对有明显问题的学生，而是有重点但要顾及到全体的教育活动。关注每一个学生，是教育者的责任。调动这部分人的积极性，会让班级集体的面貌焕然一新。

虽然营造一个良好的心理空间甚为重要，但是仅凭教师一己之力，力量未免单薄了些。这项工作必定离不开学校其他教师的参与，离不开学校、家庭、社会多方面的积极配合。只有通过多种渠道的综合作用，才能真正提高学生的心理素质，促进学生全面发展。

🔍 工作案例

用真诚让学生感受尊重和爱[1]

艾同学：一直不明白，你为什么总是萎靡不振，为什么总是无精打采……偶尔的一次课堂上，你饶有兴趣地在研究《阅读材料》中的概率。你书写得尽管不那么准确，却让我明白：原来，你是那么的有天赋。运动会上，你像离弦之箭。在长绳比赛时，你甩绳差点甩到胳膊断，又让我感动你是个有集体荣誉感的孩子。

从此，我苦苦思索一个问题：怎样才能调动你的学习积极性。因为，我是那么不愿意看到一个有天赋且心地善良的学生那么的精神不振。

1　摘自南京市扬子第一中学陆娟老师写给学生的一封信

你的爱好：篮球，电脑。于是，我请你帮我们这个大家庭去制作空间，你欣然接受。而且经常中午飞速赶来学校。渐渐发现，你上课的神情有了色彩，眼睛有了光芒，作业也做了。于是我慢慢理解了：聪明的孩子往往是敏感的。你的聪明是淤积了，我们一定要找到让你释放的出口。

还有偶然一次较长的周记让我感觉到你是个很有见解的学生。只是懒得整理自己喷薄的思维，希望以后能听到你的心声，别忘了我们的期末之约。要努力哦！（——写给班上一位沉迷于游戏，成绩总是在班级最后的学生的诚挚心声。）

🔍 互动环节

虽然每一位为人师者都是尽职、尽心地在工作，可是有时候因为工作方式等原因，我们的学生感受不到我们的爱和尊重，有的甚至屏蔽我们的教育，那么除了上文中的书信方式，你还能想到其他与学生沟通的方式吗？

🔍 案例研究

马同学是杭州某中学初一学生。父母亲均为国家公务员，从小由外公外婆带大，上面还有一个姐姐，家里对这个男孩比较宠惯，导致他养成了一些不良的习惯。为了培养他的生活自理能力，小学一至四年级时他被送到外地某名牌学校寄宿。一、二年级他的学习成绩较好，三、四年级换了三个班主任，成绩开始下降，行为习惯不好，主要是上课懒散、分神、不做作业，经常被老师告状，师生关系紧张。转回本地读小学后，曾被老师多次拎着耳朵拖到走廊里罚站。有一次因为上课不听讲，被老师罚抄课文10遍，共20000字。小马抄到夜里一点多，才抄完5遍，已经是昏昏欲睡了。父母一直全程陪着，看实在无法完成，打电话向老师求情，老师勉强同意宽大处理。上中学后，一是上课听不懂，发呆；二是作业不会做，拖拉；三是有问题不敢问老师，怕骂。自信心严重不足，谈起自己来开口就是"我们差生如何如何"。现在一到家里就被父母管得死死的，父母一人抓文科，一人抓理科，学习学习再学习，毫无自由。孩子感觉回到家后比在学校里还要紧张，因此学习很被动，总是磨磨蹭蹭拖时间，成绩在班里还是排倒数。

（1）你如何评价这个案例中的亲师关系？

（2）如果你是班主任，你会如何引导马同学形成健康向上的个体心理？

本章小结

本章内容包括时间管理和空间管理两部分，将国内外的时间管理理论，与班主任日常生活中的每一天、每一周、每一学期的时间规划以及班主任自主时间的安排相结合，探讨具体的时间管理问题；空间管理则从物理空间与心理空间两个方面，探讨了如何为青少年的身心健康发展营造良好的成长环境。对于班主任而言，这部分内容具有极强的可操作性。

总结 >

Aa 关键术语

时间管理 Time management	四象限法则 Four quadrant rule	二八法则 The 2/8 rule
物理空间 Physical space	心理空间 Psychological space	

章节链接

在这一章，你读到……	在其他章节中，你将发现相关的讨论……
时间管理	第六章　适应与超越：班主任的自我成长
空间管理	第三章　组织与文化：班级社会空间的营造

应用 >

批判性思考

1. 作为一名班主任，您将要如何在繁忙的工作中合理规划自己的时间，又如何抽出时间来提升自己呢？

2. 在布置教室环境时，教师常常会选择一些名言警句贴在墙侧以激励学生，但这些格言对学生而言，可能只是一串与自己无关的字符。作为班主任如何营造一个积极向上的学习环境？才能让这些格言真正发挥教育意义呢？

体验练习

1. 班级工作多而杂，常常让班主任陷入琐事中，时间管理策略是将班主任从琐事中抽离出来的一剂良药。我们这里给出的只是一般情况下班主任的一天、一星期、一周行事历，不同年段、学校的老师在工作任务方面各有不同，肯定还有其他日常工作是这里没有提及的。请您结合自身工作实际，制订一份专属于自己的工作计划。

2. 师生关系是一种很特殊的关系，它融合了父子情、母子情、朋友情。

师生沟通是否良好，直接影响学生学习的兴趣、个性品质的发展，关系到教育教学工作能否顺利开展、教育目标能否达到。因此，构建和谐的师生关系，不仅有利于调动学生学习的积极性，有利于学生健康人格的塑造，而且有利于整个班级心理空间的经营。作为班主任，请提供一个班级心理空间的经营策略。

拓展 >

📖 补充读物

1　B. A. 苏霍姆林斯基. 给教师的建议. 北京：教育科学出版社（第二版），1984

　　《给教师的建议》一书系20世纪苏联教育经典译丛之一，苏霍姆林斯基是前苏联著名教育学家，他写了很多充满人性魅力的书：《要相信孩子》、《我把整个心灵献给孩子》、《关于人的思考》、《给教师的一百条建议》、《让少年一代健康成长》、《怎样培养真正的人》，等等。

　　其中，《给教师的一百条建议》是苏霍姆林斯基专为中小学教师而写的。译者根据我国的情况和需要，选择了《给教师的一百条建议》的精华部分，另从苏氏的其他著作里选择了有益于教师开阔眼界、提高水平的精彩条目作为补充，全书仍有一百条，统称《给教师的建议》。书中每一条谈一个问题，有生动的实际事例，也有精辟的理论分析，很多都是苏霍姆林斯基教育教学中的实例，娓娓道来。

2　史蒂芬·柯维. 与时间有约. 天下出版社，2003

　　史蒂芬·柯维（Stephen Richards Covey，1932~2012），是美国著名的管理学大师。曾被美国《时代周刊》誉为"思想巨匠"，"人类潜能的导师"，并入选影响美国历史进程的25位人物之一。本书由柯维及其团队，继《与成功有约》提出成功人生的七大准则后，以全新的观念与方法，告诉你如何善用时间、找对方向、要事第一、统筹资源，经营高品质的成功人生。

💻 在线学习资源

1. 教育在线 http://www.eduol.cn/

2. 中国班主任网 http://www.banzhuren.com/

3. 中国教师网 http://www.zgjsw.com/ http://www.zgjsw.com/Index.htm

4. 中国教师研修网 http://www.teacherclub.com.cn/

第三章

组织与文化：
班级社会空间的营造

本章概述

　　本章内容包括四节：第一节 分别从社会群体、社会体系、社会组织三个维度，介绍了班级组织的社会属性；第二节 分别从社会化功能、个性化功能、组织功能、教育功能四个方面，介绍了班级的社会功能；第三节 介绍了班级组织的构成要素，及各要素之间的关系；第四节 介绍了班级文化建设的内容与创新实践。

结构图

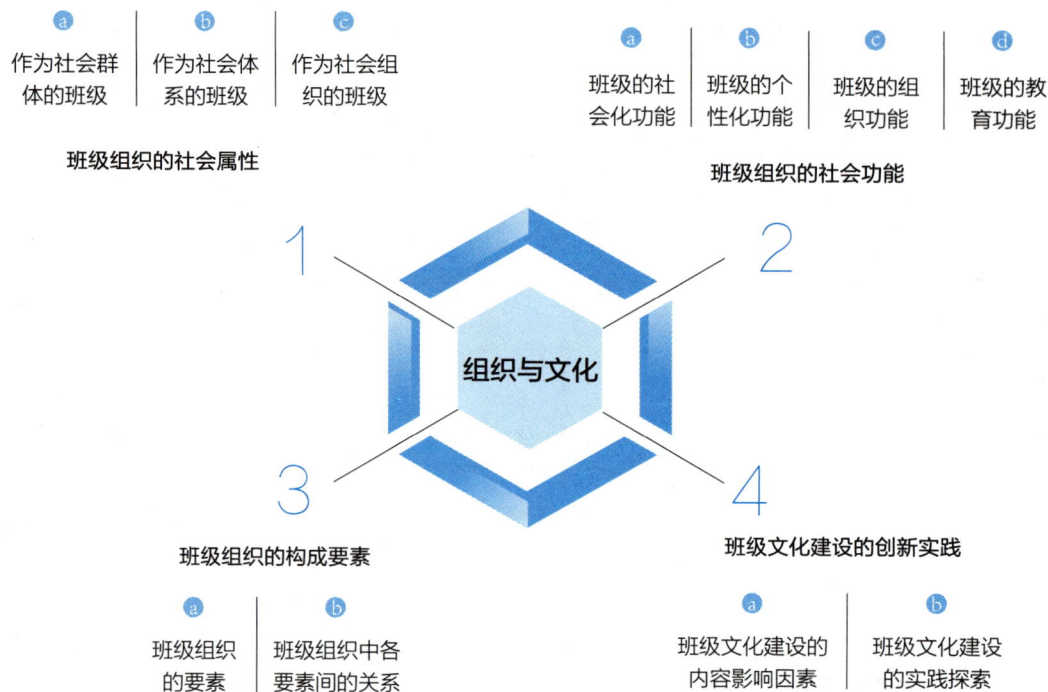

ⓐ 作为社会群体的班级 ｜ ⓑ 作为社会体系的班级 ｜ ⓒ 作为社会组织的班级

班级组织的社会属性

ⓐ 班级的社会化功能 ｜ ⓑ 班级的个性化功能 ｜ ⓒ 班级的组织功能 ｜ ⓓ 班级的教育功能

班级组织的社会功能

1   2

组织与文化

3   4

班级组织的构成要素

ⓐ 班级组织的要素 ｜ ⓑ 班级组织中各要素间的关系

班级文化建设的创新实践

ⓐ 班级文化建设的内容影响因素 ｜ ⓑ 班级文化建设的实践探索

学习目标

1. 了解班级组织的社会属性；
2. 了解班级组织的社会功能；
3. 掌握班级文化建设的方法与策略。

读前反思

1. 结合自己的学校生活经历，分析班级对于自己的个性发展带来怎样的影响？
2. 你认为理想的班级应该是怎样的？

教育家语录

正如拍一部好电影需要一个好的摄制组一样，成功的教育也得有一个好的班级集体，从这一角度着眼，摄制组的导演也许和班级的教师有很大的共同之处。

——山田洋次

第一节
班级组织的社会属性

学习目标

1．了解班级作为社会群体、社会体系、社会组织的不同特点；
2．结合一个班级的具体案例，对其社会属性加以分析。

情境导入

假如你是一位家长，除了关心孩子的学习成绩外，可能更关注的是，你希望你的孩子生活在一个怎样的班级里？他的人际关系怎样？他与老师、同学相处得怎样？尤其是孩子的班主任，他是一个怎样的人？他会喜欢你的孩子吗？你的孩子在他的班级里能否健康快乐地生活？

假如你是一位班主任，你从这些家长的期望中得到了怎样的启示？你会怎样经营自己的班级？你希望营造一个怎样的班级环境与氛围？你将如何与你的学生共同度过几年的生活？你会怎样布置班级的环境？营造一个怎样的班级文化氛围，让生活在这里的学生以积极饱满的热情投入到每天的学习生活中？如果你是一位有心的班主任，那就要从带班的第一天开始，用心来经营自己的班级。

经营班级的前提是了解班级是怎样一个社会空间？班级是由怎样一群人构成的？从社会学角度分析，班级可称之为社会群体、社会体系和社会组织。作为社会群体、社会体系和社会组织的班级分别意味着什么？具有怎样的社会学意涵呢？

一、作为社会群体的班级

什么是班级呢？从社会学的观点来看，一般有三种理解。一，班级是一种特殊的社会群体，主要以沃勒（W．Waller）为代表；二，班级是一种特殊的社会体系，主要以美国教育社会学家帕森斯（T.Parsons）为代表；三，班级是一种特殊的社会组织，国外学者主要以J．W．

盖哲尔（J. W. Getzels）和H. A. 谢仑（H. A. Thelen）为代表，国内学者主要以吴康宁为代表。

教育社会学研究表明，班级，首先是一个受班级制度及其宏观社会关系制约的现实的社会群体。[1]它是一个以儿童、青少年学生为主体的社会群体，其形成和发展由一定的社会分工和特定的社会职能所决定。

沃勒是这一观点的提出者。而将这一论点发展、提升的则是苏联教育学家克鲁普斯卡娅和马卡连柯，他们将班级作为一种"儿童集体"来理解。马卡连柯分析了"儿童集体"的特征：

1. 具有社会价值的目标。"真正的集体，并不是单单聚集起来的一群人，而是在自己面前具有一定共同目标的那种集体"。[2]

2. 为实现目标而组织的共同活动。"集体只有当它显然是用有益于社会的活动任务来团结人的时候，才可能成为集体"。[3]

3. 集体成员之间相互负责的关系。"集体成员之间的关系不是个人对个人的关系，而是集体的一个成员对另一个成员的关系"。[4]

4. 组织起各种自治机构。集体的自治机构是"为实现共同目标协作活动的形式"。

5. 纪律、制度、舆论。纪律是达到集体目的的最好方式，而制度则是组织集体活动和确定集体成员行为标准的形式，"有很高威信和值得敬爱的学生集体的社会舆论的监督，能够锻炼学生的性格，培养学生的意志，能就学生个人的行为培养起有利于整体的习惯"。[5]

诺维科娃在其主编的《集体教育学》一书中将班级集体的社会本质特征概括为三点：一、高度的社会倾向性，即班级集体作为社会的组成部分，不是一个封闭的体系，而是包含在社会关系的整个体系之中，并反映出社会的政治、道德、美学等思想；二、高度的组织性，即马卡连柯所讲，集体是"那些组织起来的，拥有集体机构、以责任关系彼此联结在一起的个人有目的的综合体"；三、高度的社会主体性，即为了共同的目标，有着共同的集体意识而相互作用的人的共同体。[6]

二、作为社会体系的班级

所谓体系，是指两个或两个以上的因素，彼此之间相互依赖与相辅相成的一个紧密的整体。所谓社会体系，乃是由两个或两个以上的人产生比较稳定的交互关系所构成。

对于社会体系的分析，最具代表性的是美国当代著名社会学家帕森斯。社会系统是帕森

1　唐迅. 班集体教育实验的理论与方法. 广州：广东教育出版社，2000：23
2　马卡连柯. 论共产主义教育. 刘长松，等译. 北京：人民教育出版社，1954：334-335
3　马卡连柯. 马卡连柯教育文集（上卷）. 刘长松，等译. 北京：人民教育出版社，1985：15
4　马卡连柯. 马卡连柯教育文集（中卷）. 刘长松，等译. 北京：人民教育出版社，1985：113
5　马卡连柯. 马卡连柯教育文集（下卷）. 刘长松，等译. 北京：人民教育出版社，1985：92
6　鲁洁，吴康宁. 教育社会学. 北京：人民教育出版社，1990：404-406

斯在分析了"单位行动"动机和价值取向的基础上提出的。他认为，当各种不同取向的行动者（根据他们的行动和价值取向的配置）互动时，便逐渐产生了约定，并维持互动模式，这就是"制度化"，而这种制度化模式就可以称之为社会系统。[1]

任何社会体系的存在必须具备以下四个功能：

1. 适应性功能，即对外调适的功能。任何社会体系，应与社会文化系统保持协调，以求平衡与发展。对于班级体系来说，表现为适应社会的变化而调整其内在功能。

2. 目标达成功能，即从环境中取得资源实现系统的目的，并确定一组目的的优先次序。对于班级体系来说，师生在教学中，应实现程序化的教学目标。

3. 整合功能，即协调各部分体系，达到一定的和谐状态。对于班级体系来说，就是使教师与学生，以及学生与学生配合起来，以利于教学目标的实现。

4. 模式维护功能，即使系统内部各要素具有动力机制，并按一定的规范和秩序活动。对于班级体系来说，就是采用一定的结构和手段来维持班级团体的秩序。[2]

帕森斯把班级看作一种社会系统，这一社会系统具有如下特征：

1. 它包括两人或两个以上人群的交互作用；

2. 一个行动者与其他行动者处在一个"社会情境"中；

3. 行动者之间有某种互相依存的一致行为表现。

此种表现是由于彼此具有共同的目标导向（或共同的价值观念），以及彼此在规范与认知期望上的和谐。[3]他认为，班级既是一个由师生组成的正式组织，又是一个学生群体，每个学生成员的个人情意、认同感与归属感都影响着班级正式组织的活动。能否把个体的行为与组织的行动统一起来，取决于教师的指导，而教师的指导又与他的价值取向有关。

其中，"角色"是社会系统的基本概念，它代表个人在社会团体中的地位和身份，也包含着众多人们所期望于个人表现的行为模式。

班级就是以学生为主体，以社会化的学习和交往为特征的儿童社会，教师在班级中与学生维持多种角色关系。

奥瑟（Arthur）在分析师生社会角色时，曾指出师生之间建立良好关系的思想基础是：

（1）教师对学生有某些行为方面的期望；

（2）学生对教师也有某些行为期望；

（3）教师对适当的教师行为的看法；

（4）学生对适当的学生行为的看法。[4]

1　乔纳森·特纳. 社会学理论的结构. 邱泽奇，译. 北京：华夏出版社，2001：33
2　唐迅. 班集体教育实验的理论与方法. 广州：广东教育出版社，2000：66-67
3　T.Parsons & E. A. Shils.ed. *Toward a General Theory of Action*. Boston: Harvard University Press，1951.55
4　吴立德. 班级社会学概论. 成都：四川大学出版社，1996：4

🔍 **互动环节**

1. 试以自己以前生活过的一个班级为例，分析班主任与学生之间的角色关系。
2. 小组合作：情景模拟：请再现一个班级的师生角色扮演。

三、作为社会组织的班级

1. 班级社会组织的内涵

国外将班级看成是一种社会组织的学者主要有J. W. 盖哲尔（J. W. Getzels）与H. A. 谢仑（H. A. Thelen），其在《研究作为一个社会组织的班级团体的概念结构》一文中认为："学校本身或学校内部的单个班级，就其本身的名义来说可以认为是一种社会组织。"[1]通常有两种因素影响班级社会组织中的行为，一是体现社会文化要求的制度因素，表现为社会对个体的角色期望；二是受个体生理因素影响而形成的个人因素，表现为个体的需求倾向。因此，班级社会体系中个体的行为变化，必然沿着两个方向发展：一是约束个人倾向使个体行为与社会文化的要求相适应，达到"人格的社会化"；二是调整社会的角色期望，使一般的社会化要求与个体的性格特征、能力倾向相适应，达到"社会角色的个性化"。

国内学者吴康宁、郝京华等提出班级是一种"规范性的""正式的"社会组织。班级之所以是社会组织，是因为班级具有社会组织的基本要素：（1）班级工作目标，班级具有内在目标和外在目标、共同目标和具体目标；（2）班级文化，班级中存在着制度文化和素质文化、统合型文化和离散型文化；（3）班级中的人际关系，可分为工作交往和人格交往；（4）班级的功能，班级具有社会化功能与个性化功能，以及正向功能与负向功能。[2]

吴康宁认为，班级社会组织具有特殊性，这种特殊性反映在班级活动具有特殊的场所——课堂；特殊的社会组织——班级与小组；特殊的社会角色——作为权威的教师与有着不同背景的学生；特殊的社会文化——有目的、有计划的教育人际交往；特殊的社会规范——课堂规章制度，以及由此发生的各种基本的社会行为，诸如控制与服从、对抗与磋商、竞争与合作等。[3]

2. 班级社会组织的构成

（1）班委会

班委会是由班级学生干部组成的、为班级服务的机构。班委会是班主任开展班级工作的

---

1 J. W. 盖哲尔，H. A. 谢仑. 研究作为一个社会组织的班级团体的概念结构. 王秉，译. 福州：福建师范大学教育系编，国外教育参考资料，1985. 2-4
2 郝京华. 班级的社会学分析. 教育研究，1988（3）：13
3 吴康宁. 课堂教学社会学. 南京：南京师范大学出版社，1999：3

得力助手。班级很多工作是在班主任与班委会成员相互支持、齐抓共管的基础上进行的，在班主任的领导下，班委会成员对班级各项工作分工负责，专人落实，促进了班级的自我发展。班委会是联系班级学生群体与班级任课教师的纽带，可以起到很好的沟通师生思想和情感的作用。班委会是班级学生开展学生自治的核心力量，是班级学生进行自我教育的榜样。班委会是班主任可以利用的一支重要教育力量，通过对班委会成员有目的有计划地培养和指导，可以使其能力得到锻炼和培养，进而更好地发挥其示范引领作用。

（2）少先队和共青团

少先队是中国共产党创立和领导并委托共青团直接领导的少年儿童群众组织，是少年儿童教育的重要组织，是学校教育的重要力量。

少先队作为班级发展的教育力量，主要通过班级中队活动发挥作用。班级中队开展活动的过程就是全体学生接受教育的过程。作为中队辅导员的班主任要善于利用少先队中队活动教育学生，并通过这一组织让学生进行自我教育，促进学生素质的全面提高。

中国共产主义青年团（简称共青团）是中国共产党领导的先进青年的群众组织，是广大青年在实践中学习共产主义的学校，是中国共产党的助手和后备军。

共青团作为班级教育力量的重要组成部分，也是帮助班主任完成教育任务的助手，班主任应当把开展班级团工作放在重要位置，发挥其在班级教育中的重要作用。

（3）非正式群体

非正式群体是学生个体成长中一个重要的影响因素，往往会成为青少年发展期的重要他人。其对于学生个体和班集体的建设与发展具有或积极或消极的作用。对此，班主任应引起极大重视。班主任要充分重视班级中的各种非正式群体，认真分析和研究，并给予正确的教育引导，使其成为班级发展过程中的一股正面的教育力量。班主任要有意识地强化正式群体，把非正式群体纳入班级发展轨迹；要区别对待不同的非正式群体，因势利导，扬长避短，发挥其正面作用，促进班级沿着健康的方向发展。

🔍 **互动环节**

请提供一个班级非正式群体的案例，并分析其形成的原因，其对班集体建设的作用与影响。

也就是说，社会组织是班级的第一社会属性，班级社会群体和班级社会体系是在此基础上形成的。当社会群体具有了明确的目标、严格的组织规范、健全的组织机构和组织活动时，就成为社会组织。班级正是由特定的目标组织起来的社会组织。

鉴定和判断班级组织形成的主要条件有：（1）集体目标与社会需要相一致，并促进集体成员的个性发展；（2）集体的共同活动获得自决的性质，每个成员都能在某一领域积极表现自己；（3）学生在班级关系体系中的地位是有利的，每个人都能扮演成功的角色；（4）集体的规范、价值观成为学生的行动指南，具有参照性；（5）学生集体自治机构健全，具有独立实现组织目标，实行自我管理的功能；（6）初步形成以集体意识为核心的自觉、统一的社会心理共同体。

总之，本节从班级作为一种社会群体，班级作为一种社会体系，班级作为一种社会组织三个层面来理解班级的社会属性，这三个命题之间有着内在的逻辑关联：

班级作为一种社会群体，主要是从班级的构成要素——儿童以及由儿童组成的集体特征来理解班级；

班级作为一种社会体系主要从班级功能的角度来理解班级，即班级承担着传递社会角色、社会责任等社会化功能，以及分配成人社会角色的选择分类功能；

班级作为一种社会组织，主要通过将班级作为一种类社会组织来考察。接下来将重点考察班级的社会功能。

第二节
班级组织的社会功能

🎯 **学习目标**

1. 了解班级社会化功能、个性化功能、组织功能、教育功能的具体内容；

2. 分析班级如何促进学生社会化与个性化的和谐发展？

帕森斯于1959年发表的《班级为一种社会体系》一文中，以社会学的观点分析美国小学班级教学的六项社会化功能和一项选择功能。社会化功能主要是指班级活动如何发挥功能以培养个人的社会信念与知识能力，以便适当扮演个人未来的成人角色；选择功能是指如何根据社会的结构与需要，将每个人按其性格与能力分配到社会上适当的位置，以达到人尽其才、才尽其用的目的。

班级社会化功能的主要内容是：（1）传授系统的文化科学知识、技能，培养学生认识世界和改造世界的能力；（2）传递社会价值观，指导生活目标；（3）教习社会规范，培养社会行为习惯；（4）培养社会角色。此外，还有学者提出班级的个性化功能和保护功能。[1]这是关于班级社会功能的经典论述。

1　吴立德. 班级社会学概论. 成都：四川大学出版社，1996：10-13

一项关于《班集体功能变量的实验设计》的研究结果表明，班级作为一个以学生亚文化为特征的社会群体，是一个独特的社会化机构，具有促进儿童社会化的功能；班级作为班级授课制的基层教育组织，是学生集体共同的学习活动的组织形式，在教育过程中具有组织功能；班级相对于集体中的个人来说，是一种巨大的教育力量，相对于个别教育，班级具有不可替代的独特、微妙的教育功能；班级作为一个以集体主义价值为导向的社会心理共同体，具有在集体建设中培养和发展个性的功能。[1]

一、班级的社会化功能

个体社会化功能一般是指为培养现代"社会人"共同必需的社会性、社会交往能力等品质打基础，具体来说具有个体身份社会化、个体政治社会化、个体职业社会化、个体文化社会化、个体道德社会化的功能。

个体身份社会化功能主要是指培养角色意识，学会相应社会角色的规范，为获得一定社会地位和履行一定社会角色职责奠定基础。

个体政治社会化是指掌握当时当地的既定价值，培养民主意识、法律意识、参与意识等，形成社会认同的政治倾向、政治态度、政治观点，为未成年人成为合格社会公民奠基。

个体职业社会化是指启迪智慧、培养兴趣，树立成才志向，正确对待成人与成才的关系，为培养合格社会劳动者创造条件。

个体文化社会化是指了解民族文化传统，培养民族自尊心、自豪感；正确对待外来文化，增强对外来文化消极方面的抗毒性；为培养价值形成力、形成文化创造力、养成健康的文明观、成为文明人奠基。

关于道德社会化的含义，美国学者R.哈什等人认为，人的道德性并不是由一些抽象的道德原则所体现的，一般表现在三个方面：

（1）关心他人，愿意帮助并保护他人。这种关心是自觉自愿的，发自内心的，同时还要求行为者本人能够了解他人的心理，具备一定的社会知识，否则他就无法正确地判断他人遇到了什么困难、有什么需要以及应该如何去关心和帮助他。

（2）能够正确地进行道德判断。社会中的道德准则时常是相互冲突的，对道德问题所作出的不同判断会导致不同的行为。

（3）行动。在个人关心他人、作出判断的基础上采取的行动，是个人的道德性的最为充分的体现。[2]

1　唐迅. 班集体教育实验的理论与方法. 广州：广东教育出版社，2000：205
2　Richard H. Hersh., Glen0. Fielding, John P. *Miler:Models of Moral Education: An appraisal*, 1980:1-6

我国伦理学界普遍认为，道德作为社会意识形态的重要形式，有着自身的体系和丰富的内容，其主要由道德意识、道德规范和道德活动三部分构成。家庭教育的个体道德社会化功能，是指帮助个体"从一个自然的人学会过道德生活，与社会基本的道德价值系统取得共识，具有一定的道德判断和道德选择能力，并且在不断地超越不适应的、旧的道德价值体系、经历个人冲突后达到新的均衡状态。"[1]

班级社会化功能主要表现在：

（1）筛选功能。即通过班级的信息沟通结构对环境中的社会文化信息筛选择优，强化那些有利于集体成员个性发展的因素，剔除那些对个性发展起消极作用的条件，从而优化班级环境；

（2）整合功能。班级的目标、规范和组织机构具有对班级环境中多重教育影响的加工、转释和定向功能，整合优化影响班级的因素，形成班级系统的最优状态；

（3）自我完善功能。在社会需要与班级成员个性发展的矛盾运动中，实现班级的自我完善、发展。[2]

班级正是在社会需要和教育目标的引导下，通过规范的教学目标、课程结构、教学过程、班级制度等环节有目的、有计划、有组织地履行班级成员的社会化功能。测量班级社会化功能水平的主要指标有：（1）班级履行基本社会职能的指标，如入学率、合格率、升学率、教学效率等；（2）班级维护社会制度的功能指标，如班级的政治氛围、人际关系结构、多数人的态度和共同的行为方式、纪律性、传统、舆论及班风等；（3）班级的适应性和稳定性水平。[3]

🔍 **互动环节**

请结合自己的受教育经历，对班级社会化功能体会最深的一个方面。

二、班级的个性化功能

个性化功能是指提高和强化个体各种心理特征的成熟度与水平，为培养独立的健全的个性奠基。同时还表现为能够启蒙自我意识，养成自我认识、自我设计、自我塑造、自我完善的能力，培养具有不同特色的需要、动机、兴趣、信念、性格、能力等品质，为培养独特的个性奠基。

1　鲁洁. 德育社会学. 福州：福建教育出版社，1998：150
2　唐迅. 班集体教育实验的理论与方法. 广州：广东教育出版社，2000：205-206
3　唐迅. 班集体教育实验的理论与方法. 广州：广东教育出版社，2000：98-99

研究表明，集体不单纯是一种对学生起影响作用的教育环境，在集体建设中，学生是活动的主体，是在活动中形成各种社会关系的主体。正是在学生集体自主学习、自我教育、自我管理中，具有参照性的集体目标、价值、规范等转化为集体成员的需要、动机系统，而学生在集体人际关系中所处的地位又决定了他的态度和行为方式，在意识中形成了集体主义的思想和情感，以及在集体中自决的能力，形成个性的社会倾向系统。

因此，集体的形成过程也就是培养个性的过程。实践证明，个性的目的性，集体主义的价值观，以及个性的社会积极性等个性品质，只有在集体中培养并通过集体形成和发展。

班级的社会化功能与个性化功能是交互作用、互相渗透的。前者主要表现在按照社会要求对个性的社会同一性的教化、定向和控制，其标志是集体性和标准化，作用方式是强调社会群体对个体的类化及个体对社会规范的模仿、从众、认同。后者则表现为按照学生身心发展特点、水平及差异性，以活动交往和人际关系为中介，形成和发展学生的个性，其标志是个别化、独特性和非标准化。[1]由此可见，班级的个性化功能就是使学生从社会化的对象——客体的自我转变为个性化的主体——主体的我。

测量班级个性化功能的主要指标有：（1）班级的目标结构具有包容性、选择性和个体性；（2）学生是主角；（3）班级为每一个成员开拓了个性充分发展的自由时空领域和条件；（4）班级的交往结构和人际关系内容充实、频率高、集体心理的气氛良好；（5）在班级的民主管理和创造性自治活动中培养富有个性的公民精神。[2]

履行班级个性化功能的主要途径包括：全面深入地了解班级成员的个性，以活动为中介发展学生的个性，精心为每个学生设计个性发展路线，充分"放权"让学生履行自治职能，发挥创造精神，营造良好的竞争氛围。

互动环节

请提供一个班级个性化功能的典型案例。

三、班级的组织功能

班级的社会化功能和个性化功能是从社会学角度来分析的，班级的组织功能和教育功能则是从管理学和教育学的角度来阐释的。

班级是为了教育目的而专门组织起来的教育集体，它既是班级授课制的基层教育组织，

---

1 唐迅. 班集体教育实验的理论与方法. 广州：广东教育出版社，2000：100
2 唐迅. 班集体教育实验的理论与方法. 广州：广东教育出版社，2000：101-102

又是学生集体学习、劳动、游戏等社会活动的基本组织形式。

班级的组织功能主要表现在：（1）班级目标在组织共同活动中的指向、激励作用；（2）班级的交往、人际关系在组织共同活动中的沟通和凝聚作用；（3）班级的规范作为统合班级中个体行为的规则和范型，在组织共同活动和矫正人际关系中，具有调控作用。它以纪律、舆论、传统、制度等手段，使班级的教学、教育和管理行为，按照一定的模式和秩序进行。[1]

具体而言，班级的组织功能主要依靠集体目标、集体交往、集体规范来实现。集体目标在组织共同活动中的指向、激励作用。正是集体目标使全体成员认同活动的社会价值和意义，进而使集体成员把活动的社会价值转变为内在的需要和动机，这是集体自我运动的源泉。人际关系在组织共同活动中具有沟通和凝聚功能。在儿童集体开展共同活动过程中相互交往，沟通信息，形成互助、合作、竞赛、责任、服从、团结等关系。为了完成教学、教育任务，在集体中设有自我管理机构，正是学生集体的职权结构、角色结构、信息结构，成为班级教育过程得以有效实现的集体组织架构。不断变动着的组织机构把学生轮流地置于负责、从属、互相帮助的地位，成为进行真正公民教育的一个有效手段。集体的规范作为统合集体中个体行为的规则和范型，在组织共同活动和矫正人际关系中，具有调控功能。它以纪律、舆论、传统、制度等手段，使班级的教学、教育和管理行为，按照一定的模式和秩序循行，保证教育质量的提高。

四、班级的教育功能

班级的教育功能有以下特点：

（1）班级作为一个独特的教育影响源，是社会影响和教师影响的折射，它是集体环境中教育因素的转换器，有利于班级不断开拓新的教育领域。

（2）班级有利于促进个体的认识过程和智力发展。按照学习的集体性原则，充分发挥课堂教学活动中人际交往、协作、竞争等社会心理因素的教育潜能，是提高课堂教学质量的重要途径。

（3）只有在集体教育和集体活动的背景中，教师才有可能在更大范围和多种活动中，充分运用多种教育因素，构成教育方法的系统，积极地给学生以深刻的影响。

（4）班级对个人的教育影响是通过模仿、感染、暗示、从众、认同等社会心理机制实现的、具有潜移默化的特征。

（5）班级是一个亚文化群体，由于同辈文化为学生提供了一种新的价值观与准则，并提

1　唐迅. 班集体教育实验的理论与方法. 广州：广东教育出版社，2000：207

供了作为一个独立自主的人参与活动、交往的社会情境和角色体验，所以班级也是一个以学生文化为媒体的自我教育过程。[1]

总之，本节主要从社会学角度分析了班级的社会化功能、个性化功能、教育功能和组织功能。关于班级功能的论述可以参考帕森斯的《作为一种社会体系的班级：它在美国社会中的某些功能》一文。

第三节
班级组织的构成要素

🎯 学习目标

1. 了解班级组织的构成要素，以及各要素之间的相互关系；
2. 分析如何进行班级组织结构的创新。

要认识班级组织这样一个复杂的社会系统，我们必然要将它分解，去认识组成它的每一个部分。但这并不是说只要了解班级组织的每一个组成部分，而是通过分析每一部分在班级组织中的地位，从整体上把握班级组织。这样，我们对于班级组织的认识也会更深入、更系统。在此基础上，对于班级组织的管理工作也会更科学，更自觉，而非仅仅凭借教师的直觉和经验。因此，这一节我们将对四个要素及其相互关系进行具体论述。

一、班级组织的要素

班级组织作为一个复杂的社会系统，它必然由许多的要素构成，我们可以列举出很多班级组织的构成要素。其中有些是必不可少的，缺少了这些要素，班级组织就不成为班级组织了；有些则是属于班级组织的充分条件，这样的要素越多，班级组织也就越复杂。对于班级组织来说，个体、目标、制度和文化是其必不可少的四个要素。下面，我们对它们进行详细的论述。

（一）个体要素

每一个组织都是由众多"个体"所组成，它们共同构成了组织，支持着组织的存在。班级组织也不例外，班级中的个体共同构成了班级组织，它们是班级组织的中心。班级组织中

---

1 唐迅．班集体教育实验的理论与方法．广州：广东教育出版社，2000：208

的一切活动都起源于班级组织中的个体、由他们所进行、并最终是为了他们的发展。个体在班级组织中处于中心地位，是班级组织的一个关键要素。没有了这些个体，班级组织就不复存在。因此，班级组织中的个体形成了班级组织存在的必要，他们的互动是班级组织中一切活动的中心。

从内容上来看，班级组织中的个体有学生；教师，包括任课教师和班主任。当然，这些只是班级组织系统内部的个体，他们还受到班级组织系统外部的个体，包括学校领导、家长等的影响，因此，班级组织系统外的个体也影响到组织系统内部的个体，他们形成了班级组织的外部系统。

这里，我们主要对班级组织系统内部的各个个体进行简要论述。首先，学生是班级组织中的重要个体，没有学生，班级组织就没有了存在的价值和意义。在传统教育中，学生一直被置于教育对象或教育客体的地位，特别是在班级管理工作中，学生成为被管理者，是班级管理的对象。今天，越来越多的理论和实践工作者认识到，在班级这样一个教育组织中，学生所应具有的重要地位，他们应该处于班级组织的主体地位，充分发挥学生的主体性成为教学理论的共识，而在班级管理过程中，充分发挥学生的主体性也是发挥班级管理教育作用的重要途径。

其次，教师，包括班主任和任课教师，是班级管理的实施者，是班级组织运行的统筹者和主导者。以前，我们一直把班主任作为班级管理的唯一实施者，很多人认为，班级管理是班主任的事情。而事实并非如此，每一位教师都是育人者，他们在教学的同时也应该成为班级管理的实施者。而班主任则是班级管理工作的统筹者，他需要统筹的是班级管理中学生之间的关系、任课教师和学生之间的关系以及教师之间的关系。因此，他需要站在一个整体的高度上来协调班级组织运行中的各种关系。

从对班级组织的影响来看，每一个个体都以自己的方式影响着班级组织。每一个人都有自己的需要，这些需要塑造着每个人的行为。只要可能，大多数个体都会在工作过程中关注自我需要的满足。因此，虽然在班级组织中每一个个体所扮演的角色以及拥有的地位不同，但每一个个体的需要和动机都是决定班级组织的关键因素，他们共同影响着作为整体的班级组织。除此之外，每一个人都有自己的行为风格，不同的行为风格导致了不同的行为方式，形成了班级所特有的风格。总的来说，班级中个体的需要和风格影响着班级组织的建设。

（二）目标要素

"当某一目标的达成需要共同努力时，人们就通过组建特定的组织来协调活动"，[1]可见，

---

1 韦恩·K. 霍伊，塞西尔·G. 米斯克尔. 教育管理学：理论·研究·实践（第七版）. 范国睿，译. 北京：教育科学出版社，2007：22

某些特定的目标是组织形成的前提。从班级组织的形成来看，这种论断也是合理的。需要共同实现的目标是班级组织建立的必要前提，没有这些共同的目标，班级组织也就失去了引导，其存在的基础也就产生了动摇。可以说，班级组织中的个体就在这些目标的引导下进行互动，共同维持和建设班级组织。

从内容来看，班级组织的目标要素是由各种目标所构成的系统。

首先，从纵向上来看，班级组织的目标从高到低包括：国家的教育目标、地方的教育目标、学校的教育目标、教师的教育目标、学生的学习目标。在这五个层级中，每一个层级的教育目标都包含着对上一个层级教育目标的理解、贯彻和实施，同时也包含着这个层级所特有的个体特征。

例如，从地方的教育目标来看，它既包含对国家教育目标的贯彻和实施，同时也包含对地方特有情况的关注；从学校的教育目标来看，既包含着对地方教育目标的理解，也包含有对学校特色的考虑；从教师的教育目标来看，同时囊括了学校的教育目标、个人自身的特点和对教育的理解；从学生的学习目标来看，既有对教师教育目标的遵从，也有自身特征以及兴趣爱好的体现。总之，班级组织的目标由五个层级的目标所构成，它们之间并非是相互独立而存在，而是相互作用着而存在。

其次，从横向上来看，每一个人在班级组织中都有一个属于自己的目标，实际上导引着他们的行为。由于每一个人的自身特质、自我认识以及对学习、对教育的不同理解，这些目标具有个体的差异性。同时，班级中每一成员的目标在拥有自身特色的同时，都或多或少地带有组织目标对个人的要求。因此，从横向上来看，班级组织中的成员都有自己的目标，这些目标是班级组织的目标和个人特有目标的结合。

同时，这些目标在班级组织中也发挥着重要的作用。目标的具体、清晰程度影响着班级组织的结构、班级任务的细化以及班级管理的行为。模糊的班级目标妨碍班级组织的理性化，因为，没有清晰的目标，班级组织的管理者是不可能做出合理决策的。除此之外，班级管理中的日常事务也受目标的引导，目标的清晰有助于班级日常管理的有序进行，而缺少清晰的目标则容易使班级日常管理工作陷入混乱和无序状态。

（三）制度要素

制度是班级组织的一个重要要素，是班级作为一种社会组织的重要体现。指的是班集体为实现共同的奋斗目标而制定的规则、法则，是班集体按一定程序办事的规矩，是班级管理的准绳。为了更好、更快地实现班级组织的目标，保证组织成员之间互动的秩序，制定一定的规章制度是必不可少的。班级管理离不开规章制度，俗话说"没有规矩，不成方圆"，一个良好班集体的形成，必须有一个人人都必须遵守的制度。因此，班级组织的制度更多地体现了班集体对学生和教师的要求，是他们必须要遵守的。

一般来说，每一个学校都有一套统一的针对学生的规章制度。这套制度是学校领导制定的，是学生必须要遵守的。在这些制度的制定过程中，学生是很少参与的，大多由学校领导和教师制定。从其作用范围来看，这些制度更多地针对全校学生，是所有学生必须遵守的。教师在管理班级的过程中，必须把学校的规章制度传达给学生，使其成为班级组织制度的一种形式；然而，这些制度并不一定适合每个班级的实际情况，或者不能满足班级管理的要求，因此，在学校制度之外，每个班级都有针对自己班级所制定的制度，这些制度是由教师、教师和学生、或学生自己制定的。学生在这些制度的形成过程中有一定的作用，不管学生是否参与制度的制定，这些制度的最终实施或者生效的前提则是学生的认可。从其广度来看，它们的作用范围只限于本班，是本班学生所必须遵守的，而其他班级则有其他班级的制度，当然各班级的规章制度可以是相同的，也可以是不同的。

和学校规章制度不同的是，班级自己的制度有一部分是明文规定的，有一些则不是。它们是教师和学生在日常互动中所形成的隐性制度，没有明确的规定，但确是每个学生和老师都知道的，是渗透在他们日常生活中的规范，只有他们自己知道，外面的人只有通过参与他们的生活才能体验到。因此，这三种制度形式共同构成了班级组织的制度要素，共同对班级组织成员的行为和互动起着规范作用。

🔍 互动环节

在你以前的班级中，有这样的隐性制度存在吗？试分析它们的内容和作用形式。

（四）文化要素

在班级组织成员的互动过程中，会形成一种共享的价值观、规范、信仰和思维方式。这些共同的取向形成了班级组织的文化。班级文化是班级所特有的，它把一个班级和另外一个班级区分开来，并为班级组织成员提供一种认同感和归属感。班级文化提供给组织成员一种超越个人的信仰和价值观；从而个体属于大于他们自身的群体。当文化非常强大的时候，对群体的认同感与群体的影响力也会变得非常强大。

从内容上看，班级组织的文化可以分为物质文化、制度文化和精神文化。

物质文化是班级组织文化中的实体部分，主要包括：班级的教室环境、教学设施、各种墙报、宣传画、图书角，荣誉匾牌以及各种象征物等。不同类型的班级往往具有不同形态的物质文化。

制度文化是指班级组织文化中的制度部分，包括班级中各种条例化和有形的规章制度、行为规范、纪律等，以及班级中那些无形的习惯、约定俗成的规范，以及班级在教育教学活动中逐渐形成的传统和风气等。制度文化并非仅仅指制度本身，还包括班级组织制度所体现的精神，以及组织成员在遵守制度过程中的行为方式等。

精神文化是指班级组织文化中的观念部分，包括班级特定的思想意识、价值观念等。在班级组织中，这些观念文化常常是无形的却又无处不在，它以"隐性课程"的方式对学生的世界观、人生观和价值观产生着重要影响。

班级组织文化的三种形态并非独立存在的，它们是相互联系的，其核心是班级组织的精神文化，它们在一定程度上决定着班级物质文化和制度文化的形态。

班级文化所呈现的是班级组织中非文字的情感部分。我们所看到的物质文化的呈现方式往往是物质的、外在的，应该更多关注这些形式背后的观念以及它们给学生的影响。班级文化使得师生之间、生生之间的沟通变得容易，同时这种共享的价值观有助于维持班级组织的凝聚力和情感。更为重要的是班级文化是教育学生的一种重要资源，它全面塑造着学生的个性和特质。

二、班级组织中各要素间的关系

班级组织是一些"人"为了实现某个教育目标而建立起来的组织；为了实现这些目标，它们需要建立一定的制度以保证组织的正常运行；在目标的引领之下，在班级组织的制度框架之内，班级组织中的"个体"进行着各种互动，互动的一个重要结果就是班级文化的形成。由此可见，班级组织的四个要素并非相互独立，而是处于动态的相互制约关系中。因此，在班级组织中存在着众多相互制约的要素。其中，有三对要素的关系最为重要，它们是：个体要素与目标要素、个体要素与制度要素，以及个体要素与文化要素的关系。如何认识这三对要素的关系，决定着教师如何处理班级组织中每一个成员和组织的关系，决定着学生在班级组织中的地位与角色。在实践层面，这三对要素的关系带来的问题也是教师一直困惑的。这里，我们将对它们之间的关系进行具体分析。

（一）个体要素与目标要素的关系

班级组织的个体要素和目标要素从其主体来看存在着差别。个体要素主要指的是班级中的每一位学生，反映的是班级组织中每一个体的需要和动机；目标要素主要是从班级组织作为一个制度性存在所具有的目标，体现的是学校管理者对学生的总体要求。在传统的师生关系理论中，我们把教师作为学校教育的主体，把学生作为学校教育的对象或者客体。教师与学生之间是教育与被教育的关系。在这一认识下，教师或班主任自然便是班级组织的管理者，而学生则是他们管理的对象，是班级组织中的被管理者。教师与学生之间是管理与被管理的关系。班级组织的个体要素与目标要素则处于相互对立的关系中，目标要素处于个体要素之上，个体必须无条件地服从于班级组织的目标。

事实上，班级组织的个体要素和目标要素是相互联系、紧密统一的。因为学生的全面发展，需要一个强大、持续、健全的目标引导。如果目标不完善，甚至性质上悖逆于学生的发展需求，那么学生个体的发展是受到牵制的，某些时候甚至会产生相反的效果。另外，班级目标的实现需要班级中每一个人的参与，每个人都是其中的一员。只有所有人全面参与班级的当前运行与未来发展，才能集全体人的智慧与精力，全面促进班级目标的实现。

🔍 互动环节

在现实中，班级组织的个体要素和目标要素之间常常处于矛盾对立状态，试分析其原因。

（二）个体要素与制度要素的关系

从传统教育理论来看，班级中的个体要素与制度要素是严重对立的。在传统认识中，个体要素体现出的往往是一种自由散漫甚或"没有规矩"的特性，而制度要素则向人们展现出井然有序、整齐划一的生活样态。在强调划一、效率的传统教育教学活动中，人们总是试图通过制度的全面渗透让班级中每一个个体尽其全力实现"进步"，而全然不在乎个体本身的需要，每一个个体都只是制度指挥旗下奋力向前的一个小卒。个体稍有懈怠或者反抗，制度的惩罚机制就会发挥作用，在一定意义上，惩罚是制度的一个本体性质。因此，制度是监督、鞭策个体按照一定计划以实现正常运行的。在这一层面上，班级中的个体与制度是对立的，冲突也是不可避免的。

然而，个体要素与制度要素的严重对立只是表面的，我们应该看到两者之间深层次的勾连关系，即两者也是相互依存的。这种依存关系不是能被轻易打破的。一方面，个体的发展需要制度的保障。如果没有制度的引导与护卫，个体将会面临无可估量的阻碍，浪费大量的时间而没有任何收获。如果制度设计与运行良好，个体将在获得更多自由的情况下实现更多、更好、更快的发展。因为一个好制度是能给人更多自由的，当然，这种自由也只是在相对意义上才存在。另一方面，制度的良性存在也需要个体的参与。首先，一个制度要制定好，毋庸置疑需要大家的共同努力，只有班级中每一个个体集思广益、群策群力，才能保证制度在设计之始就处于一种良好状态。其次，制度的运行、实施过程，需要班级中每一个个体的自觉遵守与修正，这样才能保证制度最大限度地促进人的全面发展。

（三）个体要素与文化要素的关系

从表面看来，班级中的个体要素与文化要素处于对立与冲突之中。

首先，在每一个班级中，无论是有意为之或是无意而成，班主任和任课教师都以自身对学生、对教育的认识为导向而塑造着班级文化。每一个班级都体现着它的班主任和教师，尤其是班主任的"个性"。正如很多老师所说，"什么老师带出什么样的班级"。因此，班级文化总体上是由教师主导的，作为个体要素主要反映的是班级中每一个学生的需要。在传统师生观念的审视下，班级中的个体要素与文化要素更多地被对立起来。

其次，从两者的形态上来看，班级文化反映的是班级的整体形态，是班级组织作为一个整体性存在而拥有的特征，因此，班级文化是整体性的。而班级中的个体却是作为班级组织整体的"细胞"而存在的，每一个体都是有其独特性的。从存在形态来看，班级组织中的个体要素和文化要素也是存在明显区别的。

但是，这些区别和对立只是表面的。从根本处来看，班级组织的个体要素和文化要素是紧密联系的。一方面，虽然教师和班主任在班级文化的形成过程中起着主导作用，但这并不意味着学生个体在班级文化形成过程中完全处于被动地位，他们并不只是"被塑造"着。相反，作为整体的班级文化正是每一个体互动的结果，个体在其文化形成过程中处于核心地位；另一方面，作为体现个体行为方式的班级亚文化甚至是反学校文化，对于班级文化也具有激活作用。班级文化形成之后，随着时间的推移，会不断形式化，最终逐渐僵化，这样班级文化也就失去了其陶冶作用。而学生亚文化或者是反学校文化的出现，会打破班级表面的平静和平衡，使班级组织日常生活泛起波纹，从而引起班主任和教师的注意，最终建立新的平衡，更具活力和生命力的班级文化也会形成。因此，从根本上来讲，班级组织的个体要素和文化要素是紧密联系和统一的。

综上所述，本节对于班级组织的构成要素及其相关关系的分析，主要是从静态的角度所做的结构化分析，仅仅是出于研究或认识的便利。在教育现实中，这些要素总是错综复杂的，相互交织地作用在一起，很难一一对应地加以具体呈现。在整合的组织观审视下，班级组织的个体要素、目标要素、制度要素以及文化要素是构成班级组织的最基本要素，缺少了其中任何一个，班级组织就不成其为班级组织。在班级组织整体中，四个要素相互联系、相互牵制地存在着。每一个要素都是班级组织管理的重要内容，也是作为班级组织管理者的班主任和任课教师必须努力解决的问题。接下来，将从微观层面，动态地探讨班级文化建设的具体实践。

🔍 互动环节

请列举并分析一项反学校文化的表现形式，以及对班级文化建设的作用。

第四节
班级文化建设的创新实践

🎯 **学习目标**

1. 了解班级文化建设的内容；

2. 在班级文化建设中如何体现"以学生为本"的教育理念?

🔗 **资料链接**

理想中的教室[1]

理想的教室应该充满书香。让教室有一个丰富的图书角。图书角里的书，应该有"学生阅读推荐书目"系列读物，能为学生提供良好的精神食粮；应该有优秀的少儿报纸、杂志，能让学生及时了解不同地区同龄人的生活与学习情况，促进其社会交往意识的形成。课余时间，学生可以在图书角这个广阔的知识海洋中遨游，使他们从小学会阅读，养成良好的阅读习惯，为终身学习、可持续发展奠定基础。

理想的教室是学生个性放飞的天地。教室里应该有一个学生作品的展示角。在这样的教室里，学生自己满意的作业、试卷，学生自己的美术、书法作品，学生自己喜欢的图片等，都可以得到展示。在这样的教室里，每一个学生的特长都能得到充分发挥，每一个学生的个性都能得到充分的彰显，每一个学生都是成功者。

理想的教室应该充满生命活力。可在教室里开辟一个生物角。"生命诚可贵"，但生命又是脆弱的。据了解，近年来，意外伤害已成为影响儿童生命安全、生活质量和身体健康的重要因素。之所以如此，与忽视对学生进行生命教育有关。我们可以在教室里的生物角，种植一些室内花草，让学生感知植物春意盎然的生命张力；可以养一些小动物，让学生在饲养过程中感受生命的脆弱，感悟生命的可贵。福建省一位特级教师曾经指导开展过一场小白兔的特殊"葬礼"，效果甚好。在这场特殊的"葬礼"中，哀乐响起，有的学生检讨：是因为自己的粗心，对小白兔照顾不周而导致小白兔死亡；有的学生说："小白兔，你给我们带来多大的欢乐呀！但愿你在天堂里过得快快乐乐"；有的学生说："生命是脆弱的，我们一定会珍惜时间、珍惜生命、认真学习，长大后去开创美好的明天……"当学生泪眼汪汪地和这只小白兔告别时，生命在这里震撼！

理想的教室应该向世界延伸。让教室有一个网络角。在这样的教室里，有电视机、VCD机，学生可以看新闻，看动画片，看自己喜欢的节目，听自己喜欢的音乐；有多媒体展示平台，可以展示学生习作、精美图片，可以运用多媒体课件突破学习难点，促使学生乐学。在

---

1 叶建云. 理想中的教室. 中国教育报, 2007-03-27

这样的教室里，还应该有互联网通道：我所在学校的学生，就可以和清华附中的学生同步上课，交流学习情况，还可以和外国的学生交流学习困惑与心得。这样，真正让教室向世界延伸，为学生成为未来合格的地球村村民打下坚实的基础。

当然，理想的教室还应该成为健康之园。在这样的教室里，学生口渴了，可以随时喝到纯净的水；学生得病了，有备用的应急药品可供使用……

问题与思考：

读了上述文字资料你有何感受体会？你觉得这样的教室布置否有可能？为什么？

班级文化管理的实施是要建立在明确班级文化管理的内容的基础之上的，班级文化的内容是班级文化管理实施的对象，没有班级文化内容，管理的实施也就无从谈起。针对不同的班级文化内容。我们可以制定不同的实施策略，这样才能实现班级的合理管理这一长效目标。

一、班级文化建设的内容

建设班级文化是班级文化管理的实质性内容。班级文化的内容主要包括班级物质文化、班级制度文化和班级精神文化三个方面。从这三个方面出发，使班级形成一定的文化特色，让学生在潜移默化中感受教育的力量。

（一）班级物质文化

班级物质文化是班级成员共同创造或使用的，能体现班级成员共同价值、信念并为班级成员感官所直接触及的客观存在物，这是班级文化的基础及其水平的外显标志。它主要是通过班级标语、黑板报、学习园地、图书角、宣传栏等内容来传递班级精神，班级的物质环境能够为人们提供感觉刺激，给人一种有意义的感情熏陶和启迪，是一种以物质形态为主要研究对象的表层班级文化。班级物质文化是一个班级得以建立和存在的实物支撑，所以班级成员必须要进行精心布置，让教室中的每一面墙和每一个角落都蕴含着教育意义。这部分内容在《时间与空间》一章已有详细论述，在此不再赘述。

（二）班级制度文化

班级制度文化是班级文化的重要组成部分，制度文化是精神文化的产物，它必须适应精神文化的要求。同时，精神文化必须得到制度文化的支撑才有可能实现，否则就会影响班级目标的实现。

制度的形成大致经历了萌发期、成长期、成熟期、发扬期四个阶段。

萌发期始于班级组建之初，需要依靠一定的规章制度引导班级的各项工作步入正轨。班级在这一时期的规章制度结构内容比较单调，并且以效仿成分居多，充分参考老班的制度体系和经验，班主任的主观意志起了决定性的作用。

成长期班级各项工作有章可循，班主任逐步吸收学生的意见，完备改善现有制度，试图形成适应自身发展的模式。这一阶段与前一阶段可并成为"准制度文化"阶段，班级还未建立真正的具有本校特色和风格的制度文化。

成熟期是在建立了基本的制度保障机制基础上，班级挖掘自身蕴含的管理资源，在已有的制度体系中渗透本班富有特色和活力的文化因子，充分展示学校观念、心理、行为特色，最终形成真正的制度文化。这一阶段是制度文化的结果期，此时，班主任的主观影响退居次席，长期沉淀下来的文化定式将牵引班级制度的发展。（一般在新生入校后 1~1.5 年形成）

发扬期制度文化形成后还要班级成员的共同浇灌、配置，才能吸纳新鲜成分，形成开放型的制度文化体系。这一时期可称作"后制度文化"阶段。

班级文化建设应该根据校纪校规，根据本班的实际情况制定一系列有利于班级健康发展的制度。合理有效地建设班级制度文化，可以促进班级良好局面的形成，提高班级的综合素质。

一个完整健康的班集体除了一般性的"守则"与"行为规范"外，还需要有相应的奖励先进、表扬后进等制度，有鼓励全班学生竞争的制度、班干部的工作制度等。

首先，从班级制度的制订来看，应该是教师和学生全员参与制订班级制度。班级制度的存在是为了更好地服务于学生的发展，而不是一味地约束和限制学生的行动。那么，学生是班级鲜活的主人，应该是最具发言权的制度制订者和修订者。学生集体商议，确定最适合班级发展的各项规章制度，教师予以指正，充分展现学生的主人翁身份，这样，有利于加强学生对班级及班级制度的认同感，在制度实施过程中会更积极地遵守"规则"，班级管理的顺利进行便有了有力的保障。

其次，班级制度的内容可以是丰富的，形式也是多样的，但是切忌过分庞杂冗繁。班干部制度应该是班级的骨干制度，班级可以通过民主选举和推荐的方式建立其责任心强的班委会，各干部之间职责明确、互相监督，共同促进集体的成长；明细卫生轮流制度，保证教室整洁有序；考勤制度也是班级管理过程当中不可或缺的有力途径，有效的考勤制度可以全面督促学生完成分内职责；课堂纪律制度也必须提上日程，无论是自习课还是课堂上，必须保证学生能自觉保持安静，不扰乱课堂秩序；同时，评优制度、批评制度以及学习上的互助制度都可以为班级实现学生自主管理搭建理想的平台。

最后，必须落实好班级规章制度的执行情况。有很多班级"只打雷不下雨"，班级管理往往无法顺利进行下去，究其根本原因则是没有真正执行班级制度。一个制度制定出来之后，其正确性还要经过时间的检验，规章制度在执行过程中被认同后就要强化落实情况。通过定期检查评比，营造出鼓励学生自觉执行规章制度的氛围，既可以强化制度的落实，又能使学生形成良好的习惯。例如，对于学校检查的各项常规，可以先自行检查，大力表扬和鼓励先进，积极改造落后思想，惩戒不当行为。经过一段时间的强化落实，促成学生良好行为习惯的形成。

（三）班级精神文化

班级精神文化是班级文化的核心，主要通过班级舆论、人际关系、班名、班歌、班级口号（班训）、班风等来呈现。它影响、制约、规范着每个学生的行为，能对学生产生潜移默化的教育作用。我们应重视班级精神文化在班级管理中的作用，以良好的班级精神文化来教育学生。

1. 班级舆论

班级舆论是班级精神文化的核心，指班级中多数人赞同的观念、态度和意见，能影响、制约每个学生的心理，规范每个学生的行为。马卡连柯指出："集体舆论的监督，能够锻炼学生的性格，培养学生的意志，能够培养学生好的个人行为习惯，能够培养学生对集体的自豪感和责任感。"在班级精神文化建设中，班主任应注重培育积极的班级舆论，用正确的价值观念引导学生。培养积极的班级舆论，关键的是让学生形成正确的价值判断。班主任要经常通过晨会、班会、主题队会等形式，对学生进行行为习惯养成教育，提高学生的思想道德水平，树立正确的是非观、荣辱观和美丑观，为建立正确的班级舆论打下坚实的思想认识基础。要经常组织学生学习国家的法律法规、学校的规章制度和青少年道德修养等，逐步培养学生正确的世界观、人生观和价值观。榜样具有很强的说服力、号召力，引导学生向先进人物学习是形成积极班级舆论的有效途径。榜样可以是来自班级以外的先进人物，也可以是本班中的优秀分子。班主任要实事求是地树立班级中先进学生典型，引导学生向先进看齐。对取得优异成绩、表现突出的学生授予各种荣誉，如"学习标兵""进步最快奖""运动健将""小能手""最佳行为模范"等，在班级中形成一种崇尚先进的良好风气。

2. 人际关系

师生关系是班级生活中重要的人际关系，只有建立良好和谐的师生关系，才能取得最佳的教育效果。要创造和谐的师生关系，关键在于教师。教师要做到公平对待每一个学生。不管是聪明或听话的，还是愚笨或调皮的，都要一视同仁，不能厚此薄彼。教师对学生要怀有真诚的感情，尊重学生，关心、体贴学生，学生才会自觉愉快地接受教师的教诲。教师要具有较高的师德修养、良好的外表形象、精湛的教学艺术。如今的学生大多是独生子女，个性较强，以自我为中心的倾向严重，这些因素不利于形成良好的人际关系。学生间的人际关系，既影响着学生的健康成长，也影响优秀班级的形成。班主任要有目的地加以引导，强调学生之间交往遵循守纪、理解、团结、互助的基本原则，促进和谐同学关系的形成。多组织学生参加集体活动，如学校运动会、拔河比赛、广播操比赛、歌咏比赛等，培养学生学会共事、学会合作的能力。总之，班级精神文化是渗透在师生心灵中的一种精神动力，是班级健康发展的强大动力，是影响学生成长的重要因素。在当前新课改背景下，文化已经被定义为学生的生存方式和生命活动的过程与结果。因此，班主任要精心建设，努力营造良好的班级精神文化，促进学生的健康成长。

3. 班名、班歌、班训

班名、班歌、班训（班级口号）能以听觉的形式传达班级文化，是班级精神文化的外显形式。我国班级的名称通常是依据年级和班级的序号来命名的，如一年级一班、五年级三班、初三（2）班等，这样的班级名称只是一个数字代码，没有个性和特色。班主任应和学生一起给自己的班级起一个既能体现班级特色和时代精神，又通俗易懂、具有激励意义的班名。如高年级的班级可用"扬帆班""雄鹰班""启慧班""晨曦班""金钥匙班"等，低年级的班级可用"精灵班""智慧乐园""蓓蕾班"等。班歌是班级精神风貌和班级特色文化的标志，它的思想内容代表着班集体的精神，会给班级每一位成员以力量、勇气、责任感、荣誉感和自豪感的体验。这种体验会激励每一位成员为拥有好的班级而更加努力。班歌的创作要根据班级的具体情况而定，有条件的班级可以由班主任或学生作词作曲，旋律应该是活泼、奋进、欢快的，歌词应能集中表达班级成员整体的精神风貌、理想和追求，并得到班级成员的一致认可。没有条件的可以选择学生耳熟能详的、特别喜欢唱的歌曲为蓝本，让学生来编歌词；也可以直接选用现成的能反映班级成员心声的、积极向上的歌曲作为班歌，如《爱拼才会赢》、《真心英雄》、《让世界充满爱》等。班训是班级精神的集中体现，一条好的班训具有间接而内隐的教育影响作用，是激励全班学生勤奋学习、积极进取的精神动力。班主任在确定班训时要从班级的实际出发，充分发挥民主，让班干部和同学一起参与班训的确定，必要时可以召开一次专题班会来讨论。这样确定的班训得到全班同学的认可，从而成为共同奋斗的目标。一般来说，班训不拘形式，以简洁、有特色为好。一个好的班训有利于培养学生的学习能力，使他们学会学习、善于学习;有利于培养学生的责任心;有利于培养他们适应社会、适应环境的能力;有利于培养学生的创新精神和实践能力。例如，有的班主任确立以下班训:"人人负责，事事负责"；"细节决定成败，过程决定结果"；"学会学习，学会做人"；"自尊、自爱、自信、自强"等。

4. 班风

班风是一个班的灵魂，健康向上的班风是班级精神文化管理的重中之重。而所谓班风则是一个班级的集体风气，"集体风气就是指包括了集体凝聚性、意气、集体结构、指导性在内的，作为集体整体的一种气氛。"[1]

一个班级良好的风气不是一朝一夕便可以形成的，它是在长期的集体探索过程中酝酿而成的氛围。形成好的班风首先需要一个科学、合理的班级目标。只有确定了健康向上的班级

---

1 片冈德雄. 班级社会学. 贺晓星，译. 北京：北京教育出版社. 1993：56

目标，全体师生才能够朝着共同的目标奋进、努力，如果班级目标过高过远，不切合实际，容易集体成员产生挫败的情绪体验，不利于班集体的健康成长；但是，如果目标过于肤浅，总是轻而易举就能达成，久而久之，学生的积极性会受到一定的影响，而且容易产生自负等不良情绪。所以班级目标的制定一定要合情合理。

塑造良好的班风，班主任必须率先起到垂范作用。作为班级集体活动幕后的指挥家，班主任首先要把自身真正融入集体当中，把自己作为班级的一分子。班主任的言行必须起到风范作用，能够以高尚的人格感染学生，以淡定的心态影响学生，以丰富的学识引导学生，以博大的胸怀爱护学生，这样才能真正呵护纯真、孕育成长、开启心灵、放飞梦想。

其次，应该展开丰富多彩的班级活动，彰显班级文化特色。班集体活动，对增强班级活力、班级凝聚力，提升班级文化品位有相当大的益处。精心组织一次集体活动，一定要调动班内学生全员参与，分工合作；有负责组织的，有正式参与的，还有服务，啦啦队的。在活动中让同学们熟悉起来，关系更融洽了，目标更一致了，如果活动取得了成功，那么每位学生都会有很强烈的成就感。当然，在各项活动的组织中，一定要突出重点，设计班级个性目标的活动，一定要精心准备，勇夺第一，在活动中彰显个性，如文明礼仪优胜班，在每次参加学校的集体活动时，本班学生必须做到有秩序，做文明观众，做文明参赛者，退场时不留任何垃圾，不论活动成绩如何，一定要拿到的是道德风尚奖。

优良班风像熔炉一样，对全班学生起着熏陶、感染的作用，是一种巨大的教育力量。班主任一定要努力营造健康向上的优良班风，为班集体的健康成长奠定雄厚的精神基础。

二、班级文化建设的实践探索

班级文化建设是一种精致的德育模式，有奋斗目标、思想熏陶、制度保障和物质条件。良好的班级文化建设能建立良好的班级人际关系，师师之间、师生之间，生生之间在密切的交流与合作中结下了深厚的友谊；能培养健康的班集体舆论。目前的班级文化建设进行得如火如荼，但是其中仍然存在着各种各样的问题，我们必须在实践中摸索前行，不断完善班级文化建设的理论，并很好地落实到班级组织活动中。

（一）班级文化建设的现实误区

近年来，班级文化建设风起云涌，如火如荼，许多学校掀起了班级文化建设的热潮，甚至有的学校把班级文化建设作为争取"特色"成就的重心。在班级文化建设中积累了一定的经验，取得了很大的成绩。但是，由于认识上的偏差，很多班级在文化建设中只注重班级文化建设的形式而忽视了班级文化建设的内涵，使得班级文化建设仍存在着许多值得人们认真思考的问题。

1. 处于自发的班级文化管理阶段

除极少数班级已经进入自觉推行班级文化管理的阶段外，大多数班级尚处于无意识或经验管理层面，班级管理理念许多是长期实践中自发地无意识积累形成的，带有浓厚的经验色彩，零碎而不稳定。有的班级虽然提出了文字性的管理理念、使命等，但往往带有一般性、模仿性，缺乏个性和适应性，很难实行或者根本就没打算实行。真正实行的则是班主任长期自发形成的价值理念，大大降低了班级的管理水平。

2. 注重班级文化的形式，忽视班级文化的内涵

有的班级善于模仿优秀班级的形式，热衷于搞文艺活动、确定口号、统一标志，认为这样就是塑造班级文化。固然这些都是塑造班级文化的一般做法，但是，多数班级忽略了在这些形式下的内涵和基础，因此就给人一种误导，似乎班级文化就是开展文化活动或标志设计。只注重班级文化建设的形式，而忽视了班级文化建设的内涵。所谓班级文化应该是将班级发展过程中的基本价值观灌输给全体学生，通过教育、整合而形成的一套独特的价值体系，如果只是表层的形式而未表现出内在价值与理念，学生对班级管理的认识模糊肤浅，就会出现班主任对班级文化一头热，而学生相对冷漠，这样的班级文化是没有意义的，所以不能形成文化推动力。

3. 班级文化具有鲜明的唯意志色彩

这种情况是与班主任的个人成长经历联系在一起的。许多班级的运行与班主任独到的成功绝招有关。比如他们的人际关系能力比较强，或对机会比较敏感等，使他们在班级管理中显现出一定的特色。由于班主任对个人能力的过分自信，逐渐形成对学生的严重不放心习惯，许多班主任总是事无巨细、事必躬亲。虽然任命了许多班干部，但他们有职无权，班主任常常越俎代庖，使学生凡事不敢做决定，等待班主任指示决定。这种状况使班级笼罩在唯意志文化的浓厚氛围中。在这种文化氛围中，班主任就是班级的绝对意志，几乎没有人能对他的决定产生影响。这种唯意志的文化一旦根深蒂固，班级整体经营管理水平和创新能力便会不断下降。以至于如果班主任不在，班级便群龙无首，立即处于半瘫痪、甚至瘫痪状态。

4. 班级文化具有浓厚的功利性

大多数班级热衷于搞班级文化建设，并不是出于发展学生、提升学生的教育目的，仅仅在于使班级能在学校里获得某个醒目的、独特的形象和位置，因此不惜投入大量精力、物力，难免有哗众取宠之嫌。班级存在的目的就是荣誉最大化，这种功利性的价值观对学生价值观的养成造成了非常不利的影响。

另外一种情况是，许多班级以成绩为至高无上的发展目标，忽视学生的全面发展，把学校号召的"班级文化建设"作为一股无关乎己的耳旁风，继续"埋头"抓成绩，使整个班级如死灰一般沉寂而毫无活力，班级文化建设不过是应付学校的统一检查而敷衍了事。

（二）创建"人本化"的班级文化

班级文化建设需要在不断的实践探索过程中得以完善和发展。班级是学生生活和学习的基本单位，对学生的学习、成长起着不可估量的作用。班集体的建设直接影响学生个性的发展，良好的班级文化将直接影响到学生身心健康发展。班级是学生成长的空间而不应该仅仅视作学生管理的基本单位。班级文化建设需体现"以人为本"的教育理念，着眼于学生内在个性的发展要求，关注每一个活生生的学生个体。

早在20世纪40年代，美国教育家罗杰斯就提出"重情感反理智，重创造反灌输，重自我反强制"的人本主义教育思想。国际21世纪教育委员会在《教育——财富蕴藏在其中》的报告中，把人放在了发展的中心地位，强调"人既是发展的第一主角，又是发展的终极目标"，"应该使每个人都能发展、发挥和加强自己的创造潜力，也应该有助于挖掘出蕴藏在我们每个人身上的财富。"

所谓"人本化"，就是要在班级管理活动中确立学生的主体地位，尊重学生的人格、个性特点，让学校的一切活动都为满足学生的成长和发展而设计和组织，着力培养他们的自信心、全面而和谐的素质、鲜明的个性，尤其注重培养学生的创造力。人本化班级管理体现的是把学生放在发展的中心地位，以学生为本，以学生的发展为本，要求班级管理者始终把学生作为活生生的人看待，遵循学生的身心、个性发展的内在规律，尊重学生的人格，满足学生的合理需求，关注学生的生活、情感世界，使班级管理走向人格化、人性化，以实现学生的自我教育、自我管理，促进学生的自主发展。"人本化"的班级文化具体体现为：

1. 建立民主、平等、和谐的人际关系。

在学生与学生的关系上，提倡平等和互相尊重的同学关系。同学之间需要基本的尊重、真诚和理解，营造一个和谐、温馨的班级家园。师生之间更互相尊重、互相理解，教师必须给予学生以尊重和理解，教师应始终把"真诚""信任"放在第一位，表现在学生面前的是真诚，出现在学生后面的是信任，包括自己的一言一行，一举一动，不给学生以矫揉造作的感觉，做学生的知心朋友。

人与人之间的真诚、接受和理解不存在一个固定的流程。当学生犯了错误，最好是从接受或理解开始，真诚可以放在稍后；当学生有了进步，最好从真诚而且是真诚地欣赏开始；当班级士气处于低迷时，最好以理解的方式来导入，然后向接受、真诚方向加以引导。

2. 以学生的发展为终极目标。

学生是班级的主人翁，班级存在的目的是为学生的发展提供一个适宜的空间。"以人为本"体现在制度的制定与完善，以及制度的实施与保障中。规章制度制定得是否科学、合理，是否是从学生成长出发是班级文化建设的关键。"以人为本"要求班级制度应该是来自社会与校方的规范要求与学生成长实际、认知水平、接受程度的结合。只有学生愿意接受且服从的制度才会发挥良好的管理效益。应当强化班级规章制度规划、决策过程中的民主参与，通过引导学生制定班规，使学生的意志与愿望通过合理渠道得到满足。学生有为自己的目标负责的倾向，学生参与规章制度的规划与决策，容易使学生对自己的行为产生自我约束。

3. 学生主动参与班级管理。

活动是人本化班级管理最重要、最有效的载体。通过班级活动一方面能不断地将纪律、规范内化为学生的个人品德行为；另一方面学生在活动中体验自我教育、自我评价，培养了自我调控、自主管理的能力，促进学生的自我改进、自我完善和自主发展。心理学的研究表明，活动在学生个体主体性发展中起着决定性作用，环境和教育的影响只有通过学生身心的活动才起作用。在同样的环境和教育条件下，每个学生发展的特点和成就，主要取决于他自身的态度，决定于他学习、劳动和科研活动中所付出的精力。所以，学生个体的主观能动性是其身心发展的动力，而学生的主观能动性是通过学生的活动表现出来的。

因此，有效的教育管理必须重视开展以学生的需要和兴趣为基础的活动。只有在精心组织的班级活动中，才能真正体现出对学生主体地位的尊重，从而唤醒学生的主体意识。在活动过程中，学生通过对活动客体、活动手段、方式的选择，活动目的、步骤、计划的确定，活动诸环节之间的调节，活动过程的控制等方面的主体参与，其自主性、能动性、创造性得到了不断增强。可以这样说，离开了班级活动，班级管理就会苍白无力，犹如套在学生身上无形的"枷锁"，学生就会千方百计挣脱"枷锁"，学生的发展就不可能变成现实，"以人为本"的教育理念将是一句空话。

21世纪的教育是创新教育，要求尊重学生的个性，不禁锢学生的思想，让所有的受教育者都生活在和谐、民主的蓝天下，快乐生活、学习、成长。在班级管理中坚持"以学生发展为本"，研究、探索并构建人本化的班级管理，是深化教育教学改革的现实需要，也是面向未来的班级管理的必然选择。

🔍 案例研究

我不做"间谍"了[1]

"我再也不做'间谍'了，"班长冷不丁冒出一句话。

我很愕然，细问之后，他才向我诉说了做班干部的种种烦恼：同学们总把班干部当作间谍一样看待，有时即使是老师自己发现某生的违规违纪行为，同学也说是班干部告了密，有的班干部甚至还为此遭到打击报复。如果班干部不汇报工作，不积极主动做事，班主任会说他不负责任；如果想管事、想做事，同学们又说他是间谍，还说他想讨好老师，真是里外不是人！

1　杨友明. 2009. 学生不想当班干部，怎么办. 班主任，11:35

听班长说完，我问："除了做'间谍'，还有其他方法做好班干部工作吗？"

他疑惑地看着我，我接着说："班干部不是'间谍'，也不应该是'间谍'，班干部是老师的助手，更是班级的管理者。试想，如果你发现同学犯了错，马上委婉地提醒他、善意地教育他，实在处理不了再向老师汇报，同学们还会认为你是'间谍'了吗？"

我又举了些优秀班干部管理班级的例子，告诉他，班干部就像"领导"，要学会关心"下属"，要把自己看成是"人民的公仆"，这样才能增强自己的向心力。

听我说完，他开心地笑了。之后，他放下包袱，大胆工作，在他的管理下，我班几乎每周都能得到学校的通报表扬。

问题与思考：

你如何看待班干部与同学之间的关系？如果你是该班的班主任，遇到上述情况，你有什么更好的解决方式吗？

本章小结

本章主要从社会学角度，分别从社会群体、社会体系、社会组织三个维度，分析了班级作为一种社会组织所具有的属性、功能，以及班级组织的构成要素。并从实践角度介绍了班级文化建设的创新途径。力图将理论与实践相结合，对班级文化建设有指导作用。

总结 >

Aa 关键术语

| 班级社会组织 | 班级社会化功能 | 班级个性化功能 |
| Class social organization | socialization function | personalization function |

章节链接

在这一章，你读到……	在其他章节中，你将发现相关的讨论……
班级组织的属性、功能、构成要素	第一章 理想与现实：初任班主任的心理准备 第五章 互动与评价：有效的反馈机制
班级文化建设的创新实践	第二章 时间与空间：有效的规划与运作

应用 >

✏️ 批判性思考

1. 班级作为社会群体、社会体系与社会组织有何不同？
2. 班级文化建设如何体现"以学生为本"的教育理念？

✏️ 体验练习

小组合作学习：班级可能会产生哪些非正式群体？他们的存在对班级可能产生哪些影响？你会如何面对？

拓展 >

☕ 补充读物

1　吴康宁. 教育社会学. 北京：人民教育出版社，1997

我国第一部以社会学的方法研究教育的专著，是从分类学的角度对教育科学本身进行的一种反思。该书从理论上构建了教育社会学、班级社会学的分析框架。

🖥️ 在线学习资源

1. 中学班主任资源网 http://www.jxlsxk.com:8008/

2. 班主任E站　http://www.teacherclub.com.cn

3. 班主任之友 http://www.bzrzy.cn/

第四章

活动与事件：
实现班级目标的载体

本章概述

　　班级管理的过程非常复杂，既包含固定内容，例如班级活动管理，也包括一些不确定因素，例如班级突发事件的处理。班级活动是指在教育者的组织和领导下，为实现教育方针和培养目标，完成学校的教育工作计划，组织班集体成员参加的一系列活动。班级突发事件是指在班级管理过程中发生的、事先难以预料、出现频率较低，但必须做出反应并加以处理的事件。本章主要对如何组织班级活动和如何处理班级突发事件进行了一定的阐述，希望班主任在学习完本章后在实际工作中能够有规律可循。

结构图

班级活动管理 **1**

ⓐ 班级活动的意义　　ⓑ 班级活动的问题

ⓒ 班级活动的特点　　ⓓ 班级活动的分类

ⓔ 班级活动管理　　如何开展班级活动

活动与事件

ⓐ 远观：班级突发事件是什么　　ⓑ 近看：常见突发事件类型

ⓒ 指导：处理突发事件的原则　　ⓓ 操作：处理突发事件的方法

2 班级突发事件管理

学习目标

1. 理解班级活动的概念及意义；掌握班级活动的特点和类型；对于班级活动管理获得新的认识。
2. 了解班级突发事件的几种常见类型，以及突发事件发生的特点。
3. 掌握处理班级突发事件的基本原则和一般方法，并能根据突发事件的紧急程度和严重等级采用不同的处理方法，学会灵活应用。

读前反思

1. 如何处理好班级活动的计划性与突发性的关系？
2. 思考从哪些方面着手，可在一定程度上预防班级突发事件的发生？

第一节
班级活动管理

🎯 **学习目标**

1. 理解班级活动的概念及意义；
2. 掌握班级活动的特点和类型；
3. 对于班级活动管理获得新的认识。

什么是班级活动？简单理解的话，就是指在班级内有组织地开展的各种教育活动。班级活动是学校教育活动的重要组成部分，是班级集体教育的经常性形式。规范性定义为，班级活动是指在教育者的组织和领导下，为实现教育方针和培养目标，完

> **班级活动：**
> 指在教育者的组织和领导下，为实现教育方针和培养目标，完成学校的教育工作计划，组织班集体成员参加的一系列活动。

成学校的教育工作计划，组织班集体成员参加的一系列活动。它包括：思想品德教育活动、课外活动、劳动活动等。

活动和人的发展的关系已为心理学所证明，开展多种形式的班级活动对促进学生发展，加强班集体建设具有重要意义。班级活动是班主任向学生进行政治、思想、道德、心理教育的基本形式，是班主任组织、建设学生集体，并通过学生集体教育和影响学生个体的一种较为普遍的教育形式，也是学生个体进行自我教育的一种行之有效的方式。在这个意义上，班级是学校实施教育教学的基本单位，整个学校教育功能的发挥主要是在班级活动中实现的。下面让我们通过一个案例，了解班级活动是如何促进班级发展的。

26个孩子，26张笑脸[1]

班级学生的基本状况：

考试落榜、摇号没运气、自费没有钱揉碎了部分学生的重点中学梦，他们心理上产生了自卑感，难以接近；调皮、厌学、基础差使部分学生习惯了长期被歧视、被责骂，他们行为上表现为抵触、不服从教育；家庭破碎、生活无人问津、温暖亲情缺失，冷漠了部分学生的心；家庭教育的失衡，使这些学生性格变得孤僻、怪异，难以管理；这是一个特殊的群体，在他们的体验中，失败多于成功，自卑多于自信，得到的训斥多于掌声；他们是学生中的弱势群体，更需要心灵的抚慰。

面对这样的群体，班主任没有抱怨、没有放弃，开始了艰难的重塑生命的过程。感受温暖、再造自信、重塑人生，成为班主任工作的理想和信念；在工作的点点滴滴中渗透以人为本的教育理念；用爱心和智慧扬起孩子自信的风帆，使张张笑脸绽放出生命的光彩。在这个

1　齐学红. 今天，我们怎样做班主任——优秀班主任成长之路. 上海：华东师范大学出版社，2006:94-95

班上，26个孩子每人胸前都别着一个"笑脸"徽章，这是班主任吴老师专门颁发的班级特别标志，她希望这些被人歧视的"丑小鸭"能用笑脸迎接每一天。每一个看似平常的班级活动都蕴藏着班主任的良苦用心，让26个孩子在笑容中绽放自信。

1. 夸奖行动。夸奖只需一句话或一张留言条，夸奖行动夸得家长乐开了怀，夸得老师春风满面。夸得同学心中充满阳光。真诚地夸奖旁边的人成了他们的习惯。

2. 营造班级文化——复活彩蛋。为了配合学校搞好红领巾商贸活动，帮助困难学生。吴老师带领他们亲手绘制了一个又一个色彩绚丽、充满浪漫的复活彩蛋，并把它作为班级的文化标志。

3. 竞选班委。因为是小班，吴老师希望每一个孩子都有锻炼的机会，都有表现的欲望。于是在班委竞选活动中引入竞争机制，确立竞选原则：培养同学们的自我表现能力与管理能力；毛遂自荐加群众推选、民主评定；上届班委不再担任原职；参选者要发表几句简短的演说，最大限度地发挥自己的优势；工作失误不要怕，只要及时调整就可以了；有试用期。由于班级氛围好，在这个只有26名学生的班级中，竞选劳动委员这一艰苦职位的人就有7个。孩子如是说："我也能当班委了。"

4. 这里的外语课真热闹。这个班学生的英语基础差，刚入学时，有的学生竟然连英语的26个字母都写不全。为了培养学生对英语学习的兴趣，吴老师虽然担任地理课老师，但是每天中午与学生一起学习半小时疯狂英语，充分调动了学生的学习积极性。

5. 这里的图书最"畅销"。苏霍姆林斯基说：不论哪类书籍的阅读，都是课堂教学的智力背景。课外书籍的阅读，是了解和影响学生个性的途径，它还能够减轻学生的课业负担……应该让学生走进图书馆，让书籍成为孩子们的挚友！

6. 这里的班会别开生面。孩子们围坐在跑道上，分享着受表扬学生的奖品——酸味十足的"秀豆"糖；述说心中的不快；畅谈着各自的理想。

这个案例为我们提供了一个开展班级活动的范例，班主任从学生的实际情况出发，以唤醒学生内心的自尊和自信为重点，创造性地开展了一系列丰富多彩的班级活动，充分调动了学生们的积极性，发挥了班级的教育功能。有了这样的班级活动，班级管理变得相对容易多了。班级活动是班集体建设的重要途径，搞好班级活动的组织，让班级活动成为教育学生的有效的教育资源应成为班主任努力追求的方向。

开展有意义的班级活动，既是教育的艺术、艺术的教育，又是一门学问、一门课程。需要每位班主任理解班级活动的内涵、作用、基本功能和特点，掌握开展班级活动的原则和方法，优化班级活动的设计，搞好班级活动的组织，让班级活动成为教育学生的有效教育资源，为学生创造更广阔的施展才华的空间，为学生搭建一个五彩斑斓的活动舞台，鼓励和引导学生在各项班级活动中思索、探求、创造，从而培养出德、智、体、美、劳全面发展的学习者。

一、班级活动的意义

　　班级活动是班主任实施班级组织建设的重要途径。班级活动因活动范围的广泛性、活动内容的丰富性、活动形式的多样性深受学生的喜爱，在教育过程中有着课堂教学所不能代替的作用。如果你想成为一名优秀的班主任，开展有效的班级活动将会使你受益匪浅。

　　与课堂教学相比，班级活动内容更加多样，形式更加活泼，涉及学生学习和生活的各个方面，为学生成长提供了广阔天地，同时也给班级带来了勃勃生机，是良好班集体形成的重要手段。当然，课堂教学是班级活动的基础，并为班级活动的开展提供指导和借鉴。班级活动作为学校教育教学活动的重要组成部分，对于学生发展、班集体建设具有重要的意义。

1. 有助于学生身心的全面健康发展

　　在班级活动中，学生广泛地接触自然、接触社会、接触科学技术与文艺体育，活动空间广阔，人际交往增多，从中可以体察社会生活，了解科技动态，拓展文化视野，培养高尚情操，提高各种能力，在德、智、体、美、劳诸方面得到全面发展。班级活动中拥有全面发展的多种方式，如富有教育意义的主题班会、社会调查、参观访问、社会服务及社会交往，能增强学生的道德情感，加深其道德认识，促成其良好的道德行为；观察实验、研究制作是发展学生智能的重要手段，能激发他们的科学兴趣和创造精神；体质的增强与运动水平的提高有赖于经常性的体育活动；旅行野营、文艺活动中，通过感受自然美、社会美和艺术美，提高了鉴赏能力和创造美的能力；公益劳动和自我服务，培养了劳动观念和劳动技能。班级活动的丰富性，还给学生提供了多种选择的机会，适应了他们的兴趣、爱好和特长，发挥了他们的主体精神，从而促进了他们个性的充分发展。

2. 有助于班集体的形成和发展

　　班集体是在班级成员参加共同活动的过程中逐步形成的。班集体的奋斗目标是通过一个个班级活动得以实现的，顺利地完成一个活动，就是向目标跨进了一步。班集体的组织机构及其功能是在班级活动中发挥作用的，在活动的组织实施过程中，通过加强分工协作，使班干部得到充分的锻炼，全班成员的参与积极性被调动起来，从而形成坚强的领导核心。班级活动激发学生的工作责任感和集体主义精神，帮助学生学会正确处理人与人、个人与集体、小集体与大集体之间的关系，同时形成正确的集体舆论和良好班风。在班级活动中，全班学生充分交往，互相了解，建立友谊，使班集体产生强大的向心力和凝聚力。总之，班集体是在班级活动中形成、发展和巩固的。

3. 有助于学生主创精神的培养。

　　学生是班级活动的主人，班级活动的开展应以他们为中心。学生在进行某次班级活动的设计、组织、实施、评价时，会积极地查阅资料，多方面寻求帮助，不仅促进学生自由自觉去学习，而且在这个过程中会激发思维的火花，有意想不到的创造性凸显。作为班主任，一定要利用这样的机会，发掘学生的才能，鼓励学生创造性地发挥，为他们提供一方舞台尽情地演绎自己。即便是班主任组织、领导的班级活动，同样需要学生的积极参与和配合，多将权力下放，这对学生独立工作能力的培养和主创性都有非常积极的作用。

4. 可以促进人际之间的交往。

正常教学活动之外，适时地开展一些班级活动，这种活动密切了教师与学生、学生与学生、学生与家长、学校与家庭之间的关系，充实了学生的生活，使学生更多地体验个体同他人、集体、社会的复杂关系。学生是处在不断发展中的社会个体，他需要在不断的互动过程中实现自身的社会化，完成角色认同，而班级活动则是学生个体实现此种变化的重要场域。作为教师的你则需要为学生提供适宜他们发展的各种班级活动，促使他们健康、快乐地成长。

二、班级活动中的问题

班级活动在教育教学的过程中作用显著，意义重大，可是在现实学校中，开展情况是不是如我们所期望的一样呢？是不是所有学生都能参与到班级活动中去？让我们一起来看下一个调查结果，了解当前学校中班级活动开展的现状吧。

易丽、何树彬所做的问卷调查显示，现代学校中的班级活动开展得并不如我们所期待中的那么成熟。这种不成熟性一方面表现在应付学校的德育任务；另一方面表现在缺少健全的开展机制。调查发现，学生在班级活动中的表现呈现出以下特点：

1. 学生参与的积极性不高

调查显示，超过半数的学生对班级活动没有多大兴趣，参加活动一般是由同学推荐，或是教师要求而迫于无奈。有29%的学生经常不参加活动，理由是不感兴趣、没有能力、影响学习、害怕犯错误丢面子等。49.6%的学生愿意参加学校和班级组织的活动，但是参与也只停留在被动执行命令和完成简单任务上，对责任较大和具有挑战性的任务则缺少信心，这种挑战性强的任务往往由教师安排学生承担。

（％）

内容 \ 等级	较好	一般	较差
活动参与的经常性	21.4	49.6	29
活动参与的广泛性	25.5	36.2	38.3
班级活动的计划性	56.5	30.4	13.1
班级活动的有效性	16.3	51.6	32.1

2. 学生的角色固定

在平时的班队活动中，32%的学生表示自己会演节目，主要是发挥自己在课余培养的特长，以"吹拉弹唱跳"居多。53%的学生表示自己经常做的事是参与小组讨论和班级讨论，15%的学生经常主持班队会，有时身兼数职，既主持又表演才艺，而且他们担当主持的角色比较固定。问卷考察了学生参加小组活动的情况，如有一道题目问道，"如果你们小组要办关于'交朋友'的板报，你认为自己会做哪些事？"学生的回答参见下表：

选项	不参加	仅提供稿件、彩笔等材料	仅设计版面	既提供材料又设计版面
学生人数	29	99	25	43
所占比例(%)	14.8	50.5	12.7	22

3. 控制有余，开放不足

班级开展的许多活动是根据学校的安排和要求来做的，有时还要参加评比、接受检查。有些重要的活动事先经过教师和班干部的策划，比较强调计划性，往往以学校的德育要求为目标指向。但是在活动程序和内容的安排上比较僵化，较多地体现了成人的思维方式，有些甚至可以看出操练和表演的影子，而留给学生思想动态自由生成的空间比较小。

4. 活动机制不完善

在活动的开展中，活动内容的选择往往由学校和教师决定，学生只充当活动执行者。活动过程比较注重形式，较少考虑内容是不是学生的生活需要。我们了解到，每次搞班会活动，教师都会让学生找材料，学生所找材料往往是书上的、网络上的，很少选用发生于自己身边实实在在的案例。班级活动最明显的问题是活动机制不健全，主要表现为：参与上，缺少民主性；组织上，缺少好的方法；内容上，缺少提炼和升华；设计上，缺少整体规划；效果上，缺少跟进和反思。当问到如何改善班级活动时，学生的建议主要集中在活动开展的质量上、组织结构上和趣味性上。还有部分学生认识到团结、努力、合作在班级活动中的重要性。但是，有15%的学生没有对班级活动提出建议，其中5%的学生直接表示对班级活动无建议。

🔍 **互动环节**

结合你的实际教学经验，你在开展班级活动时还遇到了哪些问题？

三、班级活动的特点

一次成功的班级活动，可以促进学生个体不同能力的发展，促进自我意识的增强，同时，可以配合课堂教学发挥巨大的教育影响。要想办好每一次班级活动，教师必须掌握班级活动的特点，针对不同年龄段的学生开展不同的班级活动，做到因材施教、因势利导。那么常规的班级活动有哪些特点呢？

1. 活动性质的自愿性

学校教育是人类有目的、有计划、有组织的活动，这尤其反映在课堂教学中。课堂教学受教学计划和教学大纲的制约，学生必须按要求学习规定的必修课，不可以随意进行选择。但是班级活动则不同。学生可以根据自己的兴趣爱好，自由地选择何种内容、何种形式、何时开展的班级活动，而教师只能加以劝导不能强迫，即教师可以在学生选择活动过程中施加一定的影响，进行必要的指导和说服，但不可以违背学生的意志去命令学生参加。因为，如果学生确实对某项班级活动不感兴趣，一味强迫是不利于学生的个性发展和培养的，相反，有时候会引起学生的抵触情绪，不利于接下来的班级管理。

2. 活动主体的差异性

班级活动的主体是学生，而学生的性格、志趣、爱好等方面是各不相同的。有的性格外向，开朗、活泼，善于交际；有的性格内向，安静、孤僻，安于独处；有的学业成绩优秀，但缺乏文艺、体育方面的特长；有的学业成绩薄弱，却有体育天赋与文学才华。作为班主任的你要有一双善于发现学生特点的眼睛，从而根据学生的"闪光点"因材施教，开发不同类型的班级活动，以充分发挥每个个体的潜能和特长。

笔者在某所中学实习时，有过这样的一段经历。现将教学手记摘录如下：

我来到八年级（2）班快两个星期了，虽然说三岁就会有一条沟，我明显比他们大了十岁左右，那就意味着我与班上的每位学生中间都有三条大沟，无法逾越。接任这个班的班主任后，我与学生们可谓是朝夕相处，早上打扫卫生，中午吃饭，午休值班，傍晚整理队形，我总是出现在他们的视野之中。这段时间里我与他们相处得也颇为相安无事，我不禁为自己的"本事"拍手叫好。其实，我错了。那只是因为我们还不太熟悉，再加上第一周他们原任班主任总是坐在后面听课，学生们多多少少有点忌惮。今天，我总算是领教到"00后"的另一面了。

下午的班会课上，我组织学生分组讨论举办怎样的班级活动迎接即将到来的植树节。

我的话刚说完，学生们纷纷讨论起来，并且声音越来越大。其中不乏学生借此机会说些"题外话"，笑得花枝乱颤。我走到其中一组前，示意他们不要偏离主题，等会儿要说出自己的想法的。十分钟很快过去，讨论时间到了。我原本是想要求每一组派个代表发言的，结果根本不在我的掌控之中。班长俞悦刚说出"我希望我们可以搞个诗歌朗诵……"，第二组的李昊阳立马接了过去，"不要每次都是朗诵可不可以呀？你的声音宛如百灵鸟，我可不想每次都是你的忠实听众！"（我估计之前类似诗歌朗诵的活动太多了）这时候俞悦回了一句：

"那你们又准备去××植树？到时候你们扛树、你们提水，我们女生可没力气！"班里的气氛似乎一下子紧张起来，我真怕他们会爆粗口。在我极力提高分贝后，他们安静了下来。我示意其他组继续说。这时候第五组的秦溪童站了起来："吴老师，我们可以围绕'植树节'这个主题，举办一次才艺展示，比如诗歌朗诵、绘画、小品等……"很显然，她是想尊重大家的意见，让每个人都能参与进来。我点了点头，示意她坐下。

由以上事例可以了解，当前的中学生自主意识增强，每个人都有自己擅长的领域并迫切想要展示给大家看，而学生又是班级活动的主体，这种主体间的差异性不可不谓是件令人头疼的事情。如何尊重学生的兴趣与意愿，有效整合各种团体资源以及个人才智去为班级活动服务，这就需要你们充分利用教育机智，想出一个折中的办法。

3. 活动内容的丰富性

班级活动的内容十分丰富，不受学科课程标准限制，凡是符合教学要求，又有条件开展的活动都可以纳入班级活动之中。班级活动既有综合性的活动，也有单项活动，可以组织各种科学兴趣小组，搞科技发明，举办科技讲座，培养学生讲科学、爱科学、学科学的兴趣；可以开展各种文艺活动，培养学生的审美能力和创造美的能力；可以开展各种体育活动，培养学生坚韧的性格和顽强的意志，掌握各种运动技巧；可以开展各种安全教育活动，指导学生如何保护自己，热爱生命，珍爱生命；学生完全可以根据自己的选择，在丰富多彩的活动中找到适合自己的位置，大显身手，各显神通。

4. 活动形式的多样性

班级活动的规模可大可小，形式灵活多样。从组织的规模看，有全班、全年级乃至全校性的群众性活动，有各种小组的活动；从具体的活动方式看，可根据学生的年龄特征、知识水平、设备条件以及指导力量等，采用多种多样的形式，可以做模型，采标本，搞社会调查，办各种展览；也可以搞演讲、书评、讲座、报告会等。

5. 活动方法的自主性

处于中学阶段的学生，自主意识得到很大程度的发展，他们更乐于自己组织、自己设计、自己动手操作进行某次班级活动。班主任这个时候则需要放松控制，放弃包办代替，给予学生一定的自主性。学生通过独立的活动设计，向师生展示自己的能力和成就，从而进一步增强其自信心，使其主动性、创造性得到更充分的发挥。

🔍 **工作案例**

独角戏早该谢幕了[1]

"老师，我可以向您提个建议吗？在班会课上，您能不能少说一些关于做人和学习的大道理，我们听得耳朵都起茧子了。"一位女生在周记里这样写道。这条建议使我震惊：每次班会课上，我都精心选题，认真备课；并且对自己在班会课上的风采也很满意。结果竟然得到这样的评价！

震惊之余，静心一想：的确，在班会课上，我口若悬河，声情并茂地讲授真理，而下面的学生却鸦雀无声，面无表情，有的呆坐在椅子上若有所思，有的手中把玩着钢笔若有所得……这样的班会课其实是我的一出独角戏，意义不大，效果确实不好。那班会课该怎么上呢？

我于当天下午与班委会成员讨论这篇周记。在我的鼓励下，成员们说出了自己真实的想法。归纳起来有以下几点：班会课不应是思想教育课，应是学生的活动课；班会课不应该全由班主任主讲，应该由学生做主；班会课的内容应该贴近学生生活，是学生喜闻乐见的；班会课的主题应该由学生自定，方式自选。听着同学们的发言，看着他们的表情，我心里想：既然效果不好，上有何用？可是，把班会课全部放给学生，行吗？会不会失去班会课本身的意义？班长张名似乎看出了我的心思："老师，本周的班会课就放手给我们几个人试试，您在教室后面听课，看看效果。如果行，今后就由我们开；不行，还由您为我们开，行吗？"我说："可以，本周班会的主题是什么？"副班长姚夏调皮地说："老师，我们的地盘，我们做主。"这句话引起大家哈哈大笑。

班会课的时间到了，我来到教室，看见黑板上写着"你是谁的fans？"心里一惊：糟糕，这堂课该成为明星轶事课了。主持人刘洋宣布："高一（9）班'你们是谁的fans？'主题班会现在开始，请同学们先看一段科比的短片，然后谈谈你的偶像是谁以及崇拜他的理由。"同学们的兴致很高，科比，NBA的明星，谁不为他的球技疯狂？这节班会课又该是篮球迷们的乐园了！短片开始播放了，是科比讲述自己成长经历的片段。当听到科比说，他的偶像是乔丹，如果没有迈克，就不会有今天的他时，我恍然大悟组织者的巧妙构思。放映结束后，学生踊跃发言，各抒己见，更妙的是程东的发言："我是我的fans。因为天地间，我是唯一的，我要做成功的我，最自豪的我。"这堂班会课高潮迭起，有的同学讲的故事感人泪下，有的同学的歌声令人陶醉。不知不觉，下课铃响了。

班长笑嘻嘻地问："老师，怎样？"我大声说："这是我从教十余年来，参加的最精彩的班会课！今后的班会课就由你们做主吧！"

1　资料来自2008年由教育部基础教育司和《中国教育报》主办、中国教师研修网承办、班主任杂志社协办的"班主任话细节"征文

很显然，案例中的这个老师忽视了学生的需要，也忽视了当代中学生的自主意识已经增强的事实，总是站在自己的角度上去思考学生，班会开得可谓是辛苦至极，结果却是"吃力不讨好"。

四、班级活动的分类

在你的学生生涯中，或多或少都经历过一些班级活动，比如知识竞赛、拔河比赛、诗歌朗诵、清明扫墓等，那么你知道它们分别属于什么类型的班级活动吗？

根据目前学校教育的实际情况，班级活动可以从不同的角度划分成不同的类型。

1. 课内班级活动、校内课外活动、校外活动

这是按活动发生的场所划分的。所谓课内班级活动是指教师在课堂上利用正式课时开展的班级活动，它的范围限制在班级之中；校内课外活动是指活动范围在学校之中，而校外活动则是指班级活动走出学校，这多表现为志愿者活动、春秋游等。

2. 个体活动、群体活动

这是按活动对象的数量划分的。个体活动是组织学生独立地完成某项任务而设计的活动，旨在提高个人的独立活动能力，如演讲、各科竞赛等。群体活动是依班级整体活动而设计的，旨在谋求整个班集体的共同发展，如听报告、参观德育基地等。

3. 单一活动、综合活动

这是按活动的综合性程度划分的。单一活动是指内容、任务、目标单一，是就某一项任务、内容设计的，达到的目标也是与内容、任务相关联的。综合活动，是目标、任务、内容多方面的活动，即通过一项活动达到多种目标。

4. 自助性活动、社会性活动

这是按活动的性质划分的。自助性活动主要是自理、自助性的活动，而社会性活动是指以社会为对象或以他人为对象的活动，如帮助残疾同学、修理课桌椅、慰问孤寡老人等。

5. 政治性活动、知识性活动、娱乐性活动、实践性活动

这是按活动的内容划分的。政治性活动是以思想品德教育和行为规范训练为主要内容的班级活动，如班会、团队活动、传统教育活动等。知识性活动是以培养对基础学科的兴趣、扩展并运用学科知识、加强技能和智能训练为主要内容的班级活动，如知识竞赛、兴趣小组等。娱乐性活动是以培养学生在文艺、体育方面的兴趣、技能为主要内容的班级活动，如组织演唱会、艺术品欣赏等。实践性活动是旨在沟通学校、社会、家庭之间的联系，把学校教育同社会教育紧密结合起来，进而提高学生的社会实践能力，如组织学生参观访问、实地考察、参加公益活动等。

6. 常规性活动、非常规性活动

这是按活动开展的频率划分的。常规性活动也称日常活动，指的是在相对固定的时间里开展的周期性班级活动。常规性班级活动的特点就是时间相对固定，每次活动的时间也很短。主要包括晨会、升旗仪式、值日和班级例会等。非常规性活动是根据一定的班级状况设置的不定期活动，如志愿者日、慰问孤寡老人、观看电影等。

五、班级活动管理

对于班级活动，你们有了前文的整体认识后，或许会思考这样一个问题：班级活动作为班级管理的一个组成部分，那么如何在班级中进行班级活动管理呢？首先我们得明确这样一个事实，即班级活动不是自发自然的过程，需要教师或者班主任参与其中，进行一定的规划和管理。通常班级活动管理分为两个层面，一个是宏观的、原则性的，指学校对班级活动的管理。另外一个层面是具体的、全程性的，指班级管理者对班级活动的管理。接下来我们所探讨的是第二个层面上的班级活动管理。

不同于班级活动，班级活动管理具有自身的特点：

1. 计划性

不管是一次班级活动，还是一学期的班级活动，都需要制订详细周密的计划。班级活动管理的计划性一方面体现在具体活动计划的制订上；另一方面体现在实施计划过程中的细致周密的安排上。

2. 系统性

组织一次班级活动，是教师围绕一定的教育目标，通过活动设计、活动准备、活动实施、活动评价来完成的，这四个阶段构成一个完整的教育过程。其中，每一次班级活动都是实现阶段性教育目标的一个环节。一个学期的班级活动构成一个相对独立而完整的教育阶段。这在中学阶段的主题教育班会中体现得更为具体。

3. 目的性

任何事情的进行都应该有它的目的，没有明确教育目的的班级活动是没有意义的。不管是制订一个学期的活动计划还是安排组织一次班级活动都必须要明确开展活动的意义何在，这才是一次成功的班级活动的开端。

🔍 互动环节

结合自己的实际生活，说说学校对班级活动的管理与班级管理者对班级活动的管理有哪些明显的区别？

六、如何开展班级活动

实践是检验真理的唯一标准。学习再多的理论知识，如果不在实际生活中运用，那么你永远都只是在"纸上谈兵"。班级活动亦是如此。如何在实际的教学情境中合理整合各种教育资源，调动全体学生的积极性，开展出优秀的班级活动，这是你们走上工作岗位后必须要做到的。

一般来说，中学生喜欢参加生动活泼、富有情趣的班级活动。在这样的班级活动中，学生们通过各种感官感受事物，接触各种人与事，从中获得知识，开阔视野，增强思考能力，同时学到相应的技能，提高实践能力。因为在这些活动中不仅要看、要听、要想，而且还要说、要写、要做。从活动的准备到活动的进行，学生可以得到一系列学习、锻炼的机会。班主任要根据教育的主题、本地本校本班的实际情况，选用恰当的班级活动类型和形式，以求得最佳的活动效果。有位老师在他的博客中跟我们分享了他开展班级活动的经历：

我是如何开展班级活动的？

班级活动是一个班生命力的具体体现，根据班级建设的不同阶段开展相应的活动，能使班集体产生巨大的吸引力和凝聚力。广泛开展丰富多彩的班级活动，对培养学生良好的德育素质有着极为重要的作用。

多年以来，我热衷于班级活动的开展，寓教于活动，并取得了很好的效果。高一下半学期学生重新选科，组成了新的班集体，我针对同学之间相互不熟悉，渴望彼此了解的心理特点，开学第一天就召开了"夸夸我自己"的主题班会。由于我事先做了调查，知道我们班的许多同学多才多艺，性格开朗，我相信这样的活动一定可以让他们展现最杰出的自我。果然，班会课上，全班五十一位学生都上台侃侃而谈，畅谈自己的理想，展现自己的才能。这就为今后的学习、生活奠定了一个良好的基础。

我还结合学校工作要求，积极开展主题性的活动。这种活动主要是根据学校的计划、安排，适时进行的教育或选拔活动。如学校组织"四心"演讲比赛时，我就在班会上让学生谈谈自己对社会、对父母、对他人的爱，在交流、讨论中，一些同学发现自己缺少一颗感恩的心，他们诚恳地表示要让自己心中经常充满爱，要做一个有责任心的人。看到同学们热情高涨，我趁热打铁，要求学生精心准备，在班级开展"四心"演讲比赛。同学们跃跃欲试，积极报名，不少同学的演讲热情洋溢、感人至深。最后尤妙虹同学参加学校的比赛获高中组一等奖。这样的活动加深了同学们对"爱心、诚心、孝心、公心"的了解，丰富了他们的情感世界，并培养了学生的演讲能力，也加深了同学们对班集体的热爱，取得了良好的成效。

科技节期间，我根据学校的要求，积极组织学生参加，利用课外活动课时间，以小组为单位制作各种飞机并指导学生放飞，经过同学们的努力，我班获航模比赛团体总分第一。这些活动不仅融洽了同学之间的感情，而且丰富了大家的课余生活，提高了学生的自身素质，增强了学生的集体荣誉感。

艺术节期间，我组织学生参加了文艺节目、书法、绘画、小报设计、写作等丰富多样的活动。艺术节既给了学生一个展现自己才艺的机会，又丰富了学生的课余生活，同学们非常感兴趣。最重要的是，经过大家的不懈努力，我班获团体总分第一，好的成绩极大地增强了学生的集体荣誉感和学习热情。

通过开展活动，能不断地促进班级学生的人际交往，使学生之间更加民主、和谐。不少班主任在对内向型学生进行教育时，都选择了活动这一方式，因为丰富多彩的班级活动，有助于同学间彼此了解、相互帮助，在活动中提高人际交往的能力。我班的一位男生，平时寡言少语，与同学交往、交流都很少，用同学的话说，就是一个"寡人"，我多次与其进行面对面的谈话都无济于事。后来，我特意安排他参加小组辩论赛并代表小组到台前来发言，他很快与同学交流看法、讨论问题。慢慢地，他开始关注班集体的荣誉了，也主动向小组提出意见了，还帮助策划开主题班会，班上的同学也对他刮目相看，原来死气沉沉的小组活跃起来了。实践证明，以集体主义为价值取向的班级活动，有利于人际关系的建立和调整，对学生有着积极的导向作用，学生间良好的人际关系又有助于形成一个团结向上的班集体。

班级活动对于学生来说，既可以获得满足和显示，更能得到锻炼和提高。对于班主任来说，既可以发现平时难以发现的某些学生的长处；又可以培养学生的集体主义的精神；更重要的是能获得良机，取得良好的教育成效。因此，丰富多彩的班级活动是塑造学生人格的广阔天地，是形成团结向上的班集体的重要手段，是培养学生能力的摇篮，是提高学生素质的重要途径。只有把对学生素质的培养贯穿在班级活动中，学生才会有长足的进步和提高。

当然了，每一次的班级活动的开展都有事先的计划与策划，并不只是搬到台面上那短短的几十分钟，这里面又涉及许多细小的问题。现在，我们从开展班级活动的原则谈起吧。

（一）开展班级活动的原则

在开展班级活动时，应遵循以下几个原则：

1. 主体性原则

班级活动的教育意义是多方面的，它可以提高学生的思想道德水平、开发学生智力、提高实际操作能力、增强审美情趣、强身健体等。好的班级活动应当贯彻主体性原则，即让全体学生动起来，让学生的组织机构动起来。活动中，班主任只能做指导，绝不包办代替。学生只有在亲自做的过程中，才会获得有利于其形成良好道德习惯的感受和体验。因此，在制定班级活动目标时，应寓教于乐，寓庄于谐，充分尊重学生的主动性，发挥学生的能动性，最大限度地发挥班级活动的教育作用。

2. 有效性原则

确定好目的后，接下来要考虑的就是活动的有效性了，即活动的目的能否实现的问题。这是组织班级活动时必须要考虑的关键性问题，否则活动的开展就毫无意义。因此，班级活动的设计和实施要遵循有效性原则。除了主题的选择要切合学生的实际情况以外，在活动的形式和内容的选择上要从学生的身心特点出发，采取他们乐于接受的主题和形式，这样才有可能实现最佳的教育效果。

3. 可操作性原则

班级活动要遵循的第三个原则就是可操作性原则。一些大型的活动可能需要大量的物力人力，班主任操作起来很困难。因此，对于班主任来说，班级活动的设计要结合班级现有的条件，从时间、地点、人力、物力等多方面考虑，使得活动的开展具有现实性和可操作性。第一，要注意活动的规模。日常活动基本上是每天进行的，因此要短、小、实。短，即时间短。小，即解决小问题。实，即解决问题要实际。主题班会一般是全体成员参加，一段时期搞一两次。第二，要注意活动的频率。一个学期里，班级主题活动的次数不宜过多。活动过多的话，学生会花很大的精力在班级活动上，造成一些学生静不下心来，其结果是必然会影响学习。活动过少，学生会感到枯燥乏味，滋生出一些不健康思想，导致班主任疲于应付偶发事件。至于活动多少为宜则要依据本校本班的实际情况而定。

4. 时代性原则

要让学生触摸时代的脉搏，就要选择有时代感的班级活动主题。首先，开展班级活动，要善于从时事中抓住有教育意义的题材；其次要从生产、科技发展中抓题材；最后要学会从身边的新鲜事中抓题材。

5. 创造性原则

创新的时代要求教育必须培养出创新型人才，而班级活动是培养学生创新精神和实践能力的有效途径一样。要搞好班级活动，必须不断地创新，坚持创造性原则。这种创造性体现在班级活动的内容和形式上。有时代感、丰富多彩、生动活泼，在原有内容和形式上的"加一加""变一变""改一改""移一移"，具有生命力和新面孔的班级活动才能吸引学生的参加。班级活动坚持创造性原则，教师必须树立现代学生观，相信学生具有创造的潜能，承认学生是具有独立性、自主性和创造性的班级活动的主人。另外，要鼓励学生敢于创造，并教会学生善于创造，使班级活动的内容和形式都具有时代气息，这样才能激发学生的创造精神，培养学生的创造能力。

（二）组织班级活动的步骤

1. 班级活动的选题

这是组织班级活动最初的也是最重要的工作之一。活动的题目选不好，活动就搞不好。

我们所说的选题，主要是指活动内容主题的选择和确定。选题需要经过以下三个层次的工作：一是班主任的充分思考。班主任对于每次活动要事先有数。选题设想要注意几个方面：第一，班集体的奋斗目标和班集体建设计划是否适合当前班集体建设内容的需要；第二，班集体的现实情况是否有急需解决的热点问题；第三，是否与学校的教育计划和教育活动安排冲突。这几个方面是班级活动选题的总要依据。有不少班主任早在学期之初，就已胸有成竹，对每个阶段的活动有了安排。但此时，也还需要重新审度一番，看看原先的设想与当前的形势是否完全适合。如有不适合之处，需要作必要的调整。二是班委会的充分讨论。班主任可以把自己的设想向班委会成员报告，也可以引导班委会进行酝酿，特别要引导班委们考虑几个方面的参照情况。要允许学生提出自己的独特见解，在大家畅所欲言的基础上进行归纳。大致内容确定之后，师生共同商量活动该如何进行。三是班委会向同学征求意见。班委会要采取个别交谈或开小型座谈会的方式，征求全班同学的意见。对同学们的反馈信息，要认真收集、整理，作为组织班级活动的重要参考。有些活动，还可以征求科任老师、校领导以及学生家长的意见。

2. 班级活动计划的制订

选题确定之后，由班主任和班委会共同制订活动计划，并且落实组织工作。活动计划应该包括以下内容：活动的内容和目的、活动的基本方式、活动的组织领导、活动的时间和地点等。活动计划应该由活动负责人书面写成。

在组织工作中，有两点要特别注意：一是发动全体同学参与活动，尽最大努力消灭"死角"。针对班级存在的问题开展活动，更要注意与问题有关的同学的"角色"。要选择适合的角色让他们承担，以突出活动主题，发挥教育作用；二是考虑可以借助的力量，请能为活动"增色"的班外人员参加。例如，有时候可以请来教导主任、校长、家长等参加活动，还可以安排他们发言，出节目。

3. 班级活动的准备

准备工作的关键是抓落实，主要负责人要检查每一项任务的落实情况。有些任务，难度较大，要多花精力，比如要求同学发言或者表演节目的活动，要写稿子或者提前排练，否则质量难以保证。在准备工作中，主持人如何主持活动是不能忽略的。他必须对主持过程有详细的计划，而且要写出主持词。开头与结尾以及中间各项活动内容的衔接都要写好，并进行必要的演练。值得注意的是，在有些调研活动中，比如实地调查，要注意与当地部门的进行事先沟通，要有所准备才会有所收获。

"三步"确保人人参加[1]

1. 调查：了解学生不想参加活动的7种心理，对症下药。

---

1 郑学志. 班级管理60问. 上海：华东师范大学出版社，2012：31

① 明哲保身② 害羞胆怯③ 叛逆求异④ 自命清高⑤ 自私躲避⑥ 自卑失落⑦ 赌气报复。这些是孩子们不想参加班级活动的主要原因。

2．反思：我们哪些地方做得不好，及时改正。

① 包办打击了学生的积极性。学生们成了木偶，怎么能体会到活动的快乐，又怎么会有参加活动的积极性呢？② 不当批评伤了学生的心。③ 活动内容不受学生欢迎。④ 安排时没有考虑到学生的能力差别。

3．组织：积极发动，点燃每一个学生的激情

① 动员要充满热情。学生们被动员得热血沸腾，哪会有不参加的呢？② 内容要尽量有趣，这样活动才有吸引力。③ 活动要人人有份，各个层次的学生都有表现机会，参加活动才会成为学生最期待的事情。④ 安排要不丢一人，这样才会不会让人受打击。⑤ 竞赛要充满激励，慢慢地学生就会喜欢参加班级各项活动了。⑥ 资源要充分利用，往往跟者甚众。

4. 班级活动的实施

实施时班级活动的过程的中心环节，是活动全过程的关键。如果前边的准备充分，班级活动按照计划去开展即可。为了保证活动的成功，需要注意全班同学的精神状态和可能出现的干扰因素、偶发事件等。活动实施前的1~2天时间，班上要创造一种准备积极投入活动的态势，排除一些干扰因素。如班上出现了某种偶发事件，引起情绪波动，或者有人对活动抱有怀疑态度以致说风凉话时，需要班主任和班委会及时做出处

> **主题教育班会**
>
> 是以学生为主体，以班主任为主导，围绕某一主题有计划、有目的地开展的形式多样、内容丰富并且情景化了的班集体活动。

理，使干扰降到最低程度。活动进行过程中，也可能会出现一些诸如停电、准备好的材料找不到、邀请的主讲人迟迟未到等问题，这时需要针对改变的情况对原先计划好的活动进行修改。除非出现活动不得不停止的事情，否则应确保活动继续进行下去。

5. 班级活动的总结、评价

班级活动的总结阶段，即用科学的方法，对已经做过的工作进行评价，肯定成绩、总结经验、指出缺点，进而明确下一个活动应努力的方向，它是班级活动进行过程的终结环节。总结的方式多种多样。最基本的方式是在班级活动结束时，由班主任发言，对活动作一个简单扼要的评价。当然，学生是班级活动的主体，活动的成功与否他们最有发言权。因而活动总结时，也应当采取座谈会、写活动总结、开全班总结大会等方式对活动进行评价。当一些周期比较长的系列活动结束时，可以采取学生写总结报告、举办展览、举行评比等形式进行总结。这些形式便于学生展示活动成果，进行经验交流，为下次活动积累经验。

（三）各类班级活动的设计与实施

从当前中学班级工作的实际情况来看，主题教育班会、例行性班会、家长会活动等进行的相对多些。下面将对几类活动的设计与实施进行简单介绍。

1. 主题教育班会

主题教育班会是以学生为主体，以班主任为主导，围绕某一主题有计划、有目的地开展的形式多样、内容丰富并且情景化了的班集体活动。主题班会有别于常规班会，它要求内容集中，形式新颖并富于变化，尽量使全班学生都能够进入"会议"要求的角色，力求使班会形成突出的效果并能在会后延伸下去，达到提高学生自我认识能力和自我教育能力、加强班集体建设的作用。主题班会具有教育的功能，这种教育功能不是以直接的方式来告诉学生怎么做，它是一种隐性的规范的功能。主题班会背后所要支撑的、它最终所要形成的是一种良好的班级文化。这种良好的班级文化，才是真正影响课堂上每一位学生的最重要的影响源。主题教育班会具有大致相同的特点。第一，目的性强，有明确的教育主题和任务，活动的内容和展开必须服从这个主题。第二，计划性强，需要有充足的准备，有完整的活动方案。第三，结构完整，需要有一节课或一个阶段的时间。

成功的主题教育活动总是令人难以忘怀，但它却需要花费班主任和学生的大量时间，对师生素质和班级气氛都有很高的要求。因此，主题教育活动在受到教育界大力推崇的同时，也由于普通教师尤其是新手型对此有畏难情绪而开展得不够深入。

（1）如何确定主题教育活动的主题

"小"中见"大"，从学生实际中选择主题

"小"指学生生活中的一些小事或普遍现象，"大"指这些小事、现象反映出的问题或蕴含的道理。学生的学习、生活中处处蕴藏着教育的契机，学生的一言一行都是其内心思想的反映，因此，班主任应该充分了解学生的内心需要，从学生实际中选取主题，进行有针对性的教育。

"常规"中见"创新"，从传统教育中拓展主题

爱国主义教育、集体主义教育、文明礼仪教育等是教育永恒的主旋律，是多年未变的"常规"主题。新时期，我们不但要赋予其新的内涵，还要有所创新发展。如，同样是爱国主义教育，应结合不同的时期体现出鲜明的时代气息。如2009年的新中国成立60周年的庆祝活动。这都可以纳入教师的考虑范围，提炼出有新意的主题。

🔍 互动环节

如果你是一位新班主任，你对班会课的设想是什么？你有哪些班会课的资源？

（2）提炼班会主题的原则

主题的提炼应凸显"以生为本"的教育理念

主题班会应该使师生之间就共同关心的话题进行交流、双向互动。学生有自己的喜、怒、哀、乐，有自己的思维方式，一个远离学生思想的话题很难引起他们的关注，只有贴近学生心灵的话题才能令他们产生共鸣。如针对当前中学生恋爱问题，设计主题"异性交往大家谈"；针对学生对统一校服的意见，设计主题"统一着装与张扬个性"。这些主题"从学生中来，到学生中去"，体现了"以生为本"的教育理念，从而收到很好的教育效果。

主题的切入口要小

一节主题班会课的时间在40分钟左右，如果选取的主题较大，势必面面俱到，往往是蜻蜓点水，无从深化班会的主题。因此，主题的提炼要尽量从小处着眼，从一个侧面或一个点入手，切忌"假、大、虚、空"。同样是关于环境保护问题，"保护环境，从我做起""把绿色还给大地"等主题就显得比较笼统，难免泛泛而谈。"小小塑料袋，环保大问题""点点滴滴的水"的切入口就小而实，容易学生理解并实际操作。

主题要有号召力

主题，应该是经过高度概括和提炼而产生的"口号或警句"，既能反映活动的实质，又能调动学生参与活动的积极性。如"诚信，从我做起，从现在做起""言必信，诺必诚""竞选干部我能行"等。对于中学生来说，这些富有哲理、具有青春气息的主题，将会使他们兴奋不已，继而积极参与。

（3）主题班会设计的基本框架

主题班会的框架并不唯一，但有一些基本要素，如教育目标、主题、内容、形式、过程，总结等，这些决定了主题班会的基本框架。

教育目标：从宏观上把握，并根据阶段教育任务或学生的阶段特殊性，确定教育目标。教育目标必须有现实意义，并通过师生的共同努力能够实现。它是主题班会的灵魂。

主题：从教育目标出发确定班会主题。主题必须有鲜明的个性、新颖性、趣味性及强烈的吸附性。

内容：一般以德育为主线，结合实际，增添一些智育、美育、心育的内容，并使之具有时代感、针对性，材料翔实，情感真挚，能使学生产生思想上的共鸣。

形式：形式要多样化，并与主题和内容的要求相匹配。侧重于学生的主体意识、行为能力、情感态度等方面的体验。

准备阶段：根据主题班会的内容和形式，为主题班会的实施做好准备素材、布置任务、邀请嘉宾、选择场地等一系列工作。

实施阶段：主题的导入、发展和结果。注意以点带面、全员参与、师生互动、引发共鸣。

总结：总结主题班会的成果，明确主题班会后的任务和要求，延伸正确的人生体验和教育。

🔗 **资料链接**

选好主题班会的内容[1]

内容是班会成功的关键，我主张班主任多召开下列主题的班会：

1．研究自我学习的、改善学习状态的主题班会。

2．直面青春困惑、寻找解决良策的主题班会。

3．以"休闲"为主题的班会。不会休闲的人就不会工作，我们要让学生认识到，玩其实也是很重要的，会玩对丰富其业余生活乃至精神世界，大有裨益。

4．解决日常生活问题或"学会生活"的主题班会。学会了生活，学生往往就学会了关怀，学会了相处……

5．优化心理状态、走向积极人生的主题班会。

6．解决认知或道德冲突的主题班会。班级需要正确的舆论导向。

7．情感体验的主题班会。生活事件总是发生在一定的场域中的，"在场"情境之下的情感体验往往特别真、非常善、比较美。

8．以"自爱"为主题的班会。

（4）主题班会中的三个误区

主题班会，作为德育的有效载体和平台，对于统一学生思想，提高学生认识，培养学生良好的道德情操，形成健康向上的舆论导向，奠定学生正确的世界观、人生观、价值观，发挥着不可或缺的作用。但是，不少班主任在设计和组织主题班会时由于理解上存在误区，导致了一些主题班会既"形散"又"神散"，偏离了活动的方向，冲淡了教育的主题，降低了活动的功效。

主题班会成了"大杂烩"

主题班会是指班主任从实际出发，确立一个主题，设立相应的目标，制订活动计划，根据本班学生普遍存在或关心的问题，组织全班同学参与的一种教育活动形式。在活动中，要围绕教育的目的、主题和内容，采用适宜的教育形式、手段，通过寓教于乐的活动，使全班达成思想共识。如果偏离了教育主题，那么，不管多么新颖的形式，不管多么丰富的内容，也不管多么精彩的设计，都难以达到教育目标。

1　郑学志. 班级管理60问. 上海：华东师范大学出版社，2012：179

　　主题班会应发挥学生的主观能动性，放手让学生积极主动地参与和自主组织。但由于学生社会阅历较浅，涉世不深，难以对主题有一个全面的理解和把握，这就需要班主任对活动有一个整体的考虑和指导。班会上所组织的系列内容，绝不能使简单的"拼盘"，不能是东拉西扯的"信天游"，要围绕目标，紧扣主题，合理取舍，使所选内容真正服务和体现活动的"主题"。

　　主题班会成了"歌舞会"

　　如今，一提到开主题班会，各班总是兴师动众地搞节目排练，费时费神，有的班级为了观摩或在评比中取胜，不惜一切代价，集中大量的人力、物力、财力，对节目进行一次又一次的演练，又唱又跳，将主题班会误解为"歌舞会"。

　　诚然，主题班会应围绕主题进行，形式可以不拘一格，可采用现身说法、做报告、讲故事、相声、辩论赛等。但不要过分追求形式，热衷于热闹，华而不实。要围绕一个主题，着力解决主题所包含的一些实际问题，提高学生的思想境界，这些才是活动之本，而不能哗众取宠，否则只会适得其反。

　　主题班会成了"群英会"

　　主题班会是促使全班学生进行自我教育的有效形式。班主任要放手发动群众，引导学生全员参与，在活动中给每一位学生提供锻炼和实践的机会、自我思考和探讨的空间、展示盒内化的平台，从而达到全班同学自我教育、自我提升、自我发展的目的。总之，通过开展活动，要使每一位学生的思想得到升华，精神得到锤炼，情感得到净化。

　　然而，不少主题班会没能调动全班学生参与的积极性和主动性，而仅仅成为几个能歌善舞、能说会唱、能讲会道的活跃分子的"独霸舞台"，他们垄断了活动的大部分时间，使自己的"多才多艺"淋漓尽致地得到展示，而大多数学生则会坐在教室的四周，仅仅作为观众，拍拍手而已。主题班会的"主体"只面向了极少数的"精英分子"。

🔍 互动环节

　　开展主题班会需要以生为主，考虑学生的兴趣爱好。可我们该如何在尊重"多才多艺"学生兴趣爱好的时候，避免主题班会演变成"群英会"呢？

2. 班级例会活动

　　班级例会是指以班级为单位定期召开的全班学生大会，包括民主生活会（以引导学生开展批评与自我批评、进行自我教育为内容）和班务会（以严谨讨论班级内一些重大事务工作为目的）两种形式。其主要目的是规范班级的集体行为，确立班级的常规管理模式，形成班级的正确舆论导向，培养良好的班风。

一次班级例会[1]

组织者：班主任李老师

参加人员：全体学生

时间：2006年12月25日

一、例会目的：

（1）总结近两周班级各项工作、优点和不足，引导学生纠正错误行为，积极发扬优点，投入到下一轮的任务活动中。

（2）抓住纪律这一点，展开讨论、分析，总结出强化班级纪律的方法和措施。

二、活动过程

（一）导入

同学们好，我宣布班级例会现在开始。大家一起喊出我们的例会口号："每周一回顾，每周新任务。谈谈得与失，大家齐进步"。

（二）总结上两周的各项班级常规的情况

1．学生总结

（1）班级干部说说上周路对、两操、卫生、家庭作业、背诵古诗、预习课文的小组长，准备好他们的平时记录。

（2）选出本组的：无错误作业、课堂智多星、背诵大王、积极进取奖等，发奖。

2．班主任总结上两周工作

（1）优点：各项常规走上正轨，整体有了很大进步。参加了学校冬季越野长跑，重在参与的精神；总结合唱成绩，分析得失，强调集体活动个人的重要性；学生档案袋整体较好，但参差不齐，需再补充整理。

（2）不足：态度不够端正，书写、路队精神、卫生保持不够持久；个别同学忘做、忘交作业，交不齐现象有待改观；纪律有待加强，课间打闹现象时有发生。

（三）反思讨论纪律，总结方法

（1）班级出现的种种不良现象都与纪律有密切关系。今天我们来剖析我们班中的纪律问题。先听因纪律不严明造成的重大失误的故事。

（2）谈一谈：我们班中的纪律

（3）反思：为什么会出现这种状况？从自身找原因。自由发言。思想汇报。

（4）讨论如何抓好班级纪律？写出方案，汇报宣读。

（5）班主任总结：对全班同学提出纪律要求"静"—"静则入，入则静"；"严"—自

1　张作岭. 班级管理. 北京：清华大学出版社，2010：141-142

我严格要求。

（6）安排近期工作：① 做好学生的思想工作，继续组织学生进行各小科复习训练，迎接学校抽测和年终督导；② 做好安全工作，充分利用好学生点名册，每天清查好学生到校的情况，学生有事请假；③ 组织学生在学习好新课的同时进行复习，迎接即将到来的教育局年终督导和语、数、英期末考试；④ 对课间在楼道里追逐打骂的现象进行批评教育，让学生在课间能注意安全；⑤ 对学生进行文明礼貌方面的专项教育，使学生做到不讲脏话、不打人、学会团结；⑥ 继续复习古诗和书写练习，准备学校的书写和古诗背诵抽测。

（四）结束

泰戈尔说过："天空中没有翅膀的痕迹，但鸟已飞过。"生命的精彩在于过程，在于过程中全力以赴，让我们齐心合力，共奏班级奋进的阳光乐章。

上面这个案例中，作为班主任的李老师明确本次例会的目的，和学生一起回忆近期班级情况，然后对此做出总结、评价，引导学生进行反思。最后，深化例会目标，并安排接下来的班级工作。整个过程十分具有针对性，不拖泥带水。

（1）班级例会活动的特点

常规性。所谓常规性是指班级例会一般每周开一次，针对学生的实际及时总结通报情况，开展表扬和批评，交流思想，对学生进行常规教育。这种特点决定班会不需要多么精心的设计，不需要挖空心思去提炼主题，一切都是从日常的班级管理过程中生成的问题，它需要教师及时去解决，以更好地维持班级秩序，配合班级管理，提高教育教学效果。

事务性。事务性是指班级例会主要是处理班级日常事务，例如：布置接下来一周的班级工作，讨论制订班级学期工作计划，讨论制定班级规则制度，选举三好学生等先进典型，表扬好人好事，批评班级同学的错误，对班级同学进行必要的教育。

民主性。民主性是指班级例会是指实现班级民主化管理的主要途径。在班级例会上制定相关的规章制度、决议决定需要全体同学讨论、表决。同时班级例会也是同学对班级工作、班集体建设提出意见和建议的场合，是同学之间、同学与班干部之间、同学与班主任之间开展表扬和批评的场合。

（2）开展班级例会活动的准备

在召开例会之前，班主任要做好充分的准备。对活动目的、内容、步骤与方法要做到心中有数，了然于胸，以使例会具有针对性。以批评与自我批评为主要内容的民主生活会一般由班主任指定的值日班长或纪律班长对班上的好人好事进行表扬，对不良行为进行批评与教育，也可采取自由发言的形式对不合理或不正确的现象和做法进行批评指正。同时也欢迎大家踊跃进行自我批评和自我教育，带动班风的整体好转。以研究讨论班级内一些重大事务工作为目的的班务会一般由大家踊跃发言、各抒己见。为了节省时间和提高效率，可分组讨论，然后派各组代表轮流发言，由班长归纳概括，呈班主任过目，以便及时采取有效的反馈措施，或者通过集体表决的方法，如采取无记名投票的方式进行选评。班务会要求班主任老师要征求广大学生的意见，虚心接受同学们的建议，并认真归纳分析整理。本着以学生为中心的现代教育精神，公开进行民主讨论，群策群力，集思广益，多听学生的意见，以形成正确的决策。

（3）班级例会应注意的事项

无论哪种类型的班级例会，都要注意以下几项。一是不宜占用正常的学习时间，应在班会课或课外活动时进行。二是会议的时间不宜过长，宜就事论事，讨论完毕就散会。三是例会间隔时间不宜太久或太短，正常情况下每两周一次为宜。四是要讲究效率和效用，以解决问题和达到目标为准。五是任务要明确，以便于贯彻执行。

3. 家长会活动

班级活动不仅仅是班主任与学生之间的一种互动活动，它也可以延伸到学生与任课教师、学生与学校领导、教师与家长等方面，而家长会活动无疑是新时期学校教育中的一种新型教育模式。学生的成长、成人、成才不单是学校的责任，也是与家庭教育密不可分的。将家长纳入班级活动的考虑范围之内，与学生家长一起见证孩子的成长，共同解决学习、生活中出现的各种问题，不仅可以动态地了解学生的学习情况，还可以促进学生的身心健康发展，塑造良好的心理品质。

> **家长会**
>
> 是指在教师精心准备下，家长走进学校全面了解学生在校情况的重要方式，是我国当下家校联系的普遍形式，也是邀请家长参与班级管理、争取家庭教育与学校教育同步的主要途径。

让家长走进校园[1]

李老师的班级在近期的期中考试中成绩不理想。她反思后，认为老师们也有一定的责任，并仔细分析了学生成绩不理想的原因，拟好了相关改进措施。但是家长会上如何面对家长呢，她想了很久之后，决定先请两位成绩最优秀的学生的家长向其他家长介绍家庭教育经验。然后，由她介绍学生的在校情况以及这次考试的状况。家长会上，李老师总结说，这次成绩不好的责任，首先在于老师。老师们仔细分析了原因，拟出了相关改进方法，希望家长们能够配合。整个家长会在良好的气氛下结束，没有家长埋怨学习和老师。

那么何谓家长会呢？家长会是在教师精心准备下，家长走进学校全面了解学生在校情况的重要方式，是我国当下家校联系的普遍形式，也是邀请家长参与班级管理、争取家庭教育

---

1 齐学红. 今天，我们怎样做班主任——优秀班主任成长之路. 上海：华东师范大学出版社，2006:77

与学校教育同步的主要途径。传统的家长会往往是班主任唱主角，向家长们通报情况，成为一言堂，缺少思想与心灵的交流。家长会的内容也主要集中在学生学习成绩的问题上面，典型表现就是有些家长会会将学生的成绩排名写在黑板上。这样的家长会，效果往往适得其反，对教师、学生、家长来说都是一种负担。

（1）家长会的特点和优点

家长会作为班主任及其他管理者与家长联系的一种方式，不仅丰富了班级活动的内容与方式，同时也促进家校沟通，共同为学生的健康发展出谋划策，对于学校教师的班级管理工作有着举足轻重的意义。其特点表现为家长会是班主任与家长群体进行交流的方式。而其优点体现在两个方面，其一是教师可以与家长面对面直接沟通、交流，在有限的时间里获得较多的信息量。其二是家长们的相互交流可以吸取家庭教育经验或教训。

（2）召开家长会的方法

① 做好召开会议的准备工作

为了确保家长会的成功召开，班主任需要做好如下准备工作。首先要根据学校教育教学工作的实际，确定会议的目的和会议内容。可以提高召开学校领导班子、班主任会，客观地分析现状，发现促进学生发展的有利因素和制约学生的不利因素，确定主要收集、交流哪方面的信息，共同解决哪些问题，并明确分工。其次要印发开会通知。一般在会前2周，在通知中应简要通报会议目的、内容、时间、地点，并附学生家长对学校工作的意见、建议栏。会前一周收回，目的在于使学生家长做好充分的准备，落实到会人员，提前收集部分信息。

最后要以教学班为单位，收集整理学生家长书面意见、建议，归类分析，客观地确定需要沟通解决的问题。最后由班主任和任课教师根据本班实际情况，准备翔实的发言材料，并做好会议召开的有关准备工作。

② 围绕会议主题，开诚布公，广泛交流，达成共识，增强合力

家长会上，班主任要紧紧围绕主题，与家长进行全面沟通，形成合作意识。

组织安排要全面。领导教师分工明确，学校应由领导负责，任课教师分到各教学班，班主任为会议的主要组织者和中心发言人。另外安排几名学生，迎接学生家长，指引会议地点，使学生家长一进学校就能感受到热情和温暖，这会为家长会的圆满召开定下温馨的基调。

全面汇报教育教学工作。从学校的教育教学目标、任务，到班级工作的组织落实，向学生家长做全面汇报。如在教育教学工作中，采取哪些措施，组织了哪些活动，收到了哪些成效。本班在学校特别在平行班中的优劣之势等。同时简要介绍下一步的目标和措施，使学生家长对子女所在的学校班级的教育环境有个大概的了解，有助于家长献计献策。

面向全体，一分为二，全面介绍学生个体发展状况。学生家长最关注的是子女在学校的发展情况。教师应该既要肯定成绩，又要正视不足。从德、智、体、美、劳等方面具体介绍学生的发展状况，介绍学生发展突出的方面，从而架起新时期家长和学校之间沟通的桥梁。

全面介绍学校对学生校内外的管理要求，明确提出需要家长协助教育、管理学生的要求。如介绍学校管理制度、作息时间、请假制度，要求学生家长保证学生按时作息。指导家长督促教育学生遵守交通规则，确保交通安全，按时到校；注意观察学生变化，及时发现并纠正其不良行为而切忌护短等。总之，学校与家长一定要共同持有负责的态度，用正确的教育方法塑造学生健康的心态，培养其良好的行为习惯。

教师与学生家长共同商讨教育措施，教师要设法调动学生的积极性，从中最大限度地了解学生的家庭情况和个人特点。教师要对学生家长提出的意见，作出合理性的说明，表面态度，要提出合理的带有针对性的问题，进行商讨。

在和谐、愉快的氛围中结束会议。中心发言人应充分肯定学生家长提出的正确意见和建议，总结会议收获，衷心感谢学生家长对学生的教育工作的大力支持，并寄希望于今后多联系和沟通，共同做好培养下一代的工作，让学生家长高兴起来，满意而归，为会议打下良好的基础。

（3）做好家长会的记录

每次家长会都要安排人员认真进行记录。记下家长会上家长反映的情况和提出的意见，以便进一步有针对性地开展工作。同时，家长会记录可以用来作为分析和反思的材料，以进一步改进家长教育工作，配合班级管理教育教学工作。家长会记录应该有专门的格式，内容一般包括开会时间、地点、主题、家长到会情况、会议过程等。

家长委员会——孩子成长的"助推器"[1]

一个班通常有四五十个孩子，如果只靠班主任和任课教师的力量，教育孩子的难度相当大，并且很容易发生"5+2=0"现象。创建班级家长委员会（简称"家委会"），引导家长参与学校教育，有利于家校合作，促进学生健康成长。

一、精心选择家委会成员

选择合适的成员是班级家委会开展工作的重要基础。新学期开学，我在调查学生个人情况的信息登记表上附上了家庭信息调查栏，请家长阐述其教育观念、对孩子的培养目标、对学校教育的期望以及对老师的期望。然后向家长简要介绍创建班级家委会的目的，询问其是

1　齐学红. 班级管理，武汉：武汉大学出版社，2011:51

否愿意加入。最后，要求家长进入家委会在备注栏填写个人特长以及愿意为班级建设提供哪种服务。选择哪些家长进入家委会的标准有三个：第一，是否认同学校和教师的教育观念，是否具有正确的教育观；第二，是否热心公共事务，是否愿意参与班级共建；第三，是否善于与人沟通交流，是否具备良好的个人素养。

二、精心建设家委会组织

家委会组织建设是开展工作的关键。根据学期班级工作情况设立相应职务，让家长们自选担任。我班的家委会设置了如下职务：会长、秘书长、爱心大使、读书大使、活动大使、资料大使、秘书大使。经过与家委会成员讨论，我们进一步完善了家委会的组织建设：一是制定了班级家委会章程；二是根据学生家庭住址就近划分区域，按区域选择该区域的负责人；三是制作发放全班家长联系卡。

三、精心设计教育活动

在家委会协助下，我们一切从学生出发，根据班级情况开展了丰富多彩的教育活动。我们走出校门，在春天去放风筝，参观博物馆，每月为"小寿星"举办集体生日会，创建"班级家教博客"，建立家长QQ群，创办"家校通小报"。

四、以家委会为核心，带动家长集体发展

家委会是连接教师和家长、学校和家庭的重要桥梁。经过家委会一段时间的努力，家长们目睹了他们为大家服务的无私奉献精神，在感谢与感动中纷纷参与班级共建，在沟通中形成共同的教育观，一个和谐发展的家长集体已经形成，而真正受益的是学生。

第二节
班级突发事件的管理

📢 **教育家语录**

要把学生造就成一种什么人，自己就应当是什么人。

——车尔尼雪夫斯基

学习目标

1．了解班级突发事件的几种常见类型，以及突发事件发生的特点。

2．掌握处理班级突发事件的基本原则和一般方法，并能根据突发事件的紧急程度和严重等级采用不同的处理方法，学会灵活应用。

3．思考从哪些方面着手，可以在一定程度上预防班级突发事件的发生。

一、远观——班级突发事件是什么？

每个班主任无一例外都是带着对班级的美好理想和愿望进入所属班级的，我们怀揣着自己的梦想，在班级的建设中，充当着画家、工程师和园丁的角色。为什么我会这么说呢？如果班主任是一个具有浪漫主义情怀的画家，给我一支笔，我就能将整个班级生活描绘成一幅绚丽多彩的画；如果班主任是一个严谨客观的工程师，给我一块砖，我就能将班级管理制度搭建成梦想中的建筑；如果班主任是一个辛勤的园丁，给我一把锄头，我就能让班级里的每一个孩子都茁壮成长。可见，班主任无论是在班集体的建设，还是在学生的成长过程中都扮演着举足轻重的角色。

通过前面几章的学习，在观念层面，我们已经学会了树立科学的学生观、教师观、家校观，在实际操作层面，我们也学会了通过时间、空间、组织、文化和活动的管理让我们的班级变得更加美好。想象一下，如果班级管理工作都能够按照我们已经掌握的工作技巧进行，好像我们已经掌握了建设一个理想班级的应有技巧。那么事实确实如此吗？

笔者的回答是否定的。再优秀的画家，也不可能保证每一次下笔都能达到想要的效果；再严谨的工程师，也不可能保证整栋建筑里的每一块砖都严丝合缝；再勤劳的园丁，也不能保证耕地里的植物不会受到害虫的侵扰。经验告诉我们，实际中的班主任工作也是如此。因为班级管理是一个动态的过程，它面对的是一群鲜活的生命，所以班级管理工作必然具有复杂性、多变性、不可控制等特点。这些特点体现在具体层面上，就是班级生活中的一个个突发事件。

何谓班级突发事件？让我们来看一个案例，也许你会对它留下一个大致的印象。

工作案例

缝了六针[1]

缝了六针的不是我，是我的学生，那个个子挺高很老实懂事的张紫玉小朋友。

下午课间休息的时候，我正坐在办公室里拿着手机玩最近办公室里火热的疯狂猜成语。两个学生直接进来喊着流血了！我以为是流鼻血，心想着上半年三年级的小朋友经常流鼻血

1　缝了六针[EB/OL] http://user.qzone.qq.com/282315909/main

的事情，觉得没有大碍，就喊着：张紫玉不要哭！然后让陪她来的女生陪她去洗洗脸。可是我看了半天，才发现：她捂着的是手，而且手上的一团卫生纸已经鲜红了，地上还滴了好几滴！给她换纸的时候，我看到了她肥肥的右手小指上一个很长的口子，非常深，我隐约看到里面的肉了！征求其他老师的意见，先去校医院，可是打着小伞冒雨走到才知没人。赶紧拦车去了附近的社区门诊，医生看了立刻要缝针。可是张紫玉心里抗拒，怕疼的她不愿意，而且我也拿不了主意，毕竟不是贴个创可贴就解决问题的事。恼人的是匆忙中忘带手机，而她不记得家里的号码，谁的都不记得。我只好速回折返。

在回来的路上打电话和她家里说了情况，然后就领着不到八岁的她去另外一间屋子里缝针。从小到大，我最厉害的也就是打点滴，除了那次脚伤绑个石膏。医生要给她消毒，还没碰到她就哭着喊着疼，拿个清水洗她也跺脚，哭得撕心裂肺，我的心要碎了。然后才是打麻药。看到医生拿针她都要问干什么。怕她看着更疼，我就弯着腰一只手捂着她的眼睛，一只手握着她的左手。

可是我的眼睛是自由的。当我看着医生把她那手指上已经漏出来的肉翻出来然后打麻醉药而且听着张紫玉在我耳边喊着疼疼疼的时候，我心里很难受。几分钟后她便觉察不到自己的手指了，医生拿着镊子和线开始缝了。

这时候再和她聊天，才知道她是被厕所的门不知怎么给夹到了，她没有表达清楚，我也听着糊涂。然后又聊了她爸妈的工作，有时候话说错了她自己竟又笑出声来了。很快，缝好了，六针。

她的妈妈来接她，交了钱，让我回班级了。

下午我的一节课也没有上，原先的计划都打乱了。

原来简单的生活，现在因为自己成了班主任而变得沉重了许多。责任在肩，总要多一份担当，承受不可预料的一切。

上述案例让我们对班级突发事件产生了一个"具体的形象"，这时你的心里就会想"噢，原来突发事件是这样的！"接下来我还要告诉你，学生之间的打架斗殴只是班级突发事件中的一种类型，并不能代表所有。因此，还需要我们给这个"具体的形象"多添几笔，让它更加生动、形象。这就需要了解普遍意义上的定义中的班级突发事件。

从定义上看，班级突发事件就是指在班级管理过程中发生的、事先难以预料、出现频率较低，但必须做出反应并加以处理的事件。这个定义有三层含义：

首先，突发事件是意料之外的，它的发生不受个人主观控制，所以我们不能像设计一场班级活动一样可以提前筹划；其次，突发事件是偶然的、非常态性的，所以你大可不必整日恐慌，只需掌握处理突发事件的一般原则和技巧即可；最后，突发事件的处理有一定的紧迫性，需要你在突发事件发生时，能够发挥自己良好的心理素质和扎实的班主任基本素养。

前两个层次是对班级突发事件特点的概括——不可控性和紧迫性，看到这里，你是否觉得很难下手处理班级突发事件呢？不用担心，我们可以从含义的第三层次找到处理突发事件的方法，本节的落脚点主要在这个层面上。那就是作为班主任的你，是否具有应对突发事件的良好心理素质，是否掌握了处理突发事件的一般原则和方法。希望在学习完本节后，你们会有自己的答案。

也许你们已经迫不及待地想开始这段学习的旅程，但是我总觉得带着问题进入学习会更有收获。所以，我想问你们两个问题，在我们今天的班级生活中，你觉得会发生哪些令班主任措手不及的突发事件？当突发事件发生后，你会根据何种原则，采取什么样的措施去有效处理突发事件呢？

二、近看——常见的突发事件类型

发生突发事件的原因多种多样，因而突发事件的种类也纷繁复杂，有班级成员交往中的个别矛盾冲突、也有家庭变故造成的学生身心变化、打架斗殴等校园暴力事件以及还有安全隐患和意外原因等造成的校园安全事故。笔者把文字化作摄影机，将带领你们用镜头记录下班级里发生的一个个突发事件。希望你们能时刻记得把自己当作案例中的那个班主任，设身处地地去想一个问题——"如果是我，我会怎么做？"

（一）班级成员交往中的矛盾冲突

班级成员交往中的矛盾冲突是指班级中的教师和学生、学生和学生在日常交往中发生的摩擦、矛盾，以致引起的冲突。班级是一个小型的社会化组织，在班级中会产生不同类型和层次的人际交往。从交往的主体看，主要是教师和学生之间的交往、学生和学生之间的交往。在交往的过程中，很容易因为语言上的误解、观念上的不同而产生矛盾，成为突发事件的导火索。主要表现在这几个方面：学生在言语上顶撞教师；恶作剧；学生交往中的小摩擦；班主任和家长在教育学生时的分歧等。班级成员之间的矛盾冲突很多时候表现为成员间在言语上的不友好，可是如果得不到及时处理，也会发展成比较恶劣的肢体冲突。

镜头一

一曲"美妙"的歌[1]

一天，某学校初三4班的梅老师正在十分起劲地讲课，忽然学校附近的高音喇叭播起了

1　赵乐人. 处理班级偶发事件的原则要求和语言技巧. 镇江市高等专科学校校报，1999（4）

流行歌曲，有几个同学便随口哼了几句。这下可气坏了梅老师，他立即查问："谁在唱歌？"一连问了几遍都没人承认。于是，他气冲冲地点名训斥了几个平常表现不太好的学生。但是有两个学生不满老师的随意训斥，小声嘀咕了两句，把正在气头上的梅老师惹得更加生气，最后引起了顶撞，原本平静的课堂因为一首歌乱成了一锅粥。梅老师见事态越来越严重，无可奈何下便找来了班主任。班主任在接到梅老师的求助后，不慌不忙地走进教室，眼光徐徐扫视了全班，平静地说："刚才有几位同学思想开小差，或许是无意识地唱了起来，这不能全怪你们，我们教室离喇叭近，大人有时走神也会哼上一两句，这是我们学习的不利条件，我们应该怎么克服呢？"这时有几位同学举手答道："专心听讲。"班主任接着肯定道："对，专心致志，就可以两耳不闻窗外事，一心听老师讲课。刚才有几位同学没这样做，对不对？"只见几位同学低下了头。班主任又继续诱导："问题不是要批评这几位同学，而是看这几位同学有没有克服干扰的毅力，有没有承认错误、改正错误的勇气。"说到这里，几位同学便相继站出来承认了错误。

相比之下，两位老师采取了截然不同的方式去处理问题，也产生了两种不同的结果。梅老师的方法不仅没能解决问题，还使事情越闹越大；而班主任巧妙灵活、顺势处理，用合情合理的话语教育了学生，缓解了矛盾。可见、语言的魅力和沟通的技巧对于解决班级突发事件十分必要。

1. 起因：

师生之间的冲突多发生在课堂上，比如学生上课不听课遭到教师批评、教师训斥不及时交作业的学生等都可能会发展成班级突发事件。是什么导致此类冲突的发生呢？下面让我们先来了解一下这类突发事件的起因吧！

首先，从学生自身来看，中学生正处于青少年期，在心理特征上具有自尊心强、好面子、易冲动、逆反心理强的特点，在心智上还未完全成熟，不能认清一些行为的后果，容易因为一时冲动而做出让自己后悔的举动。

其次，教师自身也存在一定的原因，有的教师片面追求高升学率、追求高分，而忽视了那些成绩较差的学生，让学生产生不满；有的教师管理理念落后，只会用自己的权力来压制学生，强调绝对的纪律、效率、服从，缺乏以人为本的教育理念，容易让学生产生逆反心理，导致班级内部矛盾的产生。

最后，除了学生自身心理特征的原因外，师生之间缺乏有效的沟通，也是原因之一。

2. 策略：

此类事件本身较少带来灾难性后果，但会影响班级内部的和谐氛围，影响教学活动的正常进行。班主任应该及时将这种不良势头遏制在摇篮里，通过自己的人格魅力和语言魅力，以柔化刚，巧妙地处理。

首先，应该秉承及时处理的原则，避免问题更加严重。

其次，为了照顾学生的心理特点，班主任一定要格外注意语言的艺术和技巧，做到既能解决问题、又能让学生心服口服。坚持以教育为主、批评为辅，有针对性地、客观公正地解决问题。不能一发生学生和任课教师之间的矛盾，就认为是学生犯错在先，给予简单、粗暴的处理，这样很容易失去学生对你的信任。

最后，班主任和任课教师都应该注意加强和学生之间的沟通。沟通对一个组织的成长十分重要，它有利于加深成员之间的感情、消除误解、帮助组织早日成为一个团结的集体。对于一个班级的成长来说，有效的、及时的沟通十分必要。

其实，冲突不仅发生在教师和学生之间，很多时候学生和学生之间也会产生矛盾，镜头二就讲述了一个学生之间所发生的突发事件。

镜头二

巧妙化解吵架风波[1]

小王、小林两位同学课间打篮球时发生争吵，互不相让，结果扭打起来。上课进教室时小林恶狠狠地说："你等着，放了学咱俩再算账！"看来，仇恨还挺深的。

正好班主任上语文课，他看在眼里，记在心上，但没有表态，只让他们先好好上课。下课后，班主任在布置下午大扫除时，故意回避他们的纠纷，笑着对他们说："你们两人都喜欢体育、热爱集体、要求进步，中午大扫除，我想让你们俩共同完成刷围墙的任务，怎么样？"不等他们回答，老师又鼓励说："我相信你们一定能出色地完成任务！"这时，两学生的对立情绪已有所缓解，各自默默回家了。

下午劳动时，他们配合默契，很快把围墙刷得干干净净。班主任看见，及时地表扬了他们，并且当着许多同学的面，要他们谈谈干得这么好的感受。小王说："这是小林的功劳，是他从家里带来洗衣粉和刷子。"小林抢着说："小王还从学校附近的亲戚家借来了小桶。"这时班主任欣慰地插上一句："是你俩齐心协力团结得好。"他俩高兴得脸上像开了花，一场风波烟消云散。

为什么平时非常要好的朋友之间也会产生矛盾呢？

首先，由于学生的家庭状况、生活环境等客观因素不同，所以班级里的每个学生在性格、人生观、价值观、兴趣爱好等方面都存在很大的差异，这些差异往往会产生意见上的分歧。而很多中学生不能够像成年人那样成熟地接纳别人的不同观点，容易将意见上的分歧演

1　史铁成，张宝臣，张忠恒. 班主任工作操作策略. 哈尔滨：哈尔滨工业大学出版社，1998

变成生活中的矛盾。

其次，中学生处于心理极具动荡的青少年期，不能控制好自己的情绪，很容易因为一点口头上的误解而发生冲突。

最后，心理失衡也是导致学生之间矛盾的一个重要原因。心理失衡是指个体在对待社会、集体、他人和自己的态度上所表现出的种种非正常的或不平衡的心理趋向，主要包括无端猜疑、忌妒、虚荣心强等不良心理。比如，有的学生不能正确看待其他同学的优秀之处，反而想着去低估、贬损他人的能力，很容易造成同学之间的矛盾。班主任应该将这些"错误"都看成学生成长过程中不可避免的一段心路历程，用学生的视角去看待他们的行为，这样更有利于接近学生的心理状态。在选择处理的方式时也要谨慎、小心，最好是能够像案例中的班主任一样，避重就轻，用轻松、愉快的氛围巧妙地化解学生中的不和谐。有时候也可以适当将问题抛给学生自己解决，这种自我教育的结果往往比教师的说服更加有力。

难道班级交往中的人际冲突仅仅发生在教师和学生之间吗？当然不是，家长对孩子的成长教育越来越关心，让更多的家长进入到学校中来，虽然家长和老师的初衷都是为了学生好，但是也可能在交往的过程中产生一些误解和摩擦。镜头三就讲述了一场老师和家长之间本来可以避免的官司。

镜头三

一场由考试引起的官司[1]

"颜淑华，95分；陈佳芳，91分；黄曼丽，88分……"

英语一向是黄曼丽的强项，可是她在考试中常常粗心大意，这次输给了她心中的对手陈佳芳。黄曼丽想出了叫妈妈来帮她要分数的计谋，看看能否要到3分，至少不输给陈佳芳。后来，黄妈妈在教室内与教英语的翁老师发生言语冲突。校长出于不让事态恶化的考虑，让翁老师让步，改了黄曼丽的英语成绩，可是事情并没有因为改成绩而解决。黄妈妈竟要求翁老师向她道歉并写悔过书，翁老师觉得黄妈妈太过分。而校长竟然也睁一只眼闭一只眼的。翁老师觉得自己教学那么多年了，无论对学生还是对学生家长，都是用心在经营，如今却因为家长的无理要求让自己颜面尽失，说什么也不想再让步，而黄妈妈又以上媒体来要挟，翁老师在孤立无援的情况下只好写了悔过书。

事后，翁老师越想越不对，找了大学同学诉苦，把整件事的来龙去脉说了一遍。在大学同学的鼓励下，翁老师下定决心请了律师将黄妈妈告上法庭，目的是让家长知道尊重的重要性。当黄妈妈接到法院通知时还一直辱骂翁老师，这样翁老师不但有了人证和物证，也让黄

1　林进材，林香河. 老师，你怎么办. 中国人民大学出版社，2010：214

妈妈吃了败诉的官司，被要求赔偿一定的名誉损失，这下子黄妈妈才闭嘴了。

回到学校，校长得知她胜诉了，才开开心心地对着翁老师说赞美的话。想起当时在校长室受辱的过程，翁老师决定调离这所学校，好忘记这场噩梦。

🔍 互动环节

这个案例引发了你怎样的思考？你认为，班主任在这场官司中能够做些什么？

班主任的一项重要工作就是和家长沟通，共同帮助孩子成长，但是在实际交往中，却会出现一些意想不到的小摩擦。比如，有的学生成绩比较差，班主任怎么管都不听，但是学生家长却会认为是教师对自己的孩子不负责任才导致孩子成绩不好；有的学生犯了错，被老师批评，回到家却说是老师冤枉了自己，情绪激动的家长在看到孩子委屈的样子时，很容易和教师产生矛盾。

面对家长的不理解，你会怎么做呢？是放弃自己的原则，完全按照家长的要求去做，还是坚持己见，并想办法得到家长的理解和支持？显而易见，第二种方式更加明智。这时又出现了一个问题，那就是我们应该怎样获得家长的理解呢？首先，作为一名教育工作者，出现问题时，我们要试着站在家长的立场上来思考，问问自己"如果我是家长，会怎么想、怎么做呢？"进而在了解了家长的想法后，班主任要对家长的要求和误解保持一定的耐心，用沟通的技巧晓之以情、动之以理，化解家长心中对教师的不信任。最后，还要注意和家长沟通时应尽量避免学生在场。从而使家长积极配合教师工作，形成教育上的合力，建成和谐的家校关系。

（二）家庭变故造成的学生身心变化

现在让我们将镜头放远一点，看到学生背后的一个个家庭。每个家庭的变化不仅仅影响着学生的成长，也会影响到班主任的工作。家庭主要成员由于突然病故或因意外事故造成死亡或伤残，会给缺乏承受力的学生造成直接伤害；一些有钱有权的父母违法乱纪，被绳之以法，给家庭造成残缺，无端地给未成年的孩子戴上痛苦的枷锁；有的父母触犯法律，最终锒铛入狱，给正在成长的孩子造成了心灵创伤等，其中，父母离异是较为普遍的家庭变故。这些家庭变故，都是学生未曾经历过的，为此，需要给予心理援助，也是班主任应该给予特别关心的问题。下面这个场景颇为耐人寻味。

镜头四

别让爱成为孩子心头的负担[1]

上午谢春宣老师在小学部借班上实验课，我们去听课。课上得很成功，下课临走的时候，谢老师送孩子们每人一个纸头饰。送到最后，发现多了一个。

"老师，把这个送给唐非吧。"

"他没拿到吗？"

"不是的，他爸爸妈妈离婚了，我们应该多关心他。"

"班主任说，凡是好的东西都要先给他……"

孩子们七嘴八舌地说着。一个男孩局促不安地站在那里，旁边很多孩子指着他说："老师，他就是唐非！"

谢老师愣了愣，走到那个小男孩面前，俯下身子问："你和他们一样，不用多给一个头饰的，小非，是吗？"

男孩点着头，脸涨得通红。谢老师和我们一起走出教室。无疑，谢老师的处理是最恰当的：一个小头饰，多一个有什么用呢？更何况，谢老师说得好：他和别的孩子是一样的，不用多给。

家庭变故不仅包含父母离异这一种情况，它主要是指家庭成员意外伤亡、父母离异、入狱等非正常的，学生主观意愿难以左右的家庭结构变化。家庭变故会给学生带来思想与学习上的负担、生活上的冲击，对学生身心的健康发展等方面产生很大的负面影响。家庭变故的原因往往不是人为控制的，所以，我们能做的就是对发生家庭变故的学生，给予更多的关心和爱护，帮助他们早日走出心里的阴霾。苏霍姆林斯基曾经说过，"要像对待荷叶上的露珠一样小心翼翼地保护学生幼小的心灵，晶莹透亮的露珠是美丽可爱的，但却十分脆弱，一不小心，就会滚落破碎，不复存在，学生的心灵，如同脆弱的露珠，需要老师的倍加呵护。"[2]

关注孩子一天的成长容易，一直保持对孩子的爱却很难。一些教师从业多年后容易产生职业倦怠，逐渐对学生、对教师职业失去了往日的热情。"每日三省吾身"是保持工作热情的有力助手，试着每天早上醒来的第一件事不是睁开眼睛，而是想一想班级里孩子们的每张笑脸，同时问一问自己"昨天给孩子们带去爱和感动了吗？今天一定要带着希望去关注每一个学生"！

---

1 郑学志. 班级管理60问. 上海：华东师范大学出版社. 2012：195
2 苏霍姆林斯基. 给教师的建议. 杜殿坤，译. 北京：教育科学出版社，1980

总的说来，作为一名合格的班主任，不仅要处理好班级的日常事务，也要积极关心学生心灵的成长和变化。带着对学生的爱去关注每一个学生在成长过程中可能出现的困境，并帮助他们走出困境，是教师拥有崇高师德的体现，同时也会给班主任带来学生的信任和爱。

（三）打架斗殴等校园暴力事件

镜头五

核心提示：3月17日至4月9日，短短二十几天的时间内，广东发生了多宗校园暴力事件。学生和专家认为，校园暴力频现是因为校园的不良风气，学生和家长的沟通匮乏以及学校事先没有防备等原因共同造成的。

3月17日，由于同学打架而招致报复，遂溪县乌塘镇乌塘中学发生一起歹徒闯校园殴打学生事件，造成15名学生不同程度受伤；

4月5日，南海九江中学校内一座山上废弃的防空洞内发生割喉案，一名高三男生怀疑同班女同学造谣将其杀死；

4月9日，因为与同学发生口角，陆丰一名初二男生将硫酸泼向同学，造成18人不同程度受伤。[1]

打架斗殴，主要是指在校学生间发生的形形色色的打斗事件。打架斗殴是学生之间矛盾没有及时得到解决而引发的后果，是学生之间矛盾冲突的升级。

这个镜头让我们看到了孩子们"魔鬼"的那一面，为何曾被形容为"天使"的孩子能做出如此让成年人都咋舌的暴力行为呢？其实，引发校园打架斗殴事件的原因很多。首先青少年做事爱冲动、好面子、易受环境影响等心理特征都可能会酿成打架事件，有时候一点小小的矛盾纠纷处理不当都会造成严重的后果。其次，现代社会中一些暴力因素渗透到了学生的生活中。有的学生从影视作品上看到了一些打打杀杀的场面，不禁被这种情景所诱惑，认为那样做很"帅气"，在缺乏正确指导的情况下，走上了学习模仿之路。这些原因都使校园暴力事件不断发生，并有越来越升级的趋势。

打架斗殴属于性质比较恶劣的突发事件类型，不论导致此类突发事件发生的原因是什么，首先打架斗殴行为是应该在校园内严格禁止的。并且，这类事件比前两类事件造成的后果更加不可设想，严重的可能会造成学生身体上的损伤，甚至死亡。所以，在处理这类事件

---

1 广东：发生多宗中学校园暴力事件. [EB/OL]（2010-04-21）http://news.163.com/10/0421/11/64PQF339000146BD. html

时要以预防为主，在平常的班会中告诫学生不要参与打架斗殴，有事好好说，解决不了的问题也可以找老师解决；同时说明打架会造成的后果，比如身体上的损伤、家长的担心等。当暴力事件发生后，班主任要第一时间赶到现场，首先查看有没有人员受伤，有的话应立即送医，没有的话要查明事情的原委，然后再按事情的原因严肃处理。

（四）校园安全事故

镜头六

2010年4月19日上午，陕西省汉中市、安康市约200名中小学生在引用学校配发的早餐奶后，因出现食物中毒症状被送往医院治疗。19日上午，汉中市勉县新街子镇王家坪小学部分学生在引用了早餐牛奶后，出现胃部疼痛、呕吐等症状，立即被送往当地医院进行治疗。随后附近几所学校的多名学生也出现类似症状在医院治疗。据统计，在勉县有超过百名学生出现食物中毒症状就诊，大部分症状较轻，有27人留院观察。[1]

镜头七

2009年12月7日晚9时10分，湖南省湘乡市育才中学（民办）下晚自习时教学楼楼梯间发生严重拥挤踩踏事故，8名学生死亡，26名学生受伤，其中3人重伤。[2]

校园安全是一个永恒的话题。中学生非正常死亡的原因很大一部分来自校园安全事故。所谓校园安全事故是指发生在校园内、或是在学生正常上课期间发生的导致学生身体受到伤害、甚至造成死亡的突发性事件。种类包括：交通事故、溺水、中暑、火灾、食物中毒、倒塌伤害、踩踏伤害、触电伤害、活动伤害、暴力伤害、自然灾害等。

校园安全事故属于性质最严重的突发事件类型，一经发生，很有可能会造成学生身体损伤甚至死亡。学校是学生除了家庭以外的第二个社会化场所，学生大部分时间都是在学校里度过，所以，校园安全不得不引起人的高度重视。

近几年由于校车事故频发，教师虐待学生事件等常见于报端，学生在校安全引起了广泛关注，也给从事教育行业的我们敲响了警钟。校园安全事故既包含旧的类型——食物中毒、溺水、中暑等，也包含有新的种类——校车事故、社会人士闯入校园伤害学生等。这类突发事件的处理对班主任提出了更高的要求，它不仅仅需要班主任依靠教育的智慧，更需要班主任了解相关的确认事故责任的法律法规，以及一些医学上的急救办法。在这里，我们给校园

1　2010年全国部分校园安全事故案例[EB/OL]（2011-04-12）http://www.njyysf.net/oa/article/view.aspx?id=22937
2　校园安全事故案例[EB/OL]（2012-04-27）http://blog.sina.com.cn/s/blog_4c6ae6d50100ykwa.html

安全事故的应对和预防提出一些意见，供阅读者参考。

1. 预防

《中华人民共和国突发事件应对法》第三十条规定：各级各类学校应当把应急知识教育纳入教学内容，对学生进行应急知识教育，培养学生的安全意识和自救与互救能力。教育主管部门应当对学校开展应急知识教育进行指导和监督。在校园安全事故的预防中，班主任要做到细心、耐心、并始终抱有一颗防患之心。首先，要在班会中时常告诫学生：坚决不乘坐有安全隐患的车辆、不到陌生水域游泳、不在宿舍内使用明火、不到流动摊点购买食品、体育活动时注意自身安全、下楼梯时不要拥挤等，让学生远离危险因素。其次，班主任要在全校会议上，为校车安全、食品安全和校园建筑安全等问题出谋划策。对于自然灾害类突发事件，班主任应该联合学校或相关单位，组织学生进行火灾、地震等突发事件的逃生演习。

2. 处理

发生校园安全事故后，班主任一定要做到沉着应对，按照以下事故处理程序采取相应措施：

（1）救助义务：发生学生伤害事故，学校应及时救助受伤害学并应及时告知成年学生的监护人；有条件的，应当采取紧急救援等方式救助，联系法律顾问或其他有经验的律师；

（2）及时通知学生家长，共同对抗突发事件；

（3）报告主管部门，班主任报告给学校，学校报告给上级教育行政机构；

（4）按照法律法规进行责任认定，依法妥善处理事故；

（5）向上级报告处理结果。

仅仅知道这些还不够，这里还搜集了一些和校园安全相关的法律法规以及急救措施，希望成为班主任的你在学习这些技巧后，遇到此类突发事件时，能够做到沉着、冷静。（见附录1、2）

通过上述镜头的再现，你可能对班主任的工作有了更进一步的了解。小到拌嘴吵架、大到人员伤亡，班主任要应对的突发事件可谓包罗万象。在学习过程中，你有没有将自己置身于这一个个真实的教育情景中，积极思考对策呢？你可能会觉得没有头绪，在这样的事情面前显得非常无助。没关系，在这里我要告诉你的是：你不能选择什么时候发生突发事件，也不能选择发生何种突发事件，但是你可以选择用何种方式去应对它，这就是接下来的内容。

三、指导——处理突发事件的原则

用通俗的话来说，原则就是告诉你哪些事适合做，哪些事不适合做。而弄明白什么是适合我们的，也就是分辨好坏，正是所有人都在试图寻求的能力，当然也包括班主任。在明确了原则的概念后，我们可以肯定，经过长期的摸索和发展，班级突发事件的应对已经积累了一系列切实可行的原则，可供我们适当参考、灵活运用。这些原则是长期班级工作实践经验的总结，反映了处理班级突发事件的一些基本规律。掌握这些原则后，才能在处理突发事件时做到有理有据，有所为而有所不为。

（一）教育性原则

教育性原则是由我国社会主义学校教育的地位和任务决定的，同时，它也从根本上体现了尊重学生主体性的要求。教育性原则是处理突发事件时最重要的一条原则。这一原则要求班主任在处理班级突发事件时要坚持以说服教育为主、以理服人。要以教育学生为最终目标，而不是以惩罚学生为目的。要尊重学生的人格，不能翻老账，不能用惩罚的方式孤立学生，更不能贬损挖苦，使本来处于紧张状态下的学生，感到失去了老师的信任，失去了班集体。

从教育性原则着手，首先要在教育过程中讲究语言的艺术。避免使用过于情绪化的、严厉的批评，给予学生极大的宽容和耐心，循循善诱达到教育的目的；避免老一套的说理方式，使用生动、幽默的话语，更能让学生领悟班主任的用心良苦；避免给学生"戴帽子"，说出伤害学生感情的话，每一句话都要体现出班主任对学生的爱，用深厚的感情来增强教育的效果。

其次，不能对所有的班级突发事件都定性为学生犯了错误，从而用简单粗暴的方式来解决。而是要在深入调查、分析的基础上，得出解决问题的方案，达到教育学生的目的。

最后，不能对突发事件不管不顾、听之任之。许多突发事件实际上反映了学生身心发展过程中出现的问题，班主任必须及时遏制这种不良因素，避免学生在犯错的道路上越走越远。总而言之，一切都应该以积极教育为手段，以学生的全面发展为最终目标。

🔍 工作案例

再见，0分！[1]

王同学是初一学生，成绩很差，各科成绩从没超过60分，任课教师都认为他是一个"低能儿"，不可救药。数学期中考试的时候，他根本没做答卷，而是在数学试卷上写下了一段话："0分我的好朋友你在慢慢地向我靠近0分你如此多情难道你也把我当着一个无用的人不我不是一个无用的人我是人我也有一颗自尊心再见吧0分。"

监考老师面对着这份无标点，错别字连篇、字迹歪歪扭扭的"答卷"，气愤至极，他把这位学生揪到办公室交给了班主任。班主任当即让这位学生读了这段话，并帮他修改了错别字，然后又指导他重新组织以下一段文字："零分，我的好朋友，你在慢慢地向我靠近。零分，你如此多情，难道你也把我当成一个无用的人？不，我不是一个无用的人，我是人，我

---

1 面向21世纪中小学班主任培训教程. 编委会. 面向21世纪中小学班主任培训教程. 北京：知识出版社，2000：91-92

还有一颗自尊心，再见吧，零分。"班主任说，这段文字是诗，一首很好的诗。一番话，说得王同学的脸上露出了笑容。看他那高兴的样子，班主任评价说，诗贵形象，这首诗是形象的；诗有情，诗有志，从这首诗中可以看出王X是不甘与零分为伍的，这正是言情言志。"这是诗？我也能写诗？"王同学高兴地喊了起来，没想到老师会这样评价他的那段文字。班主任又真情地、实事求是地分析了他的缺点和优点，并鼓励他正视自己的不足，同时要求他看到自己的长处，发扬优点，克服缺点，努力把学习赶上去。

（二）针对性原则

针对性原则是指在处理班级突发事件时，应该做到具体问题具体分析，对待不同的事件要采取不同的处理方式。比如对待打架斗殴此类事件，班主任不应该"一棍子打死"，要在弄清楚事件的性质之后再去着手解决问题：对以强凌弱、以小欺大的学生，则应严肃批评教育，有的还需要通过班集体，在集体正确舆论的支持下，进行集体教育；对保护弱者、主持公道的，首先要肯定他对的一方面，同时教育他不应参与打架，不该违反日常行为规范和学生守则；对于被打而起来反抗还击的学生，则应该根据其个性特点和具体情节，对他适当进行教育。

再比如，在中学生偷窃问题上，可能存在两种情况，一是学生认识不到偷窃行为的严重性，将"偷"当作"拿"，二是学生本身有"拿"别人东西的习惯，对于两种不同的情况，应该采取不同的处理方法。首先，第一种情况的原因可能是学生没有确立正确的行为观，家长也忽视了这方面的教育，导致他看到喜欢的东西时便想到要拿回去自己"独享"，在内心里并不认为那是偷盗行为。此时，班主任要以教育为主，树立学生正确的观念，告诫他这种行为的不当和可能产生的严重后果，督促他以后彻底改掉这种行为。对于第二种情况，班主任要严肃对待，以教育为主、批评为辅。但是也要注意不能在处理的过程中带入过多自己的主观情绪，每个学生都具有可塑性，不是天生就带有坏习惯、坏毛病，教师可以用自己的方式和魅力去改变一个人。对于那些批评之后还屡教不改的，班主任可以酌情告诉家长。需注意，很多家长在知道自己孩子有不良行为习惯后，可能会由于羞愧产生打骂孩子的现象，反而不利于问题的解决。班主任就要对家长晓之以理、动之以情，说明事情的利害关系，让家长积极配合教师的教育，共同鼓励孩子早日改掉陋习。

（三）因材施教原则

正确的教育决策需要大量心理学知识的支撑，班主任工作亦是如此。依据学生身心健康发展的客观规律进行科学合理的教育，使每个学生都能得到全面发展，是我国教育目的的基本要求。因此，班主任在处理突发事件时，不仅要考虑到事件性质不同而给予具体问题具体分析，也要考虑到不同学生的性格特点和年龄特点，有针对性地采取不同的处理方式。

比如，男女生的性别差异应该得到充分重视，同样一件事，男生用严厉批评的方法去解决可能效果很好，但换成女生就会产生另一种后果。同样是批评教育，对性格"外向"和性格"内向"的学生就要采取不同的处理方法。性格"外向"的学生虽然情绪发生快，但是只要认识到自己的错误，就比较容易接受老师的批评和意见，并不会放在心里很长时间。但是性格"内向"的学生则不同，他们虽然嘴上不明说什么，但要使其心服口服，确实需要做大量的耐心细致的思想工作。同时，中学生一般都具有很强的自尊心，在遇到突发事件时要注意不能和他们"硬碰硬"，你一定要给他们留有改正的余地和空间，如果学生能够自己改正错误也可以不再追究；对于好冲动的学生，要巧设"台阶"，给他们主动认错的机会，不能只一味采用惩罚的方法来处置。

因此，在处理某些突发事件时，既要注意针对学生的一般特点，考虑到学生集体的年龄特征，同时又要考虑到个别差异，做到因材施教，方能收到良好的教育效果。

🔍 工作案例

"宽容"的魅力[1]

刚开完班主任会，心里非常牵挂着教室里的学生，不由得加快了脚步，还没有进教室，就听到了一片吵嚷声。推门一看，教室里乱成了一锅粥，有离开座位的，有吵吵的，把几个小干部忙得团团转。我刚进门，几位学生就站在我面前，一齐告苏松林的状，说苏松林打吴明杰。我心里那股火真的窜到了头顶，声音马上提高了八度。"苏松林，过来。"我的声音严厉中透着生气。苏松林来到我的面前，刚想说什么，我马上就说："闭上你的嘴，站在那儿。"他望着我，一副准备挨批评的架势。

苏松林是我班上比较调皮的一位学生，平时，不管我怎么批评他，他都摆出一种爱理不理的态度。望着他眼巴巴看着我的样子，我想：何不换一种方式呢，也许会收到更好的效果。

我努力使自己平静下来，没有责备任何一位学生，用柔和的口气说："我真不愿看到我们班是这个样子，但我想，苏松林打吴明杰一定有他的理由。苏松林，给大家说说为什么好吗？……"

后来，苏松林主动地承认了自己的错误，并向同学们道歉。今天的他没有往日挨批评的沮丧，而是有些开心，对同学也特别有礼貌。

---

1 "宽容"的魅力[EB/OL]（2007-10-17）http://www.fyeedu.net/info/73617-1.htm

（四）公平公正原则

有一个问题可能困扰着每一个班主任，那就是一个好的教师到底意味着什么?这里我们给出的答案是，好的教师一定相信每个孩子都能成为一个好人，善于跟学生交朋友，关心学生的快乐和悲伤，了解学生的心灵，并且时刻都不忘记自己也曾经是个孩子。热爱并且关注学生，是实现公平公正原则的前提。

班主任的工作就是和学生、家长、以及任课老师打交道，在处理人际关系中，很容易带入自己的个人喜好，比如有的学生学习成绩优异很受你喜爱，有的学生经常犯错误就会让你头疼。时间一长，这些好恶都会在班主任心目中形成一种定式，如果将这种定式带入突发事件的处理中，往往会影响班主任的客观判断。有时候，你很容易联系"平时表现"感情用事，急于表态，后果往往是是非不分，造成误断错断，也会对学生产生很坏的影响。有的学生可能已经有了改进的愿望，但是班主任和授课教师还是用老眼光去看待他，甚至不做坏事也会被怀疑、被无故批评，因而造成一些学生自暴自弃，错误越犯越严重。

亚里士多德曾说："公正本身就是一种完美的德行，它不是笼统一般，而是相关他人的。正因为如此，在各种德行中，人们认为公正是最重要的。"[1]具体到特定的突发事件上，一定要以事实为依据，在认真调查事件的基础上下结论，不能有偏袒和歧视。当学生与学生发生冲突时，避免偏爱优等生、班干部和家庭条件更优越的学生；当任课教师和学生发生冲突时，避免偏袒教师；当班主任自己和学生发生冲突时，也要注意时刻审视自己的行为有无不当，给予学生宽容的态度。

🔍 **工作案例**

公平——教育的美德[2]

周日傍晚6点左右，手机突然响起，电话里很吵，依稀听到了益西旦增的声音："毛老师，班长偏心，把我们组放在了教室的后面，我们看不清……""老师，他们太自私了，不顾其他同学，不服从安排，顶撞我，还想打我，这个班长我不当了……""老师，你在哪里？快点来学校吧，班级乱成一团了……"副班长旦增央卓带着哭腔焦急地说着。我的心提了起来，不知发生了什么事。

预科三班的教室，晚自习出奇的安静，第五组的组员们紧张不安地看着我，好像感觉到了暴风雨的到来。我先问明了事情的经过，原来为了有利于小组成员互相帮助和督促，班长在重新安排座位时，把第五组中两个视力略差、个子却很高的组员安排到后面，组长向班长

1　亚里士多德. 尼各马可伦理学. 廖申白，译. 北京：商务印书馆，2009

2　毛正宏. 应对班级突发事件应遵循的几个原则. 中国民族教育，2010（5）

提意见的时候，班长说："你们考虑下其他同学，有意见去跟毛老师说。"结果双方在给我打电话时发生了争执，差点打架，场面当时很混乱。

了解了事情发生的原因后，我心里突然有了主意，"哪位同学愿意把自己的座位和那两位同学对调一下？"坐在第一排、全年级个子最矮的女生旦增卓嘎站了起来，"老师，我眼睛好，坐到哪里都可以，把我的座位让给他们吧。"顿时又有同学站起来了，陆陆续续、越来越多，最后除了第五组，其他同学都站了起来，都用坚定的眼神看着我。第五组的几个学生渐渐低下了头，不敢看我。我趁机教育他们什么是集体利益，什么是个人利益，并告诉他们班长向我辞职了，那几个学生的头更低了，眼睛也红了。他们向我提出要去向班长道歉，请他原谅，让他继续做班长。我允许了。

周一的晨会课上，事件的当事人在全班作了检讨，特别是益西旦增，更是诚恳地在周记里写到班长在他心中的形象，心服口服，并说自己愿意支持班长，协助他一起管理好班级。最后班长和这些同学握手言和，教室里响起了雷鸣般的掌声。

（五）启发性原则

班主任工作面对的是一个个有血有肉的个体，个体在接受教育时不是消极被动的，而是主观能动的。处理突发事件尤为重要的一条原则就是要随时注意启发学生改正错误的自觉性，学生自我教育能够更深入地认识到错误。再拿班级内部的偷窃事件为例，班主任在处理时如果随便给学生冠上了"小偷"的罪名，将会给这个学生今后的生活带来不可磨灭的影响。正确的做法应该是以启发教育为主，不用着急下结论。首先在全班同学面前讲出偷窃行为的错误之处，以及可能给丢东西的同学带来的伤害。调动学生接受教育的内驱力，让学生充分认识到自己所犯错误的性质和危害，引导他依靠自身的积极因素去克服消极因素。

🔍 工作案例

君子爱"笔"取之有道[1]

几年前我还在初中做班主任，有一次，班上的一个女生小红伤心地告诉我，她爸爸给买的一支崭新的钢笔第一节课间时不见了。同学们听到班里出现这种不光彩的事，都纷纷提出："搜书包，准能查出是谁偷了钢笔！"

而我此时的心情比学生更不能平静：一个先进班，竟然发生这种不能容忍的事！要揭露偷笔的人确实不难，只要一个"搜"字出口，估计就可水落石出，可是，那将会出现什么后果呢？我当时心很乱，自己先静下来思考了一会儿，并将事情告诉了一位老教师，他教了我

---

[1] 潘琴. 运用教育机智正确处理班级突发事件. 二十一世纪教育思想文献，2007（1）

冷静处理的方法。于是我先让全班同学唱了两首歌，在学生唱歌的时间；我使自己的心情平静下来，认真思考着并注意观察班里同学的表情和内心的反应。不久，我心里有了谱，便对学生说："可能是哪位同学太喜欢那支笔，拿来看后没有及时送还，老师相信这位同学会很快将笔送回原处的，当然也可以直接送给我，我会替他保密的。"接着，我又讲本班同学拾金不昧的事迹，然后指出：犯错误不要紧，改了就是好学生。

果然，下午上课前，班上的一位男生见我一人在办公室时，悄悄地递给我那支钢笔，并讲清了事情的经过，做了深刻的检讨，保证今后不再犯。"钢笔失窃"的事端也就被巧妙地平息了。

（六）有效性原则

教育的关键在"育"。每一个学生都是需要精心呵护才能茁壮成长的小树苗，班主任的任务是促进学生的全面发展。因此，在处理突发事件时一定要考虑到处理的效果好不好，学生能不能够接受，会不会影响学生的身心健康发展。而现实中有的教师只看结果、不问过程，处理事情全凭训、骂、压、罚等简单又粗暴的方式；有的教师容易主观武断，有时不加调查就轻率作出结论；还有的教师经常批评学生，想起来就"训"，让学生产生一种一听班主任"说话"就烦的心理等。这些处理方法都忽视了学生在教育中的主体地位，压制了学生的话语权，非但不能使问题得到较好解决，往往还会使学生形成一种"逆反心理"。

所以，班主任在做出决策前，首先要想到效果如何，要用"育人"的眼光去看待事件，要用"发展"的眼光去看待学生。尊重是双方的，只有以耐心和爱心去对待学生，才有可能赢得学生的尊重。同时，也要将马克思主义的辩证法融汇到教育实践中，用一分为二的眼光去看学生，努力发现学生身上的"闪光点"，"鼓其信，励其志"，这样才会使突发事件的处理达到事半功倍的效果。

🔍 **工作案例**

左后右手[1]

一名成绩差的学生，在老师提问时总是和其他同学一起把手高高举起，而老师真让他回答时，他却偏偏"卡壳"。老师每次都要帮助他寻找合适的理由，让他体面地坐下。这样几次以后，老师和他有了一次私下谈话："怎么了？会还是不会？"

"不会，"学生低下了头，"我成绩不好，同学们都取笑我。我如果不举手，他们会更笑话我了。"

1　齐学红. 今天，我们怎样做班主任——优秀班主任成长之路. 上海：华东师范大学出版社，2006:109

老师沉思片刻，说："我们这样约定：你没有把握时，就举右手；你有把握时，就举左手。你看好不好？"

学生感激地点点头。

几天以后，老师惊喜地发现他举起了左手，就点了他回答，他回答得非常流利正确。同学们感到惊讶的同时，投向他的目光里充满了赞许，老师也抓住时机表扬了他的聪明。以后的日子里，那只充满自信的左手频繁地在课堂上举起。

这里有一个问题要引起我们的注意。班主任工作不可避免地要对学生使用惩罚和表扬，那么，如何才能让这些惩罚和表扬达到最大化的教育效果吗？事实上，惩罚和表扬是一门艺术，有时候，换一种处罚也能带来意想不到的结果。让我们来看看下面这个班主任对学生的惩罚方式吧。

🔍 工作案例

"惩戒通知单"——另一种惩罚[1]

学生恶作剧并导致师生矛盾、生生矛盾的，也属于班级交往中发生的矛盾冲突。如果这种冲突并没有造成严重的后果，班主任可以采取"惩戒通知单"的方法来达到教育学生的目的，既显得班主任有"人情味"，也让学生更乐于接受这种惩罚。示例如下：

XX同学：

今天下午上课时，你故意用脚拉开前排同学的椅子，导致XX同学摔倒在地。虽然最后并没有对那位同学造成身体上的伤害，却使他的心灵遭受了打击，并且严重影响了课堂纪律。你的行为已经违反了我们的班规第20条，为使你进一步认识到自己的错误，养成良好的行为习惯，请从以下惩戒方式中选择一条，并在班级纪律检查委员会的监督下认真接受惩罚。

◆说明情况，向那位摔倒的同学和全班同学道歉，争取同学们原谅。

◆写一份呼吁同学们认真读书学习、不要恶作剧的倡议书，在班级内张贴宣传。

◆完成一份违纪心理剖析，并在班级中宣读。

◆为同学们唱歌，活跃一下班级气氛。

◆到操场上跑步3圈，强化认识。

（七）协调一致原则

协调一致原则主要是指班主任的工作一定要顾及学校、家庭、社会环境等多方面的因

---

1 傅建明，胡志奎. 班级管理案例. 广州：广东教育出版社，2009:67

素，形成教育上的合力。教育是一项整体性工作，需要学校、家庭、社会的共同努力，不能仅靠班主任一个人的力量。在处理突发事件时，班主任应该征求家长和学校的意见，以求让各种教育力量相互协调配合。如果班主任对突发事件的处理方式，不能让校长和家长理解，导致他们的不配合，那么对学生的教育力量就会产生互相抵消的作用，直接影响教育的效果。因此，班主任要多和校长、家长沟通，向他们说明自己的想法，获得他们的支持，形成对学生连续不断的一致性教育。

（八）依法处理原则

有些形成较严重后果的突发事件，如致伤致残，主观上当事人都没有考虑到后果，但是客观上形成了住院治疗的后果，谁来支付医药费？当事人有无支付能力？这就应该视事件的性质逐级上报，以求得到上级的指导。班主任首先应该报告给校长，有些问题单靠学校也难以处理，于是就要报告给有关部门，如公安、司法等部门予以协调，以求处理结果做到在法律法规上有依有据，当事双方都能接受。

这里给出的八条原则只是提供给你一种关于什么该做，什么不该做的一般性标准。其实，我更愿意称它为"班主任处事艺术"，如果你用心学习，并将这些"艺术"内化到自己的认知结构中，才能够在实际操作的层面去熟练地运用它，这也就是下个部分我将要告诉你的内容——关于处理突发事件的实际操作艺术。

四、操作——处理突发事件的方法

处理班级突发事件既有要遵循的一般性原则，也有可以灵活运用的具体方法。所谓方法就是告诉你一些具体的做法，让你不至于在突发事件发生时手忙脚乱。但是，火可以用来取暖，也可能烧死人，水可以解渴，也会把人淹没，方法的使用讲究的是具体问题具体分析，不论采用何种方法，都要与当时当地的情景相匹配，避免生搬硬套。

（一）冷处理

冷处理就是指对于有些突发事件，班主任不应急于表态，急于下结论，而应该保持头脑的冷静、情绪的镇定，冷静观察、沉着分析当时当地的情况，通过充分的调查了解和对事件中的学生进行说服教育，使学生自己对问题本身有了基本正确的认识之后，再做出结论和处理。

人有喜、怒、哀、乐，七情六欲，面对扰乱课堂纪律，妨碍正常课堂秩序的学生，很难做到不生气。如果你在听到授课老师的"诉苦"后头脑发热，任着性子蛮干，就会使矛盾更加激化。苏联教育家马卡连柯曾经忠告过这类班主任："不能克制自己的人，就是一台被损坏的机器。"突发事件往往伴随着学生情绪的激动，如果以强硬的办法进行处理，就会火上浇油，不仅不利于问题的解决，相反会促使矛盾进一步激化。班主任首先是要"降温"，要缓和情绪，不要粗暴地把学生推到矛盾的对立面，使他们产生更强烈的抵触情绪。要给学生留有余地，运用教育机智，以温和、平缓、理性的言语对付激化的场面，这样就创造了较为缓和的气氛。这种缓和的气氛会给你增加更多思考的时间，让你有时间去找到解决矛盾冲突的最佳方式。充足的时间也能让当事学生冷静下来，达到学生自我教育的目的。当然，班主任也不能不做处理，不能拖到不能再拖时处理。要选择最佳时机，以学生对事件的醒悟和对问题发生的原因、过程、责任等完全弄清楚时处理为宜，妥善地解决班级内部矛盾。

🔍 **工作案例**

上帝为谁流泪[1]

记得那天下午，身为班主任的我出去听课了，临近放学时，我们班的英语老师来向我"倒苦水"，说是我们班一位同学下午上课时公然和她顶嘴，让我狠狠教训教训那个孩子。我所带的这个班是全校公认的好班，学生乖巧听话，是谁竟然公然和老师顶嘴？我连忙询问事情的经过，原来是英语老师上课拖堂后，又布置了较多的课堂作业，让学生课间完成。班上同学都很有意见，在下面不停地埋怨，其中XX大声叫了一句："已经拖堂了，就不要再布置课堂作业了！"全班同学马上响应，这让在讲台上布置作业的老师很难堪，立刻质问那个学生："你胆子怎么这么大？"学生"顶"了一句："我不是胆子大，我只是说了大家都想说的话。"听到这里，办公室里的老师个个"义愤填膺"，说我们的那位同学实在是太不应该了，要好好教育。当时的我虽然也觉得老师拖堂且把原属于课堂完成的作业放到课后布置有点不妥，但学生一时冲动，这样的"直言不讳"也的确太过火了。于是，我很快找到了那位学生，首先给孩子一个"台阶"下："XX，今天下午纪老师不在，你有什么事情要告诉老师吗？"原本想着学生一定会顺着我给的"台阶"下来，"如实"交代事情的经过，并诚恳地承认自己的冲动，请老师原谅。谁知，学生却问了我一句："纪老师，你看过《上帝为谁流泪》这篇文章吗？"我一下子愣住了，看来事情远不止我想的那么简单，它不是一个孩子一时的冲动。我马上镇静下来，请他把这篇文章的内容说给我听听。文章讲的是：五年级的一个好学生发飙了，壮着胆子质问老师："国家规定不许强迫订教辅读物，你为什么让我们订好几本？国家规定五年级小学生的作业量不许超过一小时，为什么你布置那么多，让我们很晚才能睡觉？……"结果，这个抗议者被老师狠狠地训了一顿，小小"起义"被吐沫星子镇压了下去。起义者面壁思过后，泪眼婆娑地向老师道歉并承认错误。文章结尾作者有感而发：

1　纪璐仙. 上帝为谁流泪——一件班级偶发事件带给我的思考. 教育教学论坛，2011（35）

"中国的大多数人只会沉默，剩下的少数人思考并痛苦着。曾看到一句话：人类一思考，上帝就发笑。反之，人类不思考，上帝就哭泣。上帝也许为中国人的懦弱与沉默流了太多的眼泪吧？"介绍完文章后，学生补充了一句："所以我觉得今天我没做什么错事，我只是不想做一个让上帝落泪的人！"一番思考之后，我和学生进行了几方面的交流，首先我肯定了学生给我介绍的文章是一篇精彩的文章，接着在他对我信任的基础上，我讲出了英语老师做的不对的地方，最后给他提出了建议，下次遇到这种事情应该用正确的方法去解决，可以举手和任课老师商量，也可以求助班主任。谈话结束后，学生的心态摆正了，我又在课堂上让全班同学都来谈一谈各自的想法，同学们各抒己见，精彩纷呈。这件事情得到了妥善的处理，也让孩子们学到了很多东西，更带给我很多的思考。

（二）变退为进法

许多突发事件，事情本身并不大，但也需要班主任进行一定的处理。此时，你可以不用急于解决问题，惩罚犯错误的学生，而是运用语言的艺术巧妙地反过来把事情抛给学生处理。比如一位班主任是这样处理学生打破玻璃的突发事件的：我班程裕同学体育课球赛时因一时冲动，用球撞击教室玻璃，玻璃被打得粉碎。怎么解决这一突发事件呢？是不是停下球赛去处理，立即批评？这时，我变退为进，将这个事件交给学生："球赛继续，问题下课处理。"下午，我走进教室，碎玻璃已经被打扫干净，窗户上也安上了新玻璃。私下问问，是程裕同学认为自己太冲动、鲁莽了，中午自己配上了新玻璃。如果急于当场处理，学生一时碍于情面，思想转不过来弯，往往会造成意想不到的局面。以退为进，不是不处理，而是充分地相信学生，引导学生自我教育、自我管理，从而达到自我提高的目的。

（三）移花接木法

移花接木法就是指班主任利用学生身上的某个"闪光点"，根据学生注意力容易转移的特点，巧妙地把突发事件的处理转移到另一件事情上去。作为班主任，一定要深入了解班里每位同学的性格特点，尤其要关心那些性格内向、学习成绩并不出色的同学，因为他们最需要老师的关爱。班主任的关爱，有时候会改变学生的一生。比如，一位班主任所带的高一某班，有位女生性格特别内向，学习成绩也不好。一天早晨，她给班主任打电话说，她不想上学了，随后就把电话挂掉了。下班后，班主任和几个班干部去她家，原来她的父亲出车祸丧生了。"多么坚强的孩子啊！为什么不在电话中告诉老师呢？"在她悲伤的日子里，班主任几乎每天都去看她、安慰她、鼓励她、直到她考上了大学。可见，班主任对遭遇家庭变故学生的关爱具有多么重要的作用！这种方法的适用范围很广，当你在处理突发事件时，发现有的学生虽然犯了错误，却勇于承认错误、及时承担责任，也可以采用这种方法，让学生暂时"忘记"曾经犯错的经历，在教师的鼓励下全身心投入到学习中。

（四）幽默化解法

班主任有时候也可以对突发事件产生的尴尬局面，采用幽默化解的办法来化解矛盾。这种方法多用于那些注意力不集中、思想开小差、行为容易走极端的学生身上。例如，一位班主任在"支教"时由于对当地土话产生误解，使一位同学受了委屈，这位同学当场辩解，课堂里的气氛顿时紧张了起来，班主任马上说："经调查，我对这位同学的指控不能成立，我撤销原判，为某同学平反昭雪。"然后，他把目光转向其他学生，认真而诚恳地说："今天我批评了某同学，是因为自己没有听懂他的话，错怪了他，为此，我向他表示歉意。"全班同学看到老师这副"严肃"道歉的模样，都不禁笑了起来。这位班主任通过使用法律公文体的夸张语言营造了幽默的氛围，顺利地为自己解了围。幽默化解法体现了班主任的教育智慧，也体现了班主任控制自己情绪的能力，有些时候，和学生之间适当的玩笑并不会降低自己在学生心中的威严，反而会拉近和学生之间的距离。

（五）当机立断法

当机立断法就是在班级突发事件发生的紧要关头，班主任应该立即做出决断，采取有效的紧急措施，控制事态的发展。这种方法适用于处理学生打架斗殴、突发疾病控制以及其他发生生命安全事故的突发事件。这类突发事件情况紧急，不容迟缓。处理时，班主任应该表现出应有的办事魄力，当机立断，绝不能拖泥带水，延误时机。班主任迅速果断地做出决策，对于助长正气、增长信心、防止事态的严重化起着至关重要的作用。

🔍 **工作案例**

该批评时当批评[1]

去年，我带一个差班，刚接班，一个学生下课时与同学发生争吵，并拿出匕首用劲插在桌子上，对这位同学进行威胁，而且口出狂言。这一场面被正准备上课的我发现了，我当即对这位学生的凶暴行为进行了严肃的批评，并当场缴获了"凶"器，还让他当着全班同学的面交代匕首的来历，且当场向被威胁的同学赔礼道歉。随即我与家长联系，发现这个学生在家中也有过类似现象，为了这个孩子的健康成长，我和家长跟踪教育了一学期，直至该学生心服口服为止。

总之，处理班级突发事件要因时制宜、因地制宜、因人制宜。与班主任的日常工作相

1　姜希网. 处理班级偶发事件"三字诀". 学知报，2010（1）

比，对待突发事件要把握好控制的艺术、调查的艺术、分析的艺术、处理的艺术。为此，需要避免如下十个误区。

1. 避免教师高高在上的姿态，要倾听学生的声音；

2. 避免对学生的单一评价，发现每位学生身上的优秀之处；

3. 避免急功近利的教育，细水长流方能出人才；

4. 避免偏心偏爱、厚此薄彼，尊重、爱护每一位学生；

5. 避免偏听偏信、时紧时松，要在全面调查的基础上形成决策；

6. 避免无的放矢、唠唠叨叨，只要抓住时机，小小的几句话也能收获比一节班会课还多的教育效果；

7. 避免言行不一、光说不做，班主任要成为学生行为上的楷模；

8. 避免孤军奋战，班级教育不能只依靠班主任一个人的力量，要协调好任课教师、家长等各方面的资源，达到最大的教育效果；

9. 避免奖惩不明、标准随意，建立统一、稳定的班规制度，让批评和奖励都有依有据；

10. 避免自行其是，无视校规，班级要服从学校的规定，班主任的工作也要保持与学校工作目标的一致性。

在本小节结束之前，我们再来回想一下那个问题，你设身处地地思考了吗？如果你认真思考过镜头中的每一个问题，那么你的想法和镜头中那些班主任的做法有何差别之处？你又学到了哪些东西呢？教育智慧就是从这些思维的火花中生长起来的，多思考、多交流，相信你能在班主任工作的道路上越走越好。

本章小结

班级活动是实现班级目标的重要载体，也是班主任的一项重要工作内容。本章主要从班级活动的意义、存在的问题、班级活动的特点、分类与管理，以及如何开展班级活动等方面做了介绍。另外，重点分析介绍了班级突发事件的应对策略，包括常见突发事件的类型、处理原则与方法，对于班主任正确如何处理常规工作与突发事件的关系，提供了具体的指导性建议。

总结 >

Aa 关键术语

班级活动
Class activity

主题教育班会
Subject education class
meeting

家长会
Parents' meeting

班级突发事件
Class emergencies

章节链接

在这一章，你读到……	在其他章节中，你将发现相关的讨论……
班级活动管理	第三章 组织与文化：班级社会空间的营造
班级突发事件的管理	第二章 时间与空间：有效的规划与运作 第五章 互动与评价：有效的反馈机制

应用 >

批判性思考

1. 有人认为，任何班级活动都会有不感兴趣的学生，如果一味迁就他们，班级将不会有优质高效的班级活动，所以牺牲部分学生的利益换取集体的成功是必要的。请说出你的看法。

2. 如何看待愈演愈烈的校园暴力事件？假如你的班上发生了暴力事件，你将如何处理？

3. 班主任在繁杂、琐碎的工作中，难免产生倦怠的情绪，突发事件更是加重了已有的工作量，在这面对突发事件的压力时，您将如何能控制自己的压力和情绪？

体验练习

请以"树立信心——我的未来不是梦"为主题，设计一节主题班会方案。要求：1. 写出实施方案的年级；2. 设计的方案要反映出设计目的意义、准备过程、实施过程等，其他不限；3. 字数不超过3000字。

拓展 >

补充读物

1　熊华生，主编．激情梦想同飞翔——班主任与每次活动．北京：教育科学出版社，2009

　　根据教育部《关于进一步加强中小学班主任工作的意见》和《全国中小学班主任培训计划》，2008年10月教育部师范教育司会同基础教育一司组织实施了"万名中小学班主任国家级远程培训"。为了促进优质培训资源共享，应广大学员的要求，中国教师研修网组织专家在教育部师范教育司和基础教育一司的规划指导下，基于此次培训的课程资源，编辑出版了《中小学班主任案例式培训教程》。这套教程包括6个分册、48个专题，每个专题由教育主题、核心问题、案例故事、对话班主任、对话专家、综合评析、拓展案例、相关资料、学员作业9个部分组成。本教程从班主任日常工作情境出发，关注班主任工作细节，围绕典型案例中的关键教育事件，组织专家和班主任进行多角度的理论与实践的对话，引导班主任学会面对复杂问题进行深度的思考。以案例为依托的对话式探讨使得整套教程亲切生动、引人入胜。

在线学习资源

1. 生命化教育 http://blog.cersp.com/group/index/2108.jspx

2. 李镇西 http://lzx.eduol.cn/index.html#

本章概述

　　本章主要介绍了班主任在班级管理中学会如何与学生、家长、同事沟通，努力提升人际交往中的沟通能力与艺术；在学生评价中如何确立全面发展、评价主体多元化、评价方式多样化的评价理念以及如何消除学生评价中的心理误区。其次是学校领导如何对班主任在班级教育管理过程中的工作表现及工作实效的评价；如何在班级评价中，通过对学生班级整体在活动中的表现及成绩进行具体的、肯定的评价。

结构图

人际沟通能力与艺术

与同事沟通
与学生沟通
与家长沟通

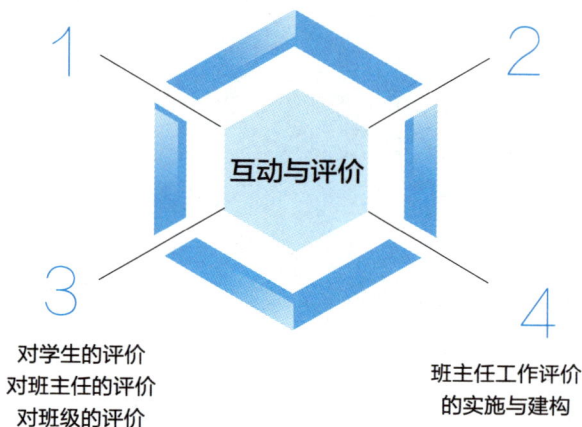

1

2

互动与评价

3

4

对学生的评价
对班主任的评价
对班级的评价

班主任工作评价
的实施与建构

学完本章，你应该能够做到：

1. 具有人际沟通与互动能力，不断追求沟通的艺术。
2. 掌握评价方法，并能科学地进行评价。

学习目标

读前反思

当班主任，必然要与学生、任课教师、家长进行沟通。对班主任来说，没有沟通就没有教育。在阅读本章之前，请反思一下自己当学生时的经验，老师在与你沟通时，哪些沟通的方式和方法给你印象最为深刻？

想想那些善于沟通的教师，他们是如何与学生、家长沟通的？在这些老师与你沟通时，你表现如何？其他学生的反应呢？这种沟通方式的优点是什么？缺点呢？

现在，想想那些不善于沟通的教师。在这些老师与你的沟通中，你表现如何？其他学生的反应呢？教师不善于沟通会带来哪些问题呢？

最后，写一下作为班主任你希望自己成为什么样的沟通者。在沟通的态度上，是严肃还是友善？是不讲方式方法，还是追求沟通的艺术？

你知道吗，班主任作为班级教育活动的组织者和协调者，其重要的角色内涵在于协调，协调好各种教育关系，也就是说班主任要与学生、任课教师以及家长进行沟通、互动与对话。同时，班主任还要学会用评价引领学生发展，用评价经营好自己的班级，与班集体一同成长。

第一节
班主任的人际沟通能力与艺术

🎯 学习目标

1. 具有人际沟通与互动的能力，同时不断追求沟通的艺术。

班主任作为班级教育活动的组织者和协调者，有责任协调好各种教育关系，形成有利于学生身心全面健康发展的人际氛围。良好的人际沟通能力，是班主任必须具备的一项最重要的专业技能，在很大程度上影响着班级工作的顺利开展。

在人际沟通上，班主任要以诚对同事，以爱对学生，以礼对家长。以诚对同事，班主任才能与教师以诚相见，彼此尊重，互相帮助，把教书育人的工作做好。以爱对学生，班主任才能教好学生，才能成为学生的良师益友。以礼对家长，班主任才能与家长建立起密切的关系，同心协力地教育好学生。

一、与同事沟通，形成教育合力

经常与任课教师和其他教职员工沟通，主动与学生家长、学生所在社区联系，努力形成教育合力。

——《中小学班主任工作规定》第十二条

📢 名人名言

二人同心，其利断金

——《周易》

班级组织中存在着一个管理者的团队，这个团队是由班主任和其他任课教师共同组成的。在班级管理中，班主任不仅领导与管理着整个班级，还通过与班级管理团队的合作进行着班级管理。任课教师通过教学、指导学生课外活动，以及自身的人格素养影响学生，使学生受到潜移默化的影响。协调与任课教师的关系是班主任人际沟通的重要组成部分。班主任要在班级中树立任课教师在学生中的威信，要主动与任课教师联系，交流班级情况，与任课教师这个团队一同形成教育的合力。

（1）尊重任课教师对班级工作的知情权和参与权。班主任要主动向任课教师介绍班级和学生的情况，如学生的变动、班干部的任免、学生的奖惩等；要经常向任课教师了解学生在课堂上的表现，了解他们的思想品德状况和学习情况；要及时反映学生对课堂教学的意见和要求；要定期与任课教师共同商讨教育学生的方法和措施；同时还要积极争取任课教师参与班级活动，如主题班会、家长会和各项课外活动，以密切师生关系，增强师生感情。总之，要积极与任课教师统一思想认识，统一教学要求，争取任课教师为班级工作出谋划策，形成班主任和任课教师人人都做学生的思想工作，人人都做学生的表率的局面。

（2）尊重任课教师的劳动，真诚帮助他们在学生中树立威信。要在班级里介绍每位任课教师的特长、教学经验和成果等，这样不仅可以使学生更加喜欢和尊重任课教师，也为学生树立了身边的学习榜样，这样做对形成良好的学风和班风具有很大的促进作用。在处理任课教师与学生发生的矛盾时，班主任要慎重，即便是教师做得不对，也要从学生要尊重教师的角度出发，对双方进行耐心疏导，以促使双方进行自我批评。

（3）经常向任课教师征求意见。要经常向任课教师了解学生的各种情况，征求任课教师的意见，使任课教师感到自己是班级管理中的重要力量，从而激发起他们的积极性，使他们主动配合班主任的工作，以形成教育合力，共同做好班级的管理工作。

（4）宽以待人、严于律己，经常与任课教师进行沟通。在与任课教师发生分歧时，班主任应多做自我反思，多从自身上找原因，不能过多地埋怨任课教师，始终把宽以待人、严于律己作为处理与任课教师关系的基本规范。

案例研究

班主任与科任教师之间教育合力的形成[1]（节选）

马卡连柯曾说："应该有这样的教师集体：有共同的见解，有共同的信念，彼此间互相帮助，彼此间没有猜忌，不追求学生对个人的爱戴，只有这样的集体，才能够教育儿童。"如何形成这样的集体？有赖于班主任积极、合理、科学的作为，具体可采用以下策略。

1. 树人威信，根上着力

敬其师才会信其道，只有树立了科任教师的威信，才能为良好的授课环境铺平道路，所以科任教师的威信是该学科良性发展的着力点。虽说科任教师的威信最终得靠他自身的专业能力和人格魅力，但这一点上班主任也有许多可作为的地方。通过树立科任教师的威信，既有助于科任教师的发展，又能提升自身的人格魅力，正所谓"己欲立而立人，己欲达而达人"。

（1）特色宣传——让科任教师闪亮登场

每逢新学期或有新的科任教师接班，我都会在尊重事实的前提下，有声有色地介绍他们的闪光点，有时不惜调侃自己来抬高他们，让他们闪亮登场。未见面之前的隆重推出，在拉

1　教育真性情. 合力篇[EB/OL]（2011-10-20）http://www.cnsyzx.com/cnsyzx2009/dyzt/ShowArticle.asp?ArticleID=14558

近科任教师与学生心理距离的同时，营造出了一种神秘感，让学生翘首企盼，产生美好想象。因为是立足于科任教师的实际，所以无须担忧会埋下"学生对科任教师的好印象逐渐递减"的隐患。

这一招既赢得了教师又赢得了学生，科任教师心悦，学生诚服，从而形成多赢共同体。当然在平时，也应在有意无意间向学生透露科任教师的敬业精神或教育成果，让学生体会科任教师的辛劳及优秀，从而更尊重老师们的劳动付出。家长会上，热情洋溢地介绍各科任教师的教学成果、教学特色、工作作风等，既能让家长更快更全面地了解科任教师，同时又赢得家长对科任教师的好感和信任。

（2）搭建平台——让科任教师"露一手"

在平时的闲聊中我会有意无意地打探科任教师的拿手好戏，然后在师生共同活动时，不断给学生透露"××老师唱歌可厉害了""××老师会拉丁呢""××老师会作诗呢"……如此"煽风点火"，极大地刺激了学生的好奇心，纷纷嚷着要高人们露一手。于是不断有老师从观众席里被"推"出来，展示着自己的拿手好戏，有潇洒签名、有火热拉丁、有激情朗诵，就连平素不苟言笑的某教师也给学生大谈养生学。看着学生目瞪口呆的样子，就可想见他们已成了科任教师的"俘虏"。

（3）参与管理——让科任教师也"手握大权"

有些学生认为科任老师不行使班级日常管理、综合评价等具体职责，所以对科任教师布置的任务或提出的要求进行"软抵抗"。这固然与科任教师本身的威信有关，但班主任也要有意识地维护并协助科任教师树立威信，创造条件让科任教师参与管理班级事务，以积极的姿态倾听科任教师对班风学风建设的合理建议及个别学生的教育对策，是非常有效的方式。

如班级的先进评选、团员推荐等工作，我让科任教师参与其中，先由学生民主推选先进候选人，在此基础上所有科任教师参与评价，最终确定人选，既体现学生的民主推选，也充分体现科任教师的意见，多角度考评，避免出现个别学生为拉票而极力与同学搞好关系却对教师百般抵触的"双重"人格现象。同时还邀请科任教师一起家访，向他们提供了解学生家庭的机会，当有学生家长来校了解情况时也及时与有关科任教师联系。此外，还主动征求科任教师的意见和建议，并尽可能采纳和实施。

这样，既可以为班级赢得更多的点子，享受集思广益的乐趣，又可以让科任教师体会到其在班级中的重要作用，从而增强他们的责任感和归属感，让他们也生出"班主任情怀"。

（4）善意指导——帮科任教师提高业务水平

某学科的学生成绩欠佳，该科科任教师焦急万分，利用一切可用的"公共"时间为学生补课，放学后、午休、音体美等考查学科的课程都常见她忙碌的身影。学生叫苦不迭，结果却是收效甚微，问题出在哪儿？征得她的同意，我进班级听了几节课，发现课堂经常耗费在学生彼此无谓的争论里，时间就此流失，教学进度无法完成，只好采取"课上不足课下补"的被动办法。根据这一现象为该教师提出建议，科任教师欣然接受，并尝试改进，课堂效率开始提高，成绩逐渐好转，科任教师也开始自信起来。

（5）推功揽过——为科任教师赢得良好舆论

每每班级取得成绩，我总是先推功于人，在学生面前宣传这都是某老师出的点子或是某老师为此付出的努力，并提醒学生喝水不忘掘井人。每每遇到问题，我总是先归过于己，比如，科任教师与学生发生矛盾，处理完毕后，我不忘向科任教师表示歉意，是自己的工作没做到位，科任教师自然与学生和好如初"不计前嫌"；某学科成绩不理想，我总是率先反思自己，思考改进方案，在此基础上与科任教师真诚商讨，自然赢得科任教师的心。总之，积极为科任教师赢得正面的集体舆论。

推功是"任劳"，揽过是"任怨"，体现出班主任乐于分享的宽广胸襟和勇于担当的负责精神，彰显出"军功章里有我的一半，也有你的一半"的气度。无形中能与科任教师形成相互信任、相互支持、相互谅解、配合默契的心理环境，形成相互激励、相互推动的向上力量，科任教师自然愿意与班级同甘苦，从而凝聚人心。如《菜根谭》所云："完名美节，不宜独任，分些与人，可以远害全身；辱行污名，不宜全推，引些归己，可以韬光养德。"如此推功揽过，一定能营造良好的集体舆论，进一步树立科任教师的威信。

（6）率先垂范——做尊师重教的无声榜样

每逢教师节，我都会给自己当年的一些老师致电问候，或是邀请其参与我们的教师节庆祝活动。得知有科任教师身体欠佳，我会选择一路陪同她走到班级，并搬好椅子置于讲台前，学生自然意识到背后的原因，纷纷过来关切地询问科任教师，并为科任教师的带病坚持上课而感动。在和学生闲聊时，我会有意无意间透露科任教师的工作经历和教学成果等，流露出对科任教师的欣赏态度甚至景仰之情，无形中传染给学生。总之，习惯借助任何机会或直接或间接帮科任教师树立威信。

由于任课教师的思想修养和业务能力不可能都处在同一水平线上，由此会出现学生厚此薄彼的现象，如果科任教师觉察出被学生轻视，将使他们产生自卑感和被排斥感，后果将会很严重。因此班主任要引导学生尊敬所有的任课教师，尊重他们的劳动成果，形成尊师爱师的阳光风气。这一点，班主任通过率先垂范，以自己的言行做尊师重教的无声榜样，学生经这样的道德濡染和潜移默化，将尊师之根植入心中，同时又体现在言行举止间，做到尊师重教，由此间接为其他教师树立威信，水到渠成。

……

综上，班主任不仅是学生的"知己"，家长的"益友"，更是科任教师的"同盟军"。只有与科任教师齐心协力，形成相互间的默契与支持，用整体效应弥补个体不足，由班主任一人的"个体经营"变成整个教师团队的"集体联营"，才能产生教育的"共振"效果，形成教育的"同心圆"，焕发教育合力的灿烂光彩。

二、与学生沟通，尊重学生的主体地位

🔊 **名人名言**

一个好教师意味着什么？首先意味着他是这样的人：他热爱孩子，感到跟孩子交往是一种乐趣，相信每个孩子都能成为一个好人，善于跟他们交朋友，关心孩子的快乐和悲伤，理解孩子的心灵，时刻都不忘记自己也曾经是个孩子。

——苏霍姆林斯基

师生关系是班级生活中重要的人际关系，只有建立良好的师生关系，才能取得最佳的教育效果。

（1）树立现代师生观。

学生是活生生的人，具有生命性。青少年是人生最集中的一段学习时期，对于每个人来说是非常宝贵但自己却并不知晓价值的时期。教育在这一阶段的作用特别重大，能对其一生产生影响。因此，班主任应该意识到，他与学生的沟通是和一个生命主体的对话。这是一个具有多方面的发展需要和发展可能性的人。他不是一个需要填充的容器，而是一颗需要点燃的火种。是学习活动中不可替代的主体。班主任要把每个学生看成一个独特的个体，承认学生有不同的特征和禀赋，了解与接纳不同年龄阶段学生的心理特点，尊重每个学生的尊严和价值，并有信心使每个学生都得到发展。具备了这样的学生观，班主任在沟通中就会以开放的心态接受这种差异，不带个人偏见，对每一个学生一视同仁，并注意根据学生的个别差异和年龄特征选择有效的沟通方式。

（2）以"尊重学生"为沟通的前提和基础。

尊重学生，就是把学生看成一个具有独立人格、个性，富于主动性和发展性的人来沟通。班主任只有尊重学生，才能赢得学生的尊重，师生之间才能形成相融的"零距离"的心理关系。

（3）引导学生正确认识老师的爱。

🔊 **名人名言**

"只有成为学生的知心朋友，才能做一名真正的教师"。

——卢梭

有这样一个故事：一个老师，专业水平和教学能力都不是很突出，但她班里的学生却成绩优秀。究其原因，学生个个都认为"老师最喜欢我"。让学生感受到老师的爱，会产生意

想不到的教育教学效果。教师的爱不仅仅是春风般的微笑，雨露般的表扬，有时也是提醒、警告、批评，"没有爱就没有教育"。"爱人者，人恒爱之；敬人者，人恒敬之。"就教师而言，只有把爱给学生，才能够得到学生信赖。

① 建立民主平等的师生关系。如班规，师生要同制定同遵守；老师有了过失，和学生一样接受惩罚；老师可指出学生的错，学生也可指出老师的错；学生有假期作业，老师也给自己布置假期作业。班主任批评了学生，要问问学生的感受，讲清楚为什么要批评；学生有了错，班主任要帮他分析错误的原因，提出改进的建议；学生对班主任有意见，要问问为什么。

② 班主任要做学生的伙伴。班主任要和学生相互倾诉喜怒哀乐；陪学生一起开展活动、做游戏、玩耍；和学生一起共读一本书，交流读书心得。

③ 关心学生生活、学习的细节。学生病了，为他量体温，带他去医院；天气突变，通知家人为他添减衣物；情绪低落，问问他为什么。

④ 课下要和学生经常沟通。课堂上的时间是有限的，要想真正走进学生心灵，工夫往往在课下。有的学生课上注意力分散，或搞一些小动作，同学之间的摩擦等，课上解决往往要耽误大家的时间，效果也不会太好。课下通过与学生沟通向学生表达学校的做法与要求，往往还拉近了与学生的距离，沟通了与学生之间的感情。

⑤ 克服对学生的偏见。班主任只有做到平等待人，才能有效地和学生进行情感交往，才能及时倾听、接受和调节学生的意见，即使面对犯了错误的学生，也不能歧视、不能斥责，更不能讽刺挖苦、辱骂体罚，而是努力对他们进行人格感化和科学的批评，唤起他们对错误的悔恨、自责、内疚，进而发展他们的自我评价的能力。

⑥ 充分发挥教育中的"移情作用"。"移情作用"是人与人之间的心理过程，借此，教师可以把诚挚的爱传递给学生。学生从小在父母的爱抚下成长，入学后，就把对爱的希望交给了教师特别是班主任。这种对爱的要求往往成为学生在校的一切思想和行为的中心动机。班主任应珍惜学生对爱的要求，把自己的爱公正地撒向每个学生的心田。只有这样，教师的教育目标、知识、感情才能与学生联系起来，并在学生的心湖里荡起进取的波澜，促其奋进不止。师生之间，因年龄、心理的差别和地位的不同本来就容易产生分歧，如不注意用"移情作用"去沟通师生间的想法，达到心理相容，这种分歧就会加深，影响教育效果。只有通过真正的移情作用，即不感情用事，才能弥合和学生之间的心理落差。

⑦ 动之以情，晓之以理。班主任不仅要对学生动之以情，用自己的心灵去碰撞学生的心灵，也要对其晓之以理，用正确的道德标准要求他们。动之以情，言必亲切，语必感人，才能有巨大的感染力量，是其他教育因素所不能代替的；晓之以理，其理如春风化雨，才能使学生形成正确的认识和良好的行为习惯。

（3）努力提升与学生个体的沟通能力

① 学会用同理心与学生沟通。同理心是建立良好人际关系最重要的一个条件，也是师生

之间建立良好沟通的首要条件。在人际关系中，如果沟通双方能够从同理心的角度，去感受对方的感受、信念和态度，并有效地将这些感受、信念和态度传递给对方，对方会感到理解和尊重，从而产生温暖感和舒畅的满足感。这种感觉可以诱发出彼此充满体谅和关心爱护的沟通氛围。班主任要关怀学生，首先需要了解学生。要了解学生，首先需要先进入学生的情绪和思想概念的参照系统中，以学生的眼光去看"他的世界"，以学生的心情去体会学生的心情，而且，也以他的思想推理来思想他的一切。班主任对学生的同理心是开启学生内在心智世界的钥匙。

② 提升自我意识水平和自我觉察能力。

沟通是一种相互关系和双边活动，是一个双向作用的动态过程。在沟通的过程中只有做到知己知彼，才能有效把握沟通的过程。这就需要班主任要有较高的觉察能力。能觉察自己沟通背后的教育信念。随着教育改革的不断深入，许多现代教育观念逐渐得到传播。但在班主任的话语表述中，教育观念与实际的教育行为往往出现背离现象。例如，面对学生公开提出不同意见的做法，师道尊严观念强的教师可能会感到自己的权威受到了挑战而大为恼火，而具有民主平等观念的教师则觉得这是一件很正常的事，因而能平心静气地与学生对话。个体对于事情的信念大多存在于人的潜意识中，往往不容易被个体所清楚地意识到，因此，作为班主任需要提高自我觉察的能力，了解自己教育行为背后的信念系统，以便进行及时有效的调整。班主任要特别关注自己的情绪反应。情绪往往是内隐观念表达的信号，要多问自己"我何以如此?"这种反思有可能触动和揭示教师内隐的教育观念，促使班主任自我意识的增强和自我觉察敏感性的提高。能觉察学生的反应。班主任在和学生沟通过程中要全面关注学生的言语信息和非言语信息，特别是非言语的信息。要抓住学生在各种非言语沟通中无意识地传达的许多真实的有价值的信息，准确地把握学生的心理状态，并及时从学生的表情、情绪反应中反观自己沟通言行的恰当性，根据沟通进行情况及时调整自己的沟通行为，使自己的反应恰到好处，保证沟通活动顺利进行和富有成效。

③ 提升倾听的能力。美国语言学家堡尔、兰金等人认为，人们日常生活中言语实践：听，占45%；说，占30%；读，占16%；写，占9%。也就是说，人们有近一半的时间是在听。班主任要通过倾听来了解学生的思想、学生对谈话接受或拒斥的反应，以便确定下一步的谈话内容及相关的教育措施。

④ 提升表达的技巧。班主任在向学生表达的时候，要亲切自然，简洁易懂，针对性强，启发性大，表达方式委婉而有分寸，言语刺激讲究实效并恰到好处。

在班主任与学生的沟通中，通常处于引发谈话或讨论的位置，因此，通过直接提问来引发学生表达是非常必要的，这样能使学生根据班主任的要求，理清思路，表达所感所想。班主任在提问时要多用"什么""怎么样"，少用"为什么"。

⑤ 提升处理学生情绪的技巧。班主任在与学生沟通的过程中，要关注学生的情绪状态，如果学生处在比较激动的情绪状态，很难接受班主任的意见，那么班主任要先处理学生的情绪问题，让学生的情绪平静下来，再继续沟通。

（4）努力提升与班集体沟通的能力。

班主任与班级学生集体沟通的传统方式多为单向沟通，即班主任讲学生听，教师只管使用语言、表情姿势等沟通方式向学生讲述问题，灌输观念，提出要求，教师一言堂，而没有让学生表达他们的看法和要求，学生被动地接受信息，沟通效果较差。现代学生观和师生观认为，班主任与班级学生集体的沟通应是双向沟通和多项沟通。

① 与学生建立关系，拉近心理距离。实现有效沟通的前提是双方心理上的相互接受。班主任与学生沟通时要做的第一件事情就是要和学生建立心理上的联系，让学生接受自己。例如，教师站在学生面前时，首先要在最初的几秒钟用眼睛环视全班同学，与每一位同学的眼神接触，这是和每一个学生打招呼，提醒学生进入状态。

② 表达要清晰简洁、有条理。班主任的表达不清楚，学生不得要领，就会影响沟通的效果。表达的清晰来源于思维的清晰，包括概念的准确使用，逻辑关系的简洁描述以及条理清楚等。要提高自己表达的水平，班主任平时就要注意训练自己的思维。

③ 鼓励接受与适度挑战相结合，调动学生参与沟通。双向沟通与多向沟通需要学生的共同参与，如果学生不敢或不愿意参与，沟通就无法进行下去。因此，班主任要注意调动学生参与的积极性和主动性。首先要注意的是鼓励和接受学生；对学生的挑战要适度，尽可能不直接批评，也不宜以仲裁者的身份对学生的意见进行对错的评判，这会让部分同学担心因说错话被老师评判而害怕或不愿意发表意见。

④ 灵活控制场面。在双向沟通和多向沟通中，由于学生的参与，班主任控制整个场面的能力就显得尤为重要。有时候学生可能因为讨论有兴趣的话题而难以停下来，也可能意见不同而激烈争论，面对这种比较混乱的场面，一些班主任习惯用语言提示让大家静下来，如果提示无效就可能变成批评或训斥。其实维持秩序可以有很多的办法，并非只有语言提示或者训斥，如老师可以先设定规则，告诉学生自己的提示方式，如铃声或手势，当学生听到或看到提示时，大家就要停下讨论听教师讲话等。

⑤ 组织和引导学生交往，让学生学会协调人际关系。建立班级良好的人际关系，班主任要善于组织和引导学生的交往活动，指导学生学习人际交往的基本准则，掌握协调人际关系的技巧。班主任要创设有利于人际交往的活动情境，引导班级成员的交往活动，激发班级成员间相互了解的愿望，并引导学生学会互相欣赏、悦纳同学，在交往中产生愉快的情感体验。还要指导学生掌握处理人际关系的基本准则，学会真诚待人、互相帮助、互相支持、团结协作，树立集体主义精神，正确处理好竞争与合作的关系，使班级中形成"人人为集体，集体为人人"的良好道德氛围。帮助学生掌握一些协调人际关系的方法和技巧，提高学生的交往能力。如当同学间出现矛盾时，告诉学生要学会角色换位，站在对方的立场上思考问题，这样就能使问题得到很好的解决。

⑥ 培养学生共同的心理倾向，营造良好的心理环境。共同的心理倾向有助于班级学生产生相互吸引、相互欣赏的亲和性情感，有助于班级亲密的人际关系的形成，使学生之间更

加容易相互信赖、相互理解、相互支持，从而产生强大的凝聚力和强烈的归属感、集体荣誉感，更主动地把自己融入集体中，按照集体的要求规范自己的言行。班主任要有意识地在班级中开展一些活动，培养学生共同的兴趣，使学生间有更多的沟通交流的途径。

📝 教学一线纪事

挖掘孩子的"善根"[1]

毛任林

去年我接手一个班，班中有一个很顽劣的学生，经常迟到，不做作业，欺负小同学，而且常偷附近人家的瓜果。

开学第一天，我就感受了他的顽劣。正当我跟全班同学讲新学期的要求时，坐在讲台旁的他突然举起手站了起来，大声地说："老师是什么东西？"全班同学先是哄堂大笑，继而是一阵窃窃私语……

正当我满脸通红，不知所措时，突然，从他的桌斗儿里传来小狗"汪汪……"的叫声。

听到狗叫声，让我想起了在报上看到的一条消息。美国纽约市以北60英里，有一个格林奇姆尼斯青少年康复中心。这里有 102位 6~21岁的孩子，99%受过肉体虐待或虐待过别人，他们大都性格暴戾，对人缺乏同情心。面对这样一批孩子，康复中心采取的办法是，让所有的孩子每人养一只伤残的动物，以培养这些孩子的同情心，使他们善良。

饲养动物可以培养人的同情心，使人善良。这孩子带着狗，说明什么呢？

想到此，我冷静了许多。我从讲台上走到他的身边，他本能地将身子向桌子靠了靠，以便挡住桌斗。我知道，他以为我要将他的小狗扔出去。

"不要担心，我不会碰你的小狗一根毫毛的。"我抚摸了一下他的头，微笑着说。"你刚才提的问题等一下老师回答你。你告诉我，为什么要带它来上课？是为了让它也来听老师讲课吗？"

孩子们听了我的话，传来一阵笑声。

"我……我……老师，它不是我家的。我不是故意带它来的。早上我上学，它在路上。人家扔掉的，不要它了。我看它可怜，我……"他因为紧张而语无伦次。

"人之初，性本善。"这孩子确实有同情心，顽劣只是他的一面，他的另一面应是善良，只是没有引起重视，换句话说，还没有被开发出来。

"你真善良！"我真诚地说："关心和同情弱者是美德。同学们，这一点我们要向他学习。"

我带头为他鼓起了掌。掌声过后，我平静地对他说："请坐下，现在回答你刚才的提问。"他的屁股还没落到凳子上，又猛地站了起来，十分紧张地说："老师，是我不好，我不

1　毛任林. 挖掘孩子的"善根". 德育篇，2001-07-16

该损您，您别说了。原谅我吧。"

　　我朝他点点头，示意他坐下，接着说："你是知错就改的同学，我真为你高兴。这学期，相信你一定能成为优秀的孩子。我真诚地祝福你。"说完，我将手伸向了这个激动得满脸通红的孩子，使劲地握了握他的手。

　　"冰冻三尺，非一日之寒。"这孩子在以后的日子里，虽然有过几次反复，但我始终把握"数子十过，不如赞子一功"的原则，终于，他没有让我失望。

　　每当想起这件事，我就深深感叹：再落后的孩子，也有闪光点，也有荣辱感，教师要像淘金那样去挖掘，去发现。在教育过程中，如果能做到少"数过"，多"赞功"，定能得到意想不到的收获。

　　评点：学生的成长不是一帆风顺的，尤其是那些最顽劣、最具生命力的。对待这样的学生，班主任如果秉持的是"动辄得咎"的教育原则，那么师生之间的"战争"就开始了。如果班主任采用"退一步"的教育策略，你就能赢得教育的契机，掌握教育的主动权。班主任要把学生当作一个平等的伙伴，"你让我一尺，我敬你一丈"，作为"人之常情"，学生也会遵循这条"做人"原则的。

三、与家长沟通，形成教育共同体

　　家庭教育是一切教育的基础，学生的健康成长离不开家庭教育。班主任和家长是最可信赖的朋友。班主任要主动和家长合作，合力形成教育的共同体。

　　① 在细节中把握沟通合作的技巧。班主任要选择或创造使家长和班主任处于平等地位的环境；要倾听家长说话，理解家长对孩子的关切；当提及孩子的学校生活时，班主任要使用描述性的语言而不是判断性语言；不要谈论别的父母或他们的孩子，尊重所有家庭的隐私。如：利用家长会，向家长宣传自己的教育理念和一些新的教育方法；利用家长接送孩子的机会主动交流孩子的学习活动情况，有哪些突出表现等；与家长一起为孩子制定学习目标；向家长了解孩子的表现、个性倾向等；通过"校讯通"及时与家长交换和教育孩子的意见，以多媒体网络平台为教师和家长提供更多便捷的联络方法，灵活使用各种沟通与交流工具；开展"亲子活动"，创造家长参与学校教育的机会等。

　　② 把握与家长沟通的特殊心理。现在有很多的家长把孩子在学业或行为方面出现的问题及其责任一律推卸给教师，不仅不利于孩子的健康发展，而且给班主任造成了极大的心理压力。因此，班主任应把握与家长沟通时的特殊心理，讲究沟通的艺术，赢得家长的尊重、理解和合作。为此，班主任在评论学生时要客观；要把握好问题呈现的时机；要提供解决问题的可行性建议；要善于运用"期待效应"。班主任要用好"罗森塔尔效应"，把自己对学

生的期望和肯定通过家长传输到学生那里，这样会产生意想不到的激励效果。同时，班主任在与家长沟通时要积极地、饶有兴趣地倾听，多用开放式提问，尽量少用封闭式提问等。

③因人而异，选择多元化的沟通方法与策略。家长间存在着身份、文化程度、自尊心等方面的差异。差异是沟通的基础，沟通不是为了排斥差异、消除差异，而是为了更好地理解差异，求同存异。为此，班主任要考虑家长的个性多元性；要考虑问题性质的轻与重；要考虑学生家庭教育方法的差异性。要意识到每位家长都希望有个引以为荣的子女，班主任绝不能"越位"训斥家长，更不要把学生的过错强加到家长身上，把对学生气撒在家长身上。班主任应心平气和地用商量、征询的口气，向家长解释，主动协调，共同探寻解决问题的途径。

第二节
班主任工作评价的实施与建构

🎯 学习目标

掌握评价的方法，并能科学地进行评价。

所谓教育评价（educational evaluation），是指按照一定的价值标准，对受教育者的发展变化及构成其变化的诸种因素进行的价值判断。[1]因此，我们认为班主任工作评价就是按照一定评价标准对班主任工作开展状况及其效果进行价值判断。评价班主任，评价班级，评价学生，从本质来说是对人的评价。我们认为，不论是对班主任的评价，还是对学生、对班级的评价，在进行价值判断的过程中，就是要把人的积极性调动起来，围绕人的评价而展开。

🔊 教育家语录

法国一位著名的教育家说过："只有环境和教育，才能把牛顿变成科学家，把荷马变成诗人，把拉斐尔变成画家。"

一、对学生的评价

对学生的评价是指对学生在班级活动中的表现以及取得的成效进行的评价。

---

1 刘本固. 教育评价的理论与实践. 杭州：浙江教育出版社，2000：55

台湾著名漫画家朱德庸先生在上学的十几年里，一直是个学困生，他不断地转学、插班、留校察看，甚至连上补习班都被劝退。凭《双响炮》名声大振的朱先生感慨道："我相信，人和动物是一样的。每个人都有自己的天赋，比如老虎有锋利的牙齿，兔子有高超的奔跑、弹跳能力，所以它们能在大自然中生存下来。人们都希望成为老虎，但很多人只能是兔子。我们为什么放着优秀的兔子不当，而一定要当很烂的老虎呢？"朱先生的经历告诉我们，传统的学生评价使我们的班主任常常在逼着"优秀的兔子"做很烂的"老虎"。

"三好生"评选制度是我国评价学生的一项主要制度，历经几十年，历史上发挥过重要作用，但其弊端也日渐呈现：它是一个只面向少数学生的评价，大多数学生享受不到评价的快乐；二是它的评价标准强调的是共性，往往使学生发展的类型趋同，不适应学生个性发展要求和社会各类人才培养的需要；三是因为加分等因素的出现，现在的"三好生"评价过于功利，人情掺杂，评选过程和结果难保公正。

评价是一项导向性的工作。班主任评价作为促进学生发展的一种有效机制，在学生成长过程中起着举足轻重的作用。世界著名教育心理学家，被誉为"多元智能理论"之父的霍华德·加德纳的"多元智能理论"早已被教育界人士所接受。他把人的智能分为语文智能、数理逻辑智能、音乐智能、身体运动智能、世界空间智能、自然智能、人际交往智能等多种智能类型。因此，班主任应确立正确的教育评价观，根据学生不同的智能类型，建立科学合理的评价机制。

（1）确立全面发展的评价理念

班级是由一个个活生生的生命体组成的，也是各种差异与个性的集合体，这也容易给班级管理带来一定的难度。因此，以怎样的眼光评价与看待学生是班主任工作成功与否的基础，也是影响班级可持续发展的前提条件。确立全面发展的评价理念可以使班主任多角度、多层次地认识学生，将智力因素与非智力因素结合起来，关注学生的整体性而非片面性，这样更有利于班主任调动全班每一分子的力量形成优势合力，促成班级的可持续发展。另外，处于青少年期的中学生在自我认识、自我调控及自我意识上都缺乏自主能力，一般都以他人的观点与意见来勾勒自己，在这种情况下，学生获得怎样的评价很可能直接决定着学生看待自己的方式及选择人生的轨迹。班主任作为学生的"重要他人"，有着影响学生的强大力量。班主任必须要确立全面发展的评价理念，以宽容与广阔的视角审视学生，以足够的耐性等待其成长，关注学生的方方面面，在最大程度上促进学生全面和谐地成长。

（2）确立评价主体多元化的评价理念

传统的学生评价是以教师为评价主体的，学生仅仅是一个被评价者。现代评价认为，学生评价是教师和学生共同合作进行的有意义的建构过程。学生既是评价的对象，也是评价的主体，强调学生的自评、互评等方式和家长以及其他有关人员的参与。

班主任。班主任作为学生生命成长中的重要他人，是评价学生的当然主体，但不应是评价的绝对主体。班主任应该充分利用身边的资源，整合多方力量，形成评价的多主体，将家长、任课老师、学生拉到评价的阵营中，听取各方面的意见、评价与看法，给学生一个准确、客观、不偏不倚、恰如其分的评价，尽量使评价做到全面、多维、立体化。

任课教师。任课教师是班主任在评价中的一个重要意见渠道，虽然只负责教学，并不涉及班级管理，但对学生的了解也是十分深刻的，容易站在教师的立场上审视学生，具有相对的客观性与教育性，所以他们的意见可以成为班主任参照的重要依据。

家长。家长对学生的评价，可以使教师更深入地了解在学校生活之外的真实的学生。在班主任的评价工作中，让家长参与进来，不仅可以拓宽学校与家庭之间的信息渠道，增进彼此间的理解与合作，从而形成一股巨大的教育合力，并且通过评价，家长与老师更了解学生，对学生所实施的教育影响也将更深刻，评价的力量也得以真正地彰显出来。

"家长参评"主要侧重于评价学生在家庭的表现。家长在"评价栏"里可以写简要评语，也可以写意见或建议。在家长参与评价的过程中，班主任要注意把握好评价的稳定性特点，即评价时间的持续性，由于职业的不同，有的家长无暇关心自己的孩子，更没时间与班主任沟通；有的则认为教育是学校的事，与自己无关紧要，于是不重视对孩子的教育和评价，往往随便地填写"评价表"。对此，班主任要让学生在规定时间的素质发展过程性评价中提醒家长，及时给自己孩子评价，并写上评语；班主任还要定期召开家长会，就学生素质发展评价的问题进行宣讲和指导，并要求家长按时完成对自己孩子的评价。平时还可结合家访、"家长接待日"以及电话联系等方法，指导家长的评价工作，以保持评价过程的稳定性。

学生。自我评价实际上是学生的自我认识与自我反省的有效途径。学生对自身的评价不仅仅在于获得自我认识，更重要的是在认识的过程中不断地反省自身，这也是学生自我成长的一项重要内容。自我评价有利于学生对自己的学习、纪律和行为习惯进行反思，有助于培养学生的独立性、自主性和自我发展、自我成长能力。同时鼓励学生之间的互评，有助于学生通过对比，发现优势，找出差距，更清楚地认识自己，也在审视他人的基础上发展自我。学生在自评与互评的过程中会遇到这样或那样的问题，班主任应该扮演指导者的角色，不断地创设机会让学生对他人和自己进行评价。例如学生在面对评价时，容易产生定式思维，都以学习成绩为标准进行判断，这时候班主任应该指导学生要多角度、全方位地挖掘自身，发现他人，这同时也是学生成长的必修课。

社区。社区是一种重要的教育资源。通过社区评价可以了解学生在学校、家庭以外的品行表现和发展，可以帮助学生主动服务社区，参与社会实践，增进生存体验，形成社会意识，提高适应社会和参与社区活动的能力，实现学校教育和社会教育的有机结合，更好地促进学生的全面发展。

由于学生所在的社区不同，社区的各项设施和文化氛围也不一样，学生在走出校门回到社区环境中的表现也是千差万别的。一直以来，因为缺乏相应的有效措施，致使孩子在校内与社区的表现截然不同，有的在学校是好学生，是团队干部，甚至是团委、大队干部，一离开老师，走出校门就和在学校表现不好的同学一个样，甚至比他们更差，打架、损坏公共财物、以大欺小等不良现象和行为随时发生，社区领导除了正面教育之外，也无可奈何！因此，社区参与评价和家长参与评价一样，是对学生素质发展评价的延伸和辅助。

🔍 案例研究

社区学生评价表[1]

姓名		班级		规定时间	
社区表现（自评）	做社区小公民	爱护公共设施（　　）			
		遵守社会公德（　　）			
		与邻里和睦相处（　　）			
	参与社区活动	1.			
		2.			
		3.			
	服务社区活动	1.			
		2.			
		3.			
社区评价					

　　　　　　　　社区（盖章）
　　　　年　　月　　日

　　多主体评价模式在形式上保证了学生评价的全面性与多样性，能够从不同角度为学生提供有关自己学习、生活、情感、精神状态及发展状况等的信息，有助于学生更全面地认识自我、发展自我从而实现自我。

　　（3）确立评价方式多样化的评价理念

　　传统的学生评价方式单一，往往采用量化的形式来确定学生的评价。评价的效果趋于表

---
[1]　南京市竹山中学"新三好"评价社区学生评价表

面化，学生并未真正受到熏陶和感染。现代评价倡导评价方式的多样化，通过多样的评价方式全面展示学生的个性和特长。

①成长记录袋评价

成长记录袋，英文单词portfolio，原意为文件夹、公文包。用成长资料袋或活动记录册等方式收集学生成长过程中的各种资料，是向学生和家长反馈信息有效的形式，它能将学生在校的各方面表现如实反馈给家长。现在的学生成长记录袋从思想道德、知识能力、个性特长诸方面比较客观地反映学生的素质状况，学生的人格价值得到肯定和升华。学生成长记录袋是一种动态评价，有利于发挥学生的主观能动性，有利于学生的可持续发展。

②素质报告单（册）

"素质报告单（册）"内容生动充实，全面反映了学生生活、学习的细节，它是班主任实施评价的一个有效工具，对促进学生发展，增强其自信心很有好处。近年来，在素质报告单（册）的基础上又推出了"学生成长全记录"这一评价方式。这种评价方式已经超越了"目标取向"的教育评价和"过程取向"的教育评价，向着"主体取向"的教育评价发展。《南京市中小学生素质发展记录册（袋）》就是这一评价方式的代表。

"中小学生成长全记录"通过收集学生作品的样本，通过展示学习上的进步，让学生、教师、家长了解学生发展过程，了解学生在每一阶段掌握了什么，努力方向又是什么。它对于学生的自主性、反思能力、创新精神和实践能力的培养有着重要的作用。

《南京市中小学生素质发展记录册（袋）》在小学一、三、五年级和初中、高中一年级新学期开学后下发。班主任利用家长会帮助家长了解各部分内容的填写要求，利用班会课等时间指导学生填写。《南京市中小学生素质发展记录册（袋）》里存放的应当是最能体现学生综合素质的关键性材料，由学生收集、整理，每次填写完《素质发展记录册》后存入《素质发展记录袋》里。

"中小学生成长全记录"，小学阶段名为《我的成长脚印》，分为低、中、高三册，包括"我的档案""新学期打算""我的品德""我的健康（一）（二）""我的学习（一）（二）""我的实践""我的总结（一）（二）"七部分。初中阶段名为《我的成长足迹》，包括"自画像""我的目标""道德篇""健康篇""学习篇""实践篇"六部分。高中阶段名为《青春的证明》，包括"个人主页""学习，运动，能力""实践，体验，创新""评价，反思，收获"四部分。各册全彩印刷，既具有实用性，又便于珍藏。

③学生操行评语

学生操行评语是班主任对学生实施评价的一种重要手段，是定性评价的一个重要方式。学生评语不仅要善于发现学生的闪光点，还要注意针对性，讲究措辞的合理性与可接受性，将科学性与艺术性结合起来，使评语体现教师对人性的解读、对生命的真爱、对生活的感悟和对教育真谛的深情守望；通过评语，将学生作为一个知心朋友进行沟通、交流，通过温馨而诗意的话语打动学生、感化学生，使评语成为师生进行感情交流、达成相互理解的渠道。

最受学生欢迎的评语具有以下特征：一是温馨化。就是用真实的、贴近学生生活的话语来评价真实生活中的学生，这种植根于现实生活中的温馨评语成为了一种教育力量，引导学生更加珍视真实的现实生活。这种评语使学生真正感到自己生活中的点滴变化都受到老师的关注，感到生活中的每一次付出、每一次感动都是值得珍惜的，从而使学生真正感受到生活的美好，更加理解生活的意义和真谛，进而对生活充满希望和理想。二是细节化。它要求班主任要时刻关注孩子，真正从细微处挖掘学生潜在的特质。大同小异、没有针对性、缺乏细节描述的评语是很难获得学生体认的，这种评语在学生发展与成长中往往收效甚微。而细致入微的评语却常常能感动学生，让学生感到自己真正地受到班主任的关注，这种情感上的沟通与共鸣是教育效果得以实现的重要条件。三是个性化。每个学生都有自己的个性特点，个性化的评语才能充分体现每个学生的个性。班主任要针对每个学生的性格特点、兴趣爱好和气质特点等，采用诗化的、富有感情的语言，肯定学生取得的点滴进步和成就，并委婉、真挚、动情地指出学生还有待改进的问题，让学生感受到自己的独特和与众不同，感受到班主任对自己的特别期望。

对学生进行评价，是班主任工作的重要内容。正确评价学生可以帮助学生正确认识自己，看清自己的长处和短处，激励他们扬长避短，建立自信，发挥潜能，不断进步；还可以帮助家长了解子女的在校情况，有利于调动其积极性，配合班主任共同搞好学生和班级的教育管理工作。所以，班主任应确立全面发展的评价理念，掌握科学有效的评价方法，更好地发挥评价的教育激励作用，从而培养出有思想、有个性、有创新精神的一代新人。

（4）消除学生评价的心理误区

评价是一种重要的教育手段，它对于密切师生关系、形成良好班风、实施素质教育起着重要的作用。一个中肯的评价是教师送给学生弥足珍贵的礼物，它可以激励学生奋发向上，甚至让学生终身受益。然而，班主任在评价学生时却常常存在种种误区，给学生带来消极的影响。因此，在学生评价的实践中班主任非常有必要消除一些可能出现的心理误区。

① 消除"马太效应"中的心理误区

在《马太福音》中有句名言——凡有的，还要加给他，叫他多余。没有的，连他所有的也要夺过来。这就是人们流传甚广的"马太效应"。

有的班主任在评价学生时，常常是以考试分数衡量一个学生的优劣，只要成绩好，就可以当班干部，可以评先、评优，把一切荣誉都加在他们身上，使他们成为学校、家庭的骄子。即使他们中有的在思想品德上存在或多或少的问题，也会在一片赞叹声中被忽视。而成绩差的学生，不管他们在学习上多努力，在思想品德上有多好，在班主任心目中总是"后进生"。班主任的这种做法正好应验了"马太福音"中的那句话。这样的"马太效应"严重违背了教书育人的目的，严重影响了学生的身心健康，在学生评价中班主任必须消除这样的心理误区。

② 消除"先入为主"的心理误区

所谓"先入为主"，是指班主任在接触学生前和最初与学生接触所形成的第一印象。班主任在刚接手一个新班时，对全班学生不太了解，往往会去查阅学生以前的记录和评语，或到前任班主任那里了解学生的思想品德和学习情况。有的班主任仅据此印象选用班干部，委以重任，结果大失所望，这就是"先入为主"心理误区造成的影响。因此，一个班主任在接手新班时，切不可操之过急，必须对全班学生有一定的了解后，方可对学生进行正确评价。

③ 消除"情感因素"的心理误区

"我心情好的时候，看见路边的小草也特别美丽，特别亲切。心情不好的时候，看见什么都别扭，看哪个学生都不顺眼"，这就是心理学上所说的良好心境和不良心境。在不同的心境下，班主任对学生的评价会受到影响，如果学生犯了同样的错误，在老师心境好的时候，会生动形象地对学生进行教育，态度也很亲切，学生自然也会乐意接受老师的教诲。而在老师心境不好的时候，往往会流露出烦恼、愤慨的情绪，甚至有的老师会把怒气转嫁到学生头上，语言自然也严厉、尖刻、缺乏理性。在这种情况下，不但对学生的教育失去意义，而且会引起学生的反感。所以，作为班主任出现在学生面前时，必须保持良好的心境，体现良好的师表形象。

④ 消除"定型观念"的心理误区

班主任在头脑中容易形成对某个学生的固定印象，对学生的个性发展变化认识不足，把学生看成是一个一成不变的个体。有一位班主任，刚参加工作不久，班上的一位同学丢了十元钱，经过"调查"后，把疑点集中到当时班上一个成绩不是很好的学生身上，班主任把学生叫到办公室进行查问，可学生就是不肯承认。因为这位学生曾经偷过班上同学的东西，所以这位班主任就认定是他，批评的语气自然也严厉。几天后，那个丢钱的学生告诉班主任，他的钱在自己家的床铺底下找到了。虽然班主任向那个学生道了歉，可在后来的学习生活中这位班主任还是感觉到那位学生对他的冷淡。这就是因为定型观念的心理误区所产生的对学生错误的评价，这种定型评价不但会扼制后进生的上进心，同时也会使优秀生的心理得不到全面的发展。

以上四种心理误区，是班主任评价学生的大忌。要消除这样的心理误区，班主任一定要本着客观公正的原则，用全面发展的眼光看待每一个学生，切不可以用个人的好恶来决定对学生的评价。其次，要树立正确的人才观，走"素质教育"之路，绝不能以"学习好"代"三好"。最后，班主任要不断加强自身素质，自身素质加强了，学生也会潜移默化受到影响，对学生的评价也会中肯起来。

🔍 **案例研究**

南京市上元小学评选、表彰"新三好"实施办法[1]

为贯彻《中共中央国务院关于进一步加强和改进未成年人思想道德建设的若干意见》，

1　南京市上元小学新三好评价手册

为学生的健康成长寻求道德实践的空间和平台，培养学生"践履躬行"的品性，努力探究从《品德与生活》、《品德与社会》课程出发的和谐统一的学校德育模式，提高德育工作的针对性和实效性，我们在全校积极开展争创"新三好"活动。现将"新三好"评选、表彰活动的实施办法公布如下，并试行。

一、新三好评价的内容及意义

"老三好"的评选把学生的表现局限在课堂上、学校里，对学生在家庭和社会上的表现则没有纳入其中，表现出相当的局限性。

"新三好"是对学生生活的真实反映，反映了儿童是在个人、家庭、学校、社区、祖国、世界这个不断扩大的生活圈中成长的。

"好孩子、好学生、好公民"是新三好的基本内容。在评选标准上我们针对不同年段学生的特点和培养目标提出了有针对性的要求，制定了细节化的标准，改变了以往概念化的标准模式。标准不求高，不求全，只求能做到。

"好学生"的具体标准为"爱学习+全面发展"，"好孩子"的具体标准为"爱父母+勤劳节俭"，"好公民"的具体标准为"爱社会+遵守公德"。

"新三好"与传统的德智体"老三好"不同，更强调其个体发展和社会性，要求学生做社会的"好公民"、学校的"好学生"、家庭的"好孩子"。

"新三好"以学生不断扩大的生活领域以及他们在其间所担任的不同角色从社会、学校、家庭三个维度对学生进行评价，彰显了学生的社会性，强调教育培养的是社会意义的"人"。在"智"的方面，在不放弃对学生"学习"要求的同时弱化了"分数"要求。

"新三好"评选与表彰体现面向全体的原则，使每个学生都有努力的方向和奋斗的目标，满足不同层次学生的自我发展需要，以评选活动为载体，着眼于培养学生良好的道德品质和行为习惯，寓教育于评选过程之中。

二、新三好评价的过程与方法

1. 构建三位一体的评价平台

学校分管德育工作的领导、德育处、大队部、教导处、班主任、家长委员会代表、社区有关人员组成"新三好"评选工作小组。

2. 多元评价，综合考评

"新三好"根据标准进行综合考评。★：表示全做到；◆：表示大部分做到；▲：表示部分做到；○：表示没有做到。年度开学时，学生根据标准并结合自己实际情况自主申报本学年争取达到的"新三好"目标；每学期分期中、期末两次进行评选表彰，学生对自己的申报目标达成情况进行自我评价，然后再进行同学评议、家长评议和教师评议。学校对"好孩子、好学生、好公民"分别进行评选，单项表彰，三项全部优胜者评为"三好学生"。

"新三好"表彰前，要在班级、学校橱窗、学校网站、学生所在的居委会（小区）进行公示。

3．大力宣传，营造氛围

学校切实加大争创"新三好"活动的宣传力度，校大队部将通过一系列活动，如利用橱窗、广播站、国旗下讲话等方式，对表现积极、品学兼优的同学进行及时的宣传报道，在校内营造良好的社会舆论氛围。

4．在南京市小学生成长记录袋中强化"新三好成长记录"

为了清楚记录学生成长的每一步，学校在南京市小学生成长记录袋中强化"新三好成长记录"，将每个学生所使用的《新三好评价手册》、总结评价资料和各种荣誉证书等一一存档，完整保存。

南京市上元小学新三好评选细则

一、评选原则

1．面向全体，让每位学生享受评价的快乐。

2．遵循学生的年龄特点和心理需要。

3．以发展的眼光进行多元的评价。

4．让评价成为学生生活的一部分，寓德行成长于评价过程之中。

二、评选过程及方式

1．每学期期中、期末各进行一次评选。

2．好孩子、好学生、好公民分别评选，分项表彰，三项全部优胜者评为三好学生。

3．发放《新三好评价手册》。评选时，根据新三好评选标准，逐条评价。

★：表示全做到；◆：表示大部分做到；▲：表示部分做到；○：表示没有做到。

首先进行自我评价，然后再进行同学评议、家长评议和教师评议。

"好孩子"由孩子和家长共同评价。

"好学生"由同学（包括学生本人在内的小组）、老师共同评价。

"好公民"由同学（学生本人所在小区的同学）、家长、社区有关人员共同评价。

好孩子、好学生、好公民的单项评选，新三好的综合评选，按一定的比例分班级和校级进行，评选时主要看★的多少，在★相同时比◆多少，在★、◆相同时比▲多少。

4．参加校级评选的，上报学校德育处，由评审小组进行综合评估，并颁发奖状或证书。

5．"新三好"表彰前，要在班级、学校橱窗、学校网站、学生所在的居委会（小区）进行公示。表彰后，在班级、学校进行展示和宣传。

附件：南京市上元小学新三好考评表（以六年级为例）

南京市上元小学六年级学生新三好考评表（在家做个好孩子）

序号	指标内容	考评人员	考评过程				考评结果		
			第一学期		第二学期		第一学期		第二学期
			期中（◆ ▲ ○ ★）	期末（◆ ▲ ○ ★）	期中（◆ ▲ ○ ★）	期末（◆ ▲ ○ ★）	期中 / 奖惩事项 / 期末		期中 / 奖惩事项 / 期末
1	按时完成家庭作业，不会的题目，主动向家人或别人请教。	自评							
		家长评							
2	按时作息，能有条理地安排自己一天的学习和生活。	自评							
		家长评							
3	自己的房间自己整理、清洁、美化。	自评							
		家长评							
4	能承担洗衣、洗碗、拖地、倒垃圾等一些力所能及的家务活。	自评					家长意见		家长意见
		家长评							
5	不挑吃穿，购买物品时，能和父母商量，不乱花钱。	自评							
		家长评							
6	关心体贴父母，心存感恩，父母生病时，能尽力照顾。	自评							
		家长评							
7	尊重父母的意见和教导，经常把学习、生活、思想情况告诉父母。	自评							
		家长评							
8	与父母产生误会时，能耐心向父母说明情况，不发脾气。	自评					班主任意见		班主任意见
		家长评							
9	对父母或长辈有意见时，应有礼貌地提出，不闹脾气，不顶撞。	自评							
		家长评							
10	勇于承认错误，知错就改。	自评							
		家长评							
11	在不使用时，能将水、电、气的开关、龙头关好。	自评							
		家长评							
12	安全地使用家用电器，不玩火、不玩电，不做有危险的游戏。	自评					学校意见		学校意见
		家长评							

续表

序号	指标内容	考评人员	考评过程				考评结果					
			第一学期		第二学期		第一学期			第二学期		
			期中	期末	期中	期末	奖惩事项	期中	期末	奖惩事项	期中	期末
13	阅读、观看有益的图书、报刊、音像、网上信息和广播电视节目。不玩时间看电视、玩游戏。	自评	◆	◆	◆	◆						
		家长评	★	★	★	○						
14	有自我保护意识，遇到紧急情况时，能用多种方式来保护自己。	自评	▲	▲	▲	▲						
		家长评										
	各类评价合计											

说明：★：表示全做到；◆：表示大部分做到；▲：表示部分做到；○：表示没有做到。

南京市上元小学六年级学生新三好考评表（在社会做个好公民）

序号	指标内容	考评人员	考评过程				考评结果					
			第一学期		第二学期		第一学期			第二学期		
			期中	期末	期中	期末	奖惩事项	期中	期末	奖惩事项	期中	期末
1	过马路走人行横道，不闯红灯，不乱穿马路，不在马路上追逐打闹。	自评	◆	◆	◆	◆						
		小组评	★	★	★	○						
2	见到邻里长辈要用尊称主动问好打招呼。	自评										
		小组评										
3	到邻居家做客先敲门，经允许再进入，不随意翻动别人的东西，不私拿别人的东西。	自评										
		小组评										

续表

序号	指标内容	考评人员	考评过程																考评结果			
			第一学期								第二学期								第一学期奖惩事项		第二学期奖惩事项	
			期中				期末				期中				期末				期中	期末	期中	期末
			★	◆	▲	○	★	◆	▲	○	★	◆	▲	○	★	◆	▲	○				
4	答应别人的事努力做到，做不到时应表示歉意。	自评																	居委会意见		居委会意见	
		小组评																				
5	不打扰别人的工作、学习和休息。	自评																				
		小组评																				
6	遇人问路，认真指引。	自评																				
		小组评																				
7	主动帮助有困难的人和残疾人，乘车时主动给老幼病残孕让座。	自评																				
		小组评																				
8	不吸烟、不喝酒、不赌博，远离毒品，不参加封建迷信活动，不进入网吧等未成年人不宜入内的场所。	自评																	班主任意见		班主任意见	
		小组评																				
9	见义智为，有策略地同坏人坏事作斗争。	自评																				
		小组评																				
10	爱护居住环境，不乱倒垃圾，不损坏一草一木。	自评																				
		小组评																				
11	爱护公物，不在建筑物和文物古迹上涂抹刻画。	自评																				
		小组评																				
12	知荣辱，不做有辱人格的事。	自评																	学校意见		学校意见	
		小组评																				
13		自评																				
		小组评																				

序号	指标内容	考评人员	考评过程				考评结果			
			第一学期		第二学期		第一学期 奖惩事项		第二学期 奖惩事项	
			期中	期末	期中	期末	期中	期末	期中	期末
说明	★：表示全做到；◆：表示大部分做到；▲：表示部分做到；○：表示没有做到。	各类评价合计	★ ◆ ▲ ○	★ ◆ ▲ ○	★ ◆ ▲ ○	★ ◆ ▲ ○				

南京市上元小学六年级学生新三好考评表（在校做个好学生）

序号	指标内容	考评人员	考评过程				考评结果			
			第一学期		第二学期		第一学期 奖惩事项		第二学期 奖惩事项	
			期中	期末	期中	期末	期中	期末	期中	期末
1	奏国歌时要立正向国旗行队礼，不说有损国格的话，不在人民币上乱写乱画。	自评 / 同学评					任课教师意见		任课教师意见	
2	尊敬老师，见面主动问好，接受老师的教导，能与老师交流。	自评 / 同学评								
3	同学之间友好相处，互相关心，互相帮助。	自评 / 同学评								
4	不欺负弱小，不说脏话，不讥笑、戏弄他人。	自评 / 同学评								
5	按时上学不迟到，不早退，不逃学，有病有事请假，放学后按时回家。	自评 / 同学评								
6	参加活动要守时，不能参加事先请假。	自评 / 同学评								

续表

序号	指标内容	考评人员	考评过程								考评结果					
			第一学期		第二学期						第一学期			第二学期		
			期中	期末	期中	期末					奖惩事项	期中	期末	奖惩事项	期中	期末
7	能做好课前准备，上课专心听讲，主动发言，声音响亮，能认真听同学发言。	自评														
		同学评														
8	课前预习，课后认真复习，按时完成作业，不抄袭。	自评									班主任意见			班主任意见		
		同学评														
9	考试认真、细心，不作弊。	自评														
		同学评														
10	认真做广播操和眼保健操。坐、立、行、读书、写字姿势正确。积极参加有益的文体活动。	自评														
		同学评														
11	排队时按指定位置站好，做到快、静、齐。	自评														
		同学评														
12	积极做好服务工作，积极参加学校组织的各种劳动和社会实践活动，不做有损集体荣誉的事。	自评									学校意见			学校意见		
		同学评														
13		自评														
		同学评														
		各类评价合计														
说明	★：表示全做到；◆：表示大部分做到；▲：表示部分做到；○：表示没有做到。															

南京市江宁区岔路学校学生评价方案

（一）评价原则

激励：通过评价强化学生积极的学习情感，激发学习的热情，激活教师专业成长的热情，使师生在校本课程实施过程获得成功的体验和成长的快乐。

自主：校本课程的设置是为了拓展学生的知识面，开拓学生的视野，培养学习的主动性和自觉性，因此评价要按照自主的原则进行。

重视过程：各种不同类型的校本课程，强调学生参与性，以及活动的积极性，因此必须重视过程评价。

（二）评价内容和评价主体

评价内容包括课程内容评价和学生发展评价。两者都由学生和教师共同评价。在每个年级价值课程实施过程中，我们建立起学生"价值赏识卡"激励评价方案，通过对学生发展过程的关注，在一定目标指引下，以"价值赏识卡"为激励手段，实施多元化、多角度的激励性评价，让学生体验到成功的愉悦，在赏识中进步，感受到自身存在的价值，促进学生更好地发展。

"价值赏识卡"使用流程

为了进一步推进课程改革和我校的主流价值观培植，学校决定建立一种多元化、多角度、易操作的激励性评价体系，其操作流程如下：

	1分卡	5分卡	20分卡	100分卡	学期评价	中、小学毕业评价
个人价值赏识卡					价值金卡证书 价值银卡证书 价值鼓励证书	价值钻石卡证书
小组价值赏识卡					价值金卡证书 价值银卡证书 价值鼓励证书	价值钻石卡证书
价值赏识卡管理说明	1.每周五德育处发放到教师； 2.教师每节课发放； 3.班主任班级管理发放。	1.每周一中午到德育处兑换； 2.小组统计到园地。	1.每周一中午到德育处兑换； 2.小组统计到园地。	1.学期统计，优秀者可获得学校颁发的"价值金卡证书"（25%）和"价值银卡证书"（25%），并计入学生档案。 2.其他可获得鼓励证书。		获得"价值金卡证书"多的，中、小学毕业典礼上进行特别表彰。
	学生妥善保管，学期结束统计并上缴德育处。					

（三）评价方法

在评价方法上，我们采用座谈会与书面调查法对校本课程内容和实施进行评价。

1．座谈会访谈法。按照学生的学号，采用随机抽样的方法，每个班级抽取5%~10%的学生作为访谈对象，对学校校本课程内容进行评价。座谈会访谈分年级进行，每学期一次。

2．书面调查法。每个学期，一班级为单位随机抽取5%~10%的学生对本学期的价值课程进行评价。

3．学生成长记录手册评价。将学生参与活动与竞赛的情况记录在"成长脚印"里，对学生进行综合评价。

4．对学生的家长发放相关课程的问卷，征求家长对于课程的意见与建议。

此外，还需要根据价值课程的需要，适时地组织一些知识竞赛、表演活动、作品展示等，作为价值课程的评价。

二、对班主任的评价

一位教育家说过："当班主任是做教师的光荣所在、幸福所在。"

对班主任的评价是指对班主任在班级教育管理过程中的工作表现及工作实效的评价，如优秀班主任的评选等。

班主任工作的本真价值在于促进学生发展和班级发展，这是班主任工作的出发点和归宿，也是衡量班主任工作品质的依据和标尺。因此，对班主任的评价应从专业化的视角出发，从促进班主任的专业发展出发，引导班主任的专业追求，努力提升班主任的需要层次，促进班主任主体价值的不断攀升。

①评价主体

美国著名教育评价学者豪斯（E．R。House）认为，教师评价是一个民主的"价值协商"过程，应当反映各类人群对教师工作的不同价值认识和实际需求。因此，班主任评价应当是一个多元主体参与的评价，可以从不同侧面、多重视角获取评价素材，提高评价过程的透明度和评价结果的客观性，有效避免评价中容易出现的"以偏概全"的现象。

自我评价

班主任依据评价标准对自身所作的评定和价值判断称为自我评价。传统的班主任评价往往以领导为主，作为评价对象的班主任完全处于被动地位，没有任何发言权和主动选择的余地。这样的班主任评价忽视了评价过程中评价者与被评价者的双向交流，造成了领导和班主任之间的不平等关系，不利于调动班主任改进班主任工作的积极性。由于缺乏对班主任的尊重和信任，这种评价更倾向于对班主任实行监督控制，通过评价来加强对班主任的行政管理和约束，以此促使班主任努力工作。因此在实施中它表现出较强的行政色彩，注重自上而下的单向交流，重结果评价轻过程评价，重概括性的优劣评定轻具体问题的信息反馈，重领导权威轻班主任的情感感受，导致了班主任评价的严重异化。这种评价不仅难以使班主任成为积极的参与者，而且时常引起部分班主任的冷漠、抵制甚至公开反对，有时还会影响领导与班主任、班主任与教师、班主任与学生之间的团结。

班主任的自我评价一是有利于班主任角色的内化。即通过自我评价的实践，加深对班主任职责任务的认识和理解，促使其自觉规范和约束自己的教育行为。二是有利于激励班主任的内在动机。自我评价通过自我教育机制，能够使班主任在个体和集体的动态发展中、在自我评价得出的差距和由此产生的思变力量中获得自我发展和完善的内在力量。三是有利于鼓励班主任积极参与评价过程，增强主人翁意识和民主气氛。同时也可以拓宽评价信息的搜集渠道，提高评价结果的可靠性和有效性。

学生评价

学生对班主任的评价具有多方面的作用和优势：第一，学生是教育过程的主体，他们对师生关系是否良好，有较深刻的了解，他们的观察比其他突然出现的评价人员更为细致周全。第二，选择学生评价可以最大限度地贴近班主任的平常状态。第三，班主任通过学生评教，可以看出班主任的教育活动对学生影响的程度，找出差距，不断提高教育质量。当然，学生评教有可能会不公正，班主任要以平和的心态坦然面对，静下心来好好反思自己在教育过程中的得与失，对照学生的要求去改变自己不恰当的做法，把自己对学生的关心、爱护和严格要求以一种学生能够接受的态度表达出来。

领导评价

教育行政管理人员对班主任的评价，在某种程度上也应属于同行评价的范畴。它对于把握班主任工作状态，优化教育决策，完善教育质量，无疑有着重要的作用。但行政管理人员既是教育教学的具体决策者和执行者，又是具体的评价者和考核者，两种角色集于一身，难免会造成评价中的偏差，所以一定要与其他形式的评价结合进行。领导参与班主任评价，可以促进班主任个人发展目标与学校发展目标的整合，激励班主任拓展自身的潜能，在自我的不断超越中推动学校的发展。同时，领导的客观公平的评价和有的放矢的指导，能帮助班主任树立正确的教育观、学生观。这种评价也促使领导深入基层了解情况，增强和班主任的沟通和互动。

同行评价

同行评价在创造学校浓厚的教育氛围与专业发展气氛上有很大的潜在价值。因为同行作为专业人员，他们非常了解班主任工作的性质和存在的问题，在评价班主任的专业水平与能力方面，同行处在最有利的地位，最能对班主任改进他们的教育工作提出具体与实用的建议。

班主任互相评价的过程，具有多方面的价值：一是互相展示。它使班主任有机会讨论和反省自己的工作表现，有机会畅谈自己的工作业绩和压力，从而减轻压力，变得更坦诚。二是互相认同。学校领导不可能对班主任都十分了解，对班主任的评价，往往受熟悉程度的影响。开展班主任互相评价，重视了群体的公论，评价结果容易被认同，也能够增强班主任的责任感和归属感。三是交流学习。它促使班主任实现强强联合，强弱合作，从而使原有的信息和经验在流动中被激活、增值；促进班主任相互间的合作与交流，让每个班主任都能收获单独学习所得不到的东西，从同事那里获得信息和借鉴，以吸收经验，少走弯路。

家长评价

评价服务质量最有发言权的是服务对象。没有家长的满意与认可，班主任的工作价值就无法完全体现。家长对于班主任的判断和评价是客观存在的，家长参与班主任评价，有助于促进班主任反思习惯的形成和反思能力的提高，同时也建立起真正意义上的"教育共同体"。

② 评价方法

班主任评价是学校对班主任进行引导、教育、管理的重要手段，对于班主任的教育思想、管理行为、带班效果具有非常重要的导向功能和动力功能。班主任工作包含的内容相当广泛而且复杂，涉及教育教学的各个方面。单方面的信息无法完整地反映一名班主任的教育表现和综合素质。因此，班主任评价应通过多种渠道，才能得到符合班主任实际的评价结果。

自我评价法和他人评价法。

被评价班主任依据评价标准对自身所作的评定和价值判断称为自我评价。组织有效的自我评价，对于提高被评价班主任的自我认识和自我评价能力，促进其健康发展有着积极的影响和作用。第一，有利于被评价班主任的角色内化。在进行自我评价的实践中，可以加深班主任对客观标准的认识和理解，并按标准要求自己的工作。第二，有利于激励被评价班主任的内在动因。自我评价通过自我教育机制，在个体或集体的动态发展中不断激发自我内在动因，这种自我激励的产生，在于自我评价得出的差距和由这种差距所产生的思变力量，由此促使他们不断前进。第三，在自我评价的过程中，由于对自身行为的自我检查与评定，形成了自我反馈的环节，可以调节自身行为和心理状态，对违反预定目标或标准的自我内在动机进行有效的抑制，符合目标要求的内驱力则得到一定的强化。因此，积极有效的自我评价有助于提高班主任评价的质量，使评价结果客观全面、公正准确。

他人评价又称为外部评价，是指被评价班主任以外的组织或个人依据评价标准所实施的评价。他人评价有一定的客观性，但是由于评价人员的主观性而对评价产生的影响也是显而易见的，因此，进行他人评价时要提高评价人员的素质，端正评价态度，克服评价中的各种偏见，尽量减少评价中的主观性和随意性。

相对评价与绝对评价。

相对评价是以集体内某人为标准的评价，是通过人和人的比较来确定名次，归根结底起到分类划等的作用；绝对评价是以某种目标为基准的评价，是目标到达度或标准满足度的评价。因为相对评价是通过教师和教师的比较来确定名次的评价，所以它的等级名次评定不论是立足于假定的正态分布上，还是立足在假定的其他分布的模式上，最终都是解决名次的问题。评价时制订的标准只是适合于本校或者很小的范围，没有普遍性。因此，利用相对评价时应特别注意，它并不能完全反映出班主任工作的真实情况。某个班主任在这个学校内的工作可以称"好"，在另一个学校内则未必如此。因而相对评价会影响班主任评价的准确性和客观性。

案例研究

"星级班主任"评选机制[1]

班主任的成长很大程度上取决于来自一线的经验积累，为鼓励班主任树立长期坚守一线岗位的敬业精神，南京市建邺区教育局建立了"星级班主任"评选机制。"星级班主任"认定对象为全区所有中小学在职班主任，一个学年评选一次，"星级班主任"的级别从一星到五星分为五个级别，随着星级的晋升，认定的要求不断提高。认定条件及待遇由三部分组成：第一部分是基本条件，主要包括遵守教师"三要八不准"等职业道德规范的要求，学生和家长的认可，班主任工作务实高效等四个基础性的要求。第二部分是从一星到五星五个级别的认定条件。包括任职年限、班集体建设、心理健康教育资格、德育科研、指导青年教师等方面。第三部分是星级班主任的待遇。被授予"星级班主任"称号的班主任，在任职期间，享受绩效工资待遇即星级班主任津贴，星级班主任津贴试行浮动制，在职称评审、先进评选、外出培训等工作中，同等情况下高一级别的星级班主任优先。

案例：

从20世纪80年代中期以来，建邺区教育局坚持全面开展班集体的创建工作并在评价机制上得以落实，现业已日臻完善。经过长期的努力，目前已总结了丰富的创建与评价的经验，不仅在全区形成了班集体建设文化，彰显了特色，而且在省内外具有一定的影响。

在长期的班集体建设的实践中，建邺区教育局进一步看到了班主任的地位和工作价值：班主任是学校全面实施素质教育的直接承担者，是学生一段生命历程的忠实伙伴，是影响学生健康成长的重要他人，是学生精神发育的主要关怀者，是提升班级文化品质的主持人。应该说，班主任工作是一门以入学为基础的多种学科相融的科学性极强的工作。班主任在学识、人格、能力等方面的专业化成长的问题已日益受到人们的普遍关注。基于这样的思考，建邺区教育局经过充分的实地调研与实践论证，探索出一条引领和促进班主任专业成长的激励评价制度，即"星级班主任"评选机制。

从2006年开始，"星级班主任"评选机制经历了调研酝酿、实践摸索、制度完善等过程，一套较为完善的"星级班主任"评选机制建立起来了，为建邺区班主任队伍建设提供了

1　张生. 南京市中小学德育创新案例集锦. 南京：江苏教育出版社，2009：9

良好的抓手，为班主任个人专业化发展提供了目标，使他们找到了主动发展的增长点。同时，"星级班主任"评选推动了区域德育工作的整体水平向更高层次迈进，为全面提升建邺区教育品质奠定了坚实的基础。建邺区教育局出台了《建邺区"星级班主任"认定办法》，"星级班主任"认定分为五个级别，分别是一星到五星，"五星"为班主任的最高认定级别，每个星级都有相应的认定条件，认定的内容涉及任职年限、班集体建设、心理健康教育资格、德育科研、指导青年教师等方面。每学年认定一次，班主任根据认定条件自主申报，学校审核公示后上报区教育局评审认定。班主任认定为"星"之后享受星级班主任津贴。为了能够顺利开展"星级班主任"的首次认定，建邺区教育局又制定了《建邺区"星级班主任"认定过渡办法》，作为"认定办法"的补充文件一并下发。

2008年、2009年先后进行了两批"星级班主任"的评选认定工作，共认定一星班主任204名，二星班主任218名，三星班主任13名，四星班主任3名，占2009年全区班主任总数的74%。具体的认定办法是：一、二星级班主任由学校组织评审小组进行评审。认定程序为个人申报，学校组织评审，公示后上报区教育局认定。三、四、五星级班主任由区教育局组织评审小组进行评审认定。认定程序为个人申报，学校审核推荐，区教育局组织专家评审，公示后由区教育局认定。四、五星级班主任需进行校内民主测评。

参评一星级班主任需连续担任2年（或累计担任3年）及以上的班主任工作。参评二、三星级班主任，需要在前一星级班主任任职期间连续担任2年（或累计担职期间连续担任3年（或累计担任4年）及以上的班主任工作。参评二、三、四、五星级班主任在前一星级班主任任职期间，其班级管理工作需要在学校同类班级中处于中等及以上水平。

结合建邺区的班集体建设和验收评估工作，参评一星级班主任在担任班主任工作期间至少2次通过区教育局相应的"班集体建设"验收。参评二、三星级班主任在前一星级班主任任职期间至少2次通过区教育局相应的"班集体建设"验收。参评四、五星级班主任在前一星级班主任任职期间至少3次通过区教育局相应的"班集体建设"验收。

开展星级班主任评选认定工作，除了为促进班主任个体专业化成长之外，也为强化区域德育优势资源的整合与辐射，培养素质优良的建邺德育队伍。因此，申报三星级班主任的，在二星级班主任任职期间，至少指导1名以上青年教师班主任工作，被指导的青年班主任的班级管理工作，在学校同类班级中处于中等及以上水平。申报四星级班主任的，需在三星级班主任任职期间，至少指导2名以上青年教师班主任工作，被指导的青年班主任班级管理工作，在学校同类班级中处于中上等水平，并在德育工作方面获得过校级及以上奖项，且在三星级班主任任职期间，开设过校或区级及以上德育工作专题讲座，其本人在市、区德育工作领域有一定的影响和知名度。申报五星级班主任的，在四星级班主任任职期间至少指导2名以上青年教师班主任工作，被指导的青年班主任班级管理工作，在学校同类班级中处于上等水平，并在德育工作方面获得过区级及以上奖项，且在四星级班主任任职期间开设过市级及以上德育工作专题讲座，其本人在省、市德育工作领域有较高知名度。

在"星级班主任"评选的良性和谐的互动中，促进了班主任专业化主体性成长。第一，增强了班主任工作的主动性和积极性。以前，班主任岗位主要靠学校的行政安排，而实行"星级班主任"之后，学校出现了教师主动向学校申请担任班主任的现象，中小学校也开始首次制定了班主任竞争上岗相关制度，为班主任队伍输入优秀人才提供了保障。第二，提升了班主任的专业素养。"星级班主任"机制为班主任建立了循序渐进的目标。有了机制的保障，班主任自主发展意识也在不断增强，班主任参加心理健康教育培训的越来越多，积极参加德育论文、少先队工作论文评比的越来越多，开展各种德育实践活动设计与评比的越来越多，积极开展德育案例和课题研究的越来越多。全区班主任的德育工作正在由完成浅层次的工作量的被动要求转向对高品质德育工作的主动追求。第三，提升了学生思想道德素养和心理品质。随着班主任专业素养的提升，大多数班主任都能针对学生的个性特征，运用科学有效的教育管理方法，正确面对和妥善解决学生成长中的问题。班主任正逐渐从"保姆"和"警察"的角色中隐退，而成为学生人生之旅的引导者、学生学业的促进者、学生心理问题的疏导者。教师对学生的评价也不再局限于学生的学业水平，而是倾向于立体、多元的评价，让每一个学生都能得到发展，使学生的优点得到肯定和赏识。学生心理问题也得到了缓解，学生能以更好的心态对待人生和学业。近几年来，建邺区中小学生中涌现出一大批区级及以上三好学生、优秀学生干部，学生在艺术、科技、体育等领域中的特长也得到了很大发展，仅2009年一年，学生在相关领域获省市区奖的就达一万人次以上。

启示一　班主任专业成长是构建和谐育人环境的需要。班主任是教师队伍的重要组成部分，班主任的专业发展直接关系到育人水平的高低。只有班主任具备了较高的专业能力，建立正常的班级秩序，才能有效地解决班级教育工作中的问题，形成良好的班集体，较好地完成育人的工作任务。目前班主任工作大都没有取得其应有的主体地位，而是自觉不自觉地依附于教师的学科教学工作。部分学校没有考虑过如何提高班主任工作的整体水平，也没有提出明确的班主任培训目标。因此，教育主管部门和学校需要把班主任专业成长列入重要日程，对班主任专业成长的有效路径进行整体规划。

启示二　建立科学的班主任专业发展评价体系是激发班主任自我发展动力的平台。根据马斯洛提出的需求层次理论，人的最高价值追求是"自我实现"的需要。这一概念向我们阐明，人是积极向善的，也有无限发展的潜能。但是，需要我们努力去搭建一个平台以满足班主任的自我实现需要，满足班主任寻求自我价值体现的需求，帮助他们激发自身潜能，引领他们在专业化成长道路上自主成长。科学的班主任评价体系，不仅能发挥导向功能，还有判断、调节和改进的功能："星级班主任"评选机制的建立搭建了班主任阶梯式发展的台阶，它是班主任专业发展的方向标和指挥棒，也是学校判断班主任发展合格与否、优秀程度、水平高低等的重要依据，它能促进班主任对照评价标准不断进行专业上的自我改进和自我完善，从而促进班主任、学生和学校的和谐发展。

启示三　提高班主任科研意识，引领班主任走科研之路。班主任主动参与教育科研，可以增强发现问题的敏感性和解决问题的针对性，就不会仅限于烦琐的事务性工作，而是投入到解决自身工作存在困惑的理性思考与实践的过程中，从而提高工作的科研含量。在"星级班主任"评选标准里，有促进班主任开展教育科研的要求，要求包含撰写德育论文和案例，个人课题研究，参与心理健康咨询和疏导，这样的评价内容和标准培养了班主任的教育科研兴趣，引领他们走上做研究型班主任的道路。（执笔：王灏晓）

评点：南京市建邺区教育局以班主任发展为导向，以激励评价为手段，建立"星级班主任"评选机制，取得很好的效果。一是全员性评选。评选是一种教育评价，而教育评价是教育改革和发展的杠杆和动力。"星级班主任"评选有别于"优秀班主任"评比，"优秀班主任"评比是一种如同"先进教师"的评比，是针对少数的评比，目的主要是激励先进；而建邺区"星级班主任"评选则是如同教师的职称评审，针对的是全体班主任，目的是促进班主任的有效发展。二是等级式评选。当前许许多多的评比是一次性评比，是终极性评比，评比完毕，实施奖励，工作也就结束，没有下文，这样的评比是一次性的，效果也是一次性的。而"星级班主任"评选则是等级式、台阶式的评选，设计了可以让班主任拾级而上、逐步攀登的进步阶梯。三是竞争性评选。从一星级班主任到五星级班主任，这是五个上升的台阶，是五个成长的阶段，是五种不同的要求，是五种认证标准，是一条班主任成长的路径。在五级班主任评选面前，勇者上，能者上，智者上，这就是一个竞争的机制。四是多元性评选。从班主任自评到学校审核，再到区教育局评审。

③ 评价标准

所谓评价标准是指人们在评价活动中应用于对象的价值尺度和界限。评价的客观性因素是评价标准具有科学性的重要依据。班主任评价标准是评价活动方案的核心部分，是班主任价值认识的反映，它表明了班主任要重视什么，具有引导班主任向何处努力的作用。无论是自我评价和他人评价，还是相对评价和绝对评价，都要有明确的评价标准。

一是要对班主任评价标准进行详细的诠释。在制定班主任评价标准时，每一条标准都要有相应的指标和示例。这样可以为评价者和本人开展评价提供了极大的方便，使他们能够准确地理解和运用标准，不会出现歧义或模糊的问题。因此，在评价之前将标准的内涵界定清楚，并举出适宜的范例，对于提高评价结论的效度和信度是非常重要的。

二是在评价标准的制定过程中要让班主任参与其中。在制定班主任评价标准时，要让班主任参与讨论，并在讨论中达成共识，确立共同遵守的标准。长期以来，评价标准的制定往往追寻的是一条客观主义道路，使班主任与班主任工作评价分离，评价标准与班主任的认识分离。但实施的结果，班主任对评价标准往往不认同，对评价的结果不认同，结果很难促进班主任的专业发展。只有班主任参与了，达成了共识，才能保障评价的有效性。

　　三是班主任评价标准应彰显选择性。许多学校在选择、培养、使用和评价班主任时往往遵循单一的模式，制订一个标准，提出统一要求，剥夺了班主任的选择权利，限制了班主任的发展空间。班主任的专业发展过程，应是一个选择的过程。班主任应该有着多种专业发展的样式。班主任只有在选择适合自身实际的专业发展范式的过程中，才能获得真正的专业发展。就价值实现的角度而言，班主任专业发展应有人格示范型、学科专家型、学习指导型、教育引领型、经营管理型等多种范式。班主任评价应在倡导选择意识、建构选择机制、鼓励多样发展方面"有所为"。

　　四是班主任评价标准应具有差异性。目前我国中小学班主任评价的一个突出弊端是评价标准的绝对统一性。大多数学校仍然采取"一表通用"的评价模式，对所有班主任使用完全相同的评价表。由于这种评价没有考虑到班主任的年龄、学历、专业背景、教育年限和班级差异等因素，用一把尺子衡量不同的班主任，往往导致评价结果不能令班主任信服。班主任在不同发展时期需要与其相适应的评价标准，如果用同一套标准来实施评价，势必反映不出班主任与班级的特点，也发现不了班主任在专业成长中的特殊需要，长久如此还会使班主任一味追求统一固定的评价指标，压抑个人的创造潜能，扼杀独特的教育风格。

　　相比之下，美国中小学教师评价在关注教师差异方面显示出许多优势，能够针对不同的教师制定出对应的评价标准。我们可以借鉴美国的经验，集合一切可能的研究力量，对现阶段我国中小学班主任必须达到的专业标准进行深入探讨，对不同年龄和学年段的班主任应当具备的专业能力提出明确的要求，以此构建起能够激励每一位班主任成长的个性化评价标准。

🔍 案例研究

吴江市实验小学班主任（辅导员）专业化等级资格标准（修订稿）[1]
（一星级）

类别	考核标准	考评方法
基本功（10分）	每学年参加学校组织的班主任（辅导员）基本功竞赛。（10分）	一等奖得10分，二等奖得8分，三等奖得6分。
进修、培训（15分）	1. 每学期至少读一本有关班主任（辅导员）方面的著作，并至少有一篇读书笔记。（3分）	有读书笔记或读后感反映读书情况，有读书笔记一篇得3分。
	2. 参加学校组织的班主任（辅导员）培训。（4分）	参加班主任（辅导员）培训每学时得0.5分，封顶4分。
	3. 每学期听班队或品德与生活（社会）研讨课至少4节。（4分）	每节课得1分，封顶4分。
	4. 参与网页建设。（4分）	有质量的帖子每个0.2分，最多得3分；有班主任教育个人专帖或班队专帖可得1~2分。

1　星级班主任评价办法[EB/OL].http://www.wjsx.com/czxq/ReadNews.asp?NewsID=1167

续表

科研成果（15）附加分（5分）	1. 参与一个德育或少先队特色活动的研究。（5分）	参加特色研究，有资料反映，加2~3分；成果显著得4~5分。
	2. 认真撰写德育随笔、论文。（8分）	每学期写3篇教育随笔，每篇得1分，优秀再加0.5分；1篇教育论文或案例，每篇得2.5分，优秀再加1分；论文市级以上获奖或发表每篇2分，10分封顶。
	3. 积极参与德育类研讨活动。（2分）	承担校级德育类研讨课每次得2分，市级以上每次得4分。（5分封顶）
教育实绩（60分）	参照《吴江市实验小学班队管理百分考核表》。	看考评结果，考评A等得51~60分；考评B等得43~50分；考评C等42分以下。
备注	1. 总分得80分以上可获得一星级班主任（辅导员）资格； 2. 班队工作考评C等则不能获评； 3. 上岗一年内班主任（辅导员）因为在试用期不得参评。	

吴江市实验小学班主任（辅导员）专业等级资格标准

（二星级）

类别	考核标准	考评方法
基本功（6分）	每学年参加学校组织的班主任（辅导员）基本功竞赛。（6分）	一等奖得6分；二等奖得4分；三等奖得2分。
进修、培训（14分）	1. 每学期至少读两本有关班主任（辅导员）方面的著作，并至少有一篇读书笔记。（4分）	有读书笔记或读后感反映读书情况，读每本书得2分，封顶4分。
	2. 参加校级或校级以上班主任（辅导员）培训。（4分）	参加校级班主任培训每学时得0.5分，封顶3分；参加市级以上班主任培训每次得1分，2分封顶。
	3. 每学期听班队或品德与生活（社会）研讨课至少4节。（2分）	每节课得0.5分，封顶2分。
	4. 参与网页建设，有班主任论坛个人或班队专帖。（4分）	有班主任论坛个人专帖或班队专帖可得2~3分，承担版主得1分。
科研成果（20）附加分（5分）	1. 承担一个德育特色活动的研究，每学期有活动规划、总结、过程资料，在校内有一定影响。（5分）	有规划、总结、过程资料，加3分；成果显著得4~5分。
	2. 认真撰写德育随笔、论文。（5分）	每学期写3篇教育随笔，每篇得0.5分，优秀再加0.5分；1篇教育论文或案例，每篇得1分，优秀再加1分；论文市级以上获奖或发表每篇2分，8分封顶。
	3. 每学期至少上一节校级班队或品德与生活（社会）公开课，或作一个讲座。（3分）	每节课得2分，市级以上每次得3分。（5分封顶）
	4. 辅导学生参加德育类比赛等，成果显著。（3分）	根据成果情况给1~3分，市级一等奖1分；二等奖2分；三等奖1分。
	5. 带好一名徒弟。（4分）	带一名徒弟可得2分，看徒弟的进步加1~2分。
教育实绩（60分）	参照《吴江市实验小学班队管理百分考核表》。	看考评结果，考评A等得51~60分；考评B等得43~50分；考评C等42分以下。
备注	1. 总分得90分可获得二星级班主任（辅导员）资格；班级考评B等就不能获评。 2. 班主任（辅导员）年限少于5年不能申报二星级班主任（辅导员）。 3. 担任班主任（辅导员）10年以上可加3分。	

吴江市实验小学班主任（辅导员）专业等级资格标准

（三星级）

类别	考核标准	考评方法
进修、培训（14分）	1. 每学期至少读两本以上有关班主任（辅导员）方面的著作，并至少有2篇读书笔记。（2分）	有读书笔记或读后感反映读书情况，读每本书得1分，封顶2分。
	2. 参加学校和教育主管组织的各类班主任（辅导员）培训方面的系统培训。（4分）	参加校级培训每学时得0.5分，封顶2分；参加市级以上培训每次得1分，封顶2分。
	3. 每学期听班队或品德与生活（社会）研讨课至少6节。（3分）	每节课得0.5分，封顶3分。
	4. 承担德育网页建设，承担版主，有班主任论坛个人或班队专帖。（5分）	有班主任论坛个人或班队专帖可得2分，承担版主得2~3分。
带教培徒示范性（16分）	1. 每学期带好两名徒弟，徒弟的工作有进步。（4分）	带一名徒弟可得1分，看徒弟的进步加1~2分。
	2. 主动承担学校德育（少先队）主题活动的设计与实践、学生评价、班主任基本功考核等活动，带动班主任开展好德育活动。（8分）	主动承担学校德育主题活动的设计与实践，每月组织一次得1~2分。
	3. 每学期上一节校级以上班队或品德与生活（社会）示范课或作一次讲座。（4分）	校级公开课或讲座每次得1分，吴江市级以上示范课或讲座每次得2分，苏州市级以上每次得3分。
科研成果（20分）附加分（5分）	1. 承担德育（少先队）课题的研究，班队特色明显，在校内有一定知名度。（6分）	参加课题研究，有计划、总结、过程资料，得3~4分；成果显著得5~6分。
	2. 每月至少有一篇德育随笔，每学期至少有1篇德育论文、案例获苏州市级以上获奖或发表。（5分）	每学期写3篇教育随笔，优秀每篇得0.5分；1篇教育论文或案例，优秀每篇得1分；论文市级以上获奖（二等奖以上）或发表每篇2分，8分封顶。
	3. 积极参加校级以上教育行政部门组织的班主任（辅导员）比赛。（5分）	吴江市级竞赛一等奖得5分，二等奖得3分，三等奖得1分；苏州市二等奖得5分，三等奖得3分。
	4. 辅导学生参加德育类比赛等，成果显著。（4分）	根据成果情况给1~4分，市级一等奖1分；二等奖2分；三等奖1分。（6分封顶）
教育实绩（50分）	参照《吴江市实验小学班队管理百分考核表》。	看考评结果，考评A等得51~60分；考评B等得43~50分。
备注	1. 总分得90分可获得资格； 2. 班队考评B等不能获评； 3. 连续三年获评二星级班主任（辅导员），任班主任（辅导员）年限10年以上可以申报。	

三、对班级的评价

班级评价是指对学生班级整体在活动中的表现及成绩的评价，既可以是对班级的全面评价，也可以是对班级在某项活动中表现的评价。通过评价活动，能够帮助学生正确认识自己的优点和不足，理解自己的特点，发现自己的问题，从而更好把握自己的发展方向，调整自己的发展策略。班级教育管理过程中科学运用评价手段，对发挥评价促进学生发展的作用尤为重要。具体的、肯定的评价，有助于增强学生的信心，帮助学生建立促进自我发展的良性循环模式。

① 班级评价的类型。

根据评价的目的、评价的对象、评价的内容、评价的主体、评价的方式等不同，将评价分为这样几个不同的类型。

一是综合评价与专项评价。根据评价内容的范围不同，可以将班级评价分为综合评价和专项评价。综合评价是指根据教育目的和学校的培养目标的要求，对班级进行整体、全面的评价。评价的内容包括班级的各个方面，如班级学生的整体素质、班风、学风、班级的纪律、班级人际关系以及班级完成学校各项任务的表现及取得的成绩等。学校每学年（学期）进行的先进班集体的评选活动就属于综合性的评价。专项评价则是指对班级集体或学生个体的某个方面的表现及取得的成绩进行的评价。如文明班、学习标兵、学雷锋标兵等的评选活动均属于专项评价。

二是自评、他评和互评。根据评价主体的不同，可以将班级评价分为自评、他评和互评。自评是指根据一定的评价标准，对照自己的表现和成绩进行的自我评价。引导学生进行自评，有助于发展学生的自我意识，培养学生的自主精神和自我教育管理能力。他评是指根据一定的评价标准，对他人进行的评价。如班级中学生根据优秀学生的标准对其他同学进行的评价活动属于他评。他评可以引导学生学会正确认识和评价同学，学会欣赏他人、学习他人的优点，激发自己的进步。互评则是指班级中根据一定的评价标准开展的学生间的互相评价。如班级中开展的互相沟通、互相评价、互相学习的活动，引导学生民主参与，在评价中互动，体验"自主"与"责任"的统一。

三是诊断性评价、形成性评价与终结性评价。根据评价目的的不同，可以将评价分为诊断性评价、形成性评价和终结性评价。诊断性评价是指在某项活动开展前对学生进行认知、情感、态度、技能等的评价，其目的在于了解学生的基本情况，为开展教育管理活动提供决策的依据。诊断性评价能够使班级活动的针对性得到提高。形成性评价是指根据教育管理活动开展过程提供的反馈信息进行的评价，目的在于及时根据信息调整教育管理的进程或策略，使教育管理活动更有效地进行。终结性评价是指当某项活动进行到一定的阶段或者完成了相关的任务后进行的评价，目的在于确定活动的成效或确定活动的影响程度。诊断性评价、形成性评价和终结性评价的目的和对象有一定的区别，在运用过程中可以根据评价的需要将其有机结合，全面发挥评价的功能。

② 班级评价的功能。

班级评价是班级管理的重要手段，科学运用这一手段对班级和学生的发展能够发挥积极的功能。班级评价的功能主要表现为总结选拔功能、引导发展功能、展示激励功能、反馈调控功能、记录成长功能、反思改进功能。

一是规范管理功能。班级管理中的评价有助于使班级管理规范化和有序化。从评价标准的讨论和制订，到按照评价标准开展具体的评价活动的过程，实际上是引导学生提高认识的过程，也是引导学生逐渐按照评价标准参与班级的活动以及进行班级的管理，努力将评价标准的要求落实到班级活动的过程。班级管理的评价过程有助于将班级规范内化为学生的行为要求，形成班级遵章守法、按规办事的氛围，使班级各项活动的开展有序进行。

二是总结选拔功能。总结选拔功能是班级评价的基本功能，是指在班级教育管理中，按照一定的目的或要求，对班级或者学生个体进行评价，选拔出符合条件的学生予以奖励或者惩罚。这是班级常用的管理手段。

三是引导发展功能。班级评价的根本目的在于促进班级以及学生个体的发展。班级评价除了基本的选拔功能外，最重要的功能就是引导发展功能，这种功能是指通过班级评价达到引导班级和学生的发展方向的作用。班级评价一般是以《中学德育大纲》《中小学生守则》《中学生行为规范》等为依据，同时根据学校的培养目标以及班级制订的各项规范要求，对班级集体以及学生个体进行评价，引导学生朝着这些要求的方向努力。可见，对班级集体以及学生进行评价将对学生的言行起到导向的作用，养成学生遵纪守法的良好品德和行为习惯。

🔍 案例研究

著名优秀班主任李镇西老师引导班级学生小组开展各种竞赛活动的过程实际上也是反映了通过评价、竞赛等活动，让学生学会自我评价，促进班级学生的进步，充分体现了评价对班级及学生发展的引导作用。

引进竞争机制，开展小组之间的各种竞赛，推动班级建设的蓬勃发展。具体的做法是：

1. 合理分组。小组类型太多等于没有小组。为了便于竞争，我在班上只设一种小组，这种小组一旦建立，便"永久"不变，而且既是学习小组，也是卫生小组，又是体育小组，还是文娱小组……之所以将小组固定不变，是为了让小组在不断的竞争中增强凝聚力，并看到自己的发展情况。由于是综合小组，因此在人员的编配上，尽可能考虑各种"人才"的和谐搭配，使竞赛的客观条件尽可能统一。这些小组同学的座位也一直不变地紧挨着，如遇调换座位，也是全组一起换，这样便于小组的课堂学习交流与讨论。

2．竞赛全面。竞赛内容尽可能包括纪律要求的各方面和班级、学校各种活动。大致有这些方面：① 课堂纪律；② 学习成绩；③ 劳动卫生；④ 体育比赛；⑤ 文娱演出；⑥ 出勤情况；⑦ 作业收交；⑧ 为班出力；⑨ 行为规范；⑩ 寝室纪律……

3．规则统一。开学初，便由班委、小组长开会，拟定小组竞赛的规则。规则大致有这样几点：一是比赛采用积分制，每个小组的基础分为5100分，然后在此基础上或加或减。如每小组迟到一人次扣1分；代表班集体出去比赛篮球每人加两分等。二是比赛规则不追求表面上的绝对"公正"，而要体现出对后进组的进步的鼓励。如每次单元测验完后，评比进步名次，前一、二、三名的分别加5、3、2分。三是这个比赛只是"行为"比赛，而不是"观念"比赛，即仅就学生"做了什么"展开评比，而不是抽象地评"思想觉悟"。

4．严格监督。规则一旦制订，便由班干部和各小组长严格监督，具体由班长记载各小组积分的进展情况，各小组长也有一本"账簿"，以便查对。积分一月公布一次，使每组都明白本组在全班的地位。

5．客观评比。竞赛情况绘成图表贴在教室里，同时班长和小组长每人手里都有一个底表，这样到了期末评选优秀小组时，根本不用再人为地凭印象"评比"，只需看竞赛表上的积分，优秀小组自然便产生了。

一期的小组竞赛活动，我便有了以下感受：① 竞赛活动确实使小组产生了内在的凝聚力。② 小组凝聚力的产生自然带动了班级风气的好转。③ 竞赛评比使一些不好督促检查的要求得以落实。[1]

四是展示激励功能。展示激励功能是指通过评价为学生提供一个展示的平台，使学生在评价过程中展示自己的努力、才能和成绩，引起学生的体验，激发学生积极的行为动机，进而使学生好的品德和行为得到肯定和强化，不良的行为得到及时的纠正。如班级定期进行各种优秀学生的评选，有助于让学生的才能和成绩及时得到关注和肯定，进而转化为学生进一步发展的动力，对学生的发展产生良性循环的效应。有的班级设置展示栏，将学生的手工制作、艺术作品、习作等展示出来，让全班同学学习观摩，这种评价能够对学生产生积极的效果，有助于激发学生的潜能，促进学生的更大进步。

评价不仅对班级集体的发展具有重要作用，对于班级学生个体的发展同样具有极为重要的意义。班级教育管理评价在学生个体成长中的作用主要体现在：提高学生自我认识水平，增强学生不断超越自我的信心，培养学生自我教育管理的能力。

五是反馈调控功能。反馈调控功能是指通过班级评价可以及时为班级、学生、教育管理

---

1 李镇西．做最好的老师．桂林：漓江出版社，2006：136-137

者提供反馈信息，为教育管理者制订班级教育管理的策略提供依据，也为学生了解班级同学、了解自己、进行自我教育和管理、促进自我发展，提供参考和借鉴。班级教育管理中的评价过程实际上是学生互相理解和学习的过程，通过评价学生进一步了解发展的目标，了解他人表现，找到自己的差距，调整自己的努力方向。如有的班主任在转化后进生的过程中，有意识通过评选活动，选出进步最快的学生，树立了榜样，对激发同层次的学生的进步产生了积极的效果。

六是记录成长功能。记录成长功能是指班级教育管理中，通过评价活动，将学生在各种活动过程中的表现以及取得的成绩及时记录整理，形成学生成长的档案袋，便于对学生成长过程有更加全面、细致的认识，能够更加客观地对学生做出准确的评价。对于教育者而言，可以通过评价过程积累的学生成长记录，分析对学生教育管理的策略是否科学，是否具有实效性。对于学生自己而言，也可以通过评价活动积累的成长记录，看到自己的发展和取得的成绩，激发自己继续发展的动力。

七是反思改进功能。反思改进功能是指在班级教育管理中，通过评价活动获得的信息和各种资料，可以帮助教育管理者和学生自己分析取得成绩或者出现问题的原因，发现班级教育管理的规律，寻找更好解决问题的对策。通过评价，促进反思，利于改进，使后续的班级教育管理活动取得更好的效果。

③ 班级评价的内容

通过对班级发展的状况及学生发展的水平进行诊断，把握班级发展的有利条件和不利因素，为制订教育管理策略提供依据。

一是班级发展起点、发展现状及发展潜力的评价。对班级发展基本情况的把握是做好班级教育管理工作的前提，班级教育管理者对班级情况把握得越具体、准确，则在此基础上制订的教育管理措施和策略的针对性越强，也越有可能取得教育管理的实效。对班级起点的评价，主要通过几个方面的渠道：班级学生对班级的自我评价；班级的原班主任及任课教师、其他团队辅导员等对班级的评价；通过对班级的各种资料进行分析，如对学生的思想状态、兴趣爱好、对班级活动的支持度和参与度等的调查结果，班级以往取得的荣誉、各项活动的表现及成绩等的记录，学生对班级的期望等，都是班主任对班级进行评价的依据。对各方面资料进行收集、整理和分析，可以得到班级评价的结果，为制订班级发展的规划以及策划班级教育管理活动提供依据。

二是班级发展目标的评价。班级发展目标是班级发展的导向性因素，发展目标明确、具体、切合班级的实际，才能够发挥对学生班级发展的引导作用，所以，班级的发展目标也是班级评价的一个重要指标。对班级目标的评价主要是从班级目标的全面性、针对性以及可行性来衡量的。

三是班级组织结构的评价。班级的发展离不开学生对班级教育管理活动的积极参与，合理的班级组织结构是发挥学生参与班级教育管理活动的主动性和积极性，形成班级的自我教育管理有效机制的条件。所以，对班级组织结构的评价，主要是评价班级管理机制是否具有合理性，是否能够发挥学生的主体性，是否有助于形成班级的和谐人际关系，是否让每个学生都有锻炼的机会。

四是班级规范及舆论环境的评价。健全的班级规范及良好的舆论环境是班级发展的重要条件。对班级进行评价即是关注班级是否有健全的、对学生的言行能够发挥作用的规范，关注学生对班级规范的认同程度和接受程度，同时关注班级的舆论环境是否有利于学生形成遵纪守法的品德和行为习惯。

五是班级人际关系及心理氛围的评价。人际关系和相应的心理氛围也是班级发展的重要标志，评价班级的人际关系和相应的心理氛围，主要是关注班级的师生关系和生生关系的和谐程度，学生对班级发展是否关心，班级学生是否有共同的兴趣爱好，是否有民主、宽松、包容的心理环境。

六是班风和班级传统的评价。班风和班级传统是班级特色的反映，是衡量一个班级发展水平的主要指标。优良的班集体一般都有良好的班风、学风，有班级优良的传统。评价班级往往也是通过对班级的班风和传统的评价，判断一个班级的发展水平。

④ 班级评价的实施。

班级评价对班级的发展和学生的健康成长的作用是在评价活动的实施过程中逐步实现的，科学的评价是发挥评价作用的重要保障。为此，实施班级评价，必须确立正确的评价观念，掌握科学的评价手段和方法，根据班级评价活动的规律，有序开展评价活动，才能有效发挥评价促进的作用。

一是班级评价的形式和方法。由于班级评价的类型不同，评价的形式和方法也不同，班级评价常用的方法主要有：定量评价、定性评价、档案袋（成长记录袋）评价等。

定量评价

定量评价是指通过搜集数据资料，采用教育测量与统计的方法，用精确的数据对评价对象做出结论性的评价。班级管理中采用定量评价的方法是指根据评价的目的和需要，将评价要求量化为具体的数据标准，通过对反映班级和学生的表现的相关数据进行收集，并与评价的数据指标进行比较，从而对班级和学生做出评价。如学生的出勤率、出操率、学生的近视率、体锻达标率、成绩优良率、参加班级活动的人数比例、学生参加出板报的次数等，这些数据能够在一定程度上反映学生和班级的发展状态及趋势，对评价班级具有主要的参考价值。

定量评价在学校评价中得到了广泛应用。现在，大多数学校对班级实施的管理评价，执行的是传统的"扣分制"。设置评比项目，每个项目限定总分，逐项检查评比时，往往对做得好的视而不见，不是找"采分点"，而是找"扣分点"，有时为了拉开差距，"鸡蛋里挑骨头""吹毛求疵"，不惜把原本"枝节"的东西也展示出来，其结果往往是：班级参与评比的积极性下降，代之以漠然、厌恶或恐惧；每个班级往往都是"失败者"，信心受挫，尊严受损；班主任和学生想方设法"补短"而非"扬长"，潜能受到压制。教育是激活、是唤醒，而非"压制"和"冰冻"，教育重在塑造而非改造。评价要建立在相信班主任和学生潜能的基础上，给他们信心和成功的体验，不能把他们变成一个个失败者。变"扣分制"为"加分制"，能有效改变传统方法的弊端，使量化考核走进一片新天地。

定性评价

定性评价是指在搜集资料和现象的基础上，采用系统分析、哲学分析的方法，运用语言文字进行描述，对评价对象做出结论性评价的方法。班级管理定性评价可以借助对学生的观察、谈话、轶事记录、录音等获取非数量化材料，在此基础上对这些材料进行价值评判，从而对学生和班级做出评价。如学生对班级发生的某些现象的看法、学生对执行各种制度的态度、对某些事情处理上的倾向等，这些材料都在一定程度上反映了学生价值取向、对事物的态度等，是评价者做出评价结论的参照依据。班级管理中对学生、班级的描述性评价应该避免采用过于抽象、笼统的语言，尽可能具体，有指导作用。

成长记录袋评价

成长记录袋评价是指教师和学生有意识地将有关班级表现的各种材料收集起来，建立班级的档案袋，并将收集到的各种材料进行合理的分析与解释，以全面反映班级成长过程的状况或成就的一种评价方法。

班级成长档案袋收集的材料具体包括：班级的班风、班训、班旗、班歌等；班级制定的目标；班级活动的计划；班级的各项活动记录；取得荣誉的记录；各项规章制度；班级日志等。班级的这些材料的收集有助于班主任和班级学生看到班级的成长过程，有助于调整班级发展的策略。

班主任应该对收集到的材料进行分析，形成对班级情况的分析诊断报告，真实地反映班级的发展现状。根据对班级发展材料的分析报告，清楚地了解学生发展的优势和存在问题，在此基础上确定帮助改进的计划和策略。

二是班级评价的策略。科学运用班级评价能够有效促进班级的发展，在具体应用中应该注意讲究策略。

定量评价与定性评价结合

定量评价和定性评价两种评价方法各有自己的特点和适应范围，班级评价中应该注意将两者有机结合起来运用。在20世纪60年代之前，人们一度十分重视量化评价，认为只有量化分析才是科学。在这之后，随着社会批判思潮的兴起，人们认识到评价不是一个单纯技术问题，纯粹价值中立的描述是不存在的，因此，评价要对被评价对象的价值或特点做出判断，价值问题由此在评价领域凸显出来，人们评价的重点转向了价值观。20世纪70年代以后，

"量化评价"逐步为"质性评价（定性评价）"所取代。"质性评价"评价理念和方法认为，过去的评价存在"管理主义倾向明显""忽视价值的多元性""过分依赖科学范式"的弊端，并旗帜鲜明地突出了评价中的价值问题，从而突破了评价领域中长期以来所寻求的"客观性""科学性"迷雾，使评价的理念发生了质的飞跃。"质性评价"本身并不完全排斥其他的评价模式，而是视具体的评价任务，与其他的评价模式相互补充。只强调定量评价的话，必然造成评价的片面性。因此，班级教育管理评价应该注意将定量评价与定性评价结合起来，有助于比较全面真实地反映班级的发展状况，为教育管理者科学决策提供可靠的依据。

班级评价是一个正在探索、正在建构中的课题，它更多带有"校本"的特征，因此，每一个班主任都应该是班级评价的学习探索者、实践设计者、行动反思者。

诊断性评价、形成性评价与终结性评价结合

诊断性评价、形成性评价与终结性评价的目的和功能各不相同，班级管理中应该注意将其结合起来。诊断性评价有助于评价者对班级的发展现状进行较好的把握，使教育管理者制定教育管理措施和策略更具有针对性，更能发挥实效。而重视形成性评价有助于教育管理者全面、客观衡量班级和学生发展趋势，判断教育策略的有效性，并对教育管理进程进行必要的调控，保证班级和学生发展的方向。终结性评价则主要是对班级的发展做出阶段性或者结论性的评价，侧重于甄别和选拔功能的发挥。为此，班级教育管理实践中应该避免只重视终结性评价、忽视诊断性评价和形成性评价的倾向，使班级教育管理评价的各种功能更好地发挥，真正实现通过评价促进发展的目的。

自评，他评和互评结合

班级教育管理评价的主体包括班主任、科任教师、学生及家长等，将各方面的评价有机结合，一是可以从多方面收集信息，有助于对班级和学生的全面、客观的评价；二是可以帮助评价对象从他人的评价中发现自身的问题，提高自我认识的水平，明确发展的方向；三是可以通过他评、互评等活动，学会互相欣赏他人的优点，借鉴他人的经验，促进自身的发展。所以，将三者有机结合，对班级及学生的发展都具有积极的意义。另外，将自评、他评和互评结合，也对改变班主任凭印象评价学生，造成"好学生越看越好，差学生越看越糟糕"，打击学生进步的积极性，使差生破罐子破摔的局面，具有一定的作用。

首先，应该重视学生自我评价的积极意义，充分发挥自评对学生发展的导向和激励作用，通过自评提高学生的自我认识水平，帮助学生对自己做出正确的诊断，激励学生不断挑战自我、实现自我、完善自我。

其次，在班级评价中，将来自各方面的评价有机结合，综合全面反映班级学生的表现，使评价更加全面、客观、公正，同时，有意识地对评价进行改革、创新，优化评价的效果，促进班级学生的发展。

综合评价与专项评价结合

　　班级教育管理评价应该体现"多一把尺子就会多一批好学生"的发展性评价精神。对班级和学生的评价不应该用唯一的标准衡量所有的班级和学生。为鼓励发展班级的特色，发展学生的个性特长，班级评价应该提倡将综合评价与专项评价结合起来，重视发现学生的特长，发展学生的个性，让每一位学生都能够体验成功，增强自信心，激发其发展的潜能，为学生个性的发展提供更广阔的空间。

🔍 **案例研究**

从"评选"到"申报" [1]

　　我校的先进班级创建开始于2007—2008学年第一学期，两年多来，学校始终坚持以人为本，以荣誉为抓手，以先进班级创建为平台，调动学生自我教育、自我约束的能动性、主动性和创造性。让学生在激励、信任、自主的氛围中健康成长。

　　1. 遭遇管理"瓶颈"（2005—2007年）。为加强学生管理，学校一直实行精细管理，对学生出勤、纪律、两操、课间纪律、课前准备、就餐、住宿等方面进行全方位监督，分年级考核，考核结果及时公布反馈，每周一小结，每月一评比，每学期一表彰，这种系列化、精细化管理成为学校教育教学的基石和保障。但随着形势的变化以及学校对考核结果的重视，班主任和学生渐渐走向精细管理的误区，为得高分不择方法让班干部"站岗放哨"，考核人员一来，立即向班级学生发出警告，软硬兼施阻挠考核人员扣分……总之，一扣分满脸不满，不扣分皆大欢喜，这给学校德育工作带来一定的负面效应。只重结果，忽视过程，远不是我们德育工作的初衷，仿佛学校的精细管理已到了山重水复的境地，精细管理已出现"瓶颈"。

　　2. 突破"瓶颈"（2007—2008年）。如何夺回学校管理的主动权，改变现状，变被动管理为主动管理，突破精细管理的"瓶颈"，学校积极思索，探索了更适合学生年龄与身心特点、更适合社会发展规律的新德育举措，使德育工作真正落实到学生的学习生活中。坚持以荣誉为抓手，以先进班级创建为突破口，以强化行为规范养成教育为重点，不断增强德育工作的主动性、实效性，形成全员、全方位、全过程参与的德育模式，力争使德育工作形成学校特色。

　　3. 不断完善（2008—2009年）。为使先进班级创建更加科学合理，操作简单易行，过程系统有序，学校每学期开学伊始，召开两个总结会：一是班主任总结会；二是各班班长总结会，采纳他们的合理建议，不断修改调整细节之处，使先进班级创建更符合学校实际。

　　首先，学校出台先进班级创建的名称及标准：（1）学风建设先进班级（学风浓、班风

1　张生. 南京市中小学德育创新案例集锦. 南京：江苏教育出版社，2010：9

正、自觉遵守学习规范；期末班级总均分达校均）；（2）文明守纪先进班级（讲文明；无乱扔乱丢现象；课间无追逐打闹；就餐有秩序，保持餐桌椅干净；无违纪行为）；（3）环境卫生先进班级（教室、包干区干净、整洁；包干区无杂草；室内布置得体美观）；（4）规范管理先进班级（教室物品摆放规范；学生衣着、发型规范；到多功能室上课及上音体美课提前三分钟，排队前往，下课排队回教室，保持安静、有序）。

其次，具体操作程序如下：

（1）申请，班级以书面形式申报单项或多项荣誉（每月第一周）；（2）授牌，利用周一升旗时间给申请班级举行隆重的授牌仪式；（3）挂牌，班级将申请的荣誉奖牌粘贴在教室前门醒目位置；（4）检查验收，一月中（除学风优胜班级外）随机检查（检查人员组成：校长室、德育处、三个年级部主任、各班班长；检查方式：看现场、看材料）；（5）奖惩，奖——创建成功奖励班主任，并给班级送喜报；惩——摘牌。

先进班级创建举措出台后，在师生中引起极大反响，一石激起千层浪，班委干部立即行动起来，召开主题班会，积极展开讨论，发动全班学生签名申请。班主任也被学生的热情所感染，纷纷响应学校德育新举措，被动的"瓶颈"顿时被打破。班主任抓住契机，一方面调动学生争先进、创先进；一方面积极引导学生创建先进班集体；还常常以德育处的名义向班级学生亮出"黄牌"，警示学生自主管理中的不足，提出整改意见，"责令"改正，否则摘牌。经过两年多的实践，全校争先进、创先进已蔚然成风，如今校园全天候干净整洁，放学后桌椅摆放整齐规范，就餐井然有序，到功能室上课有序、安静，课间不再有追逐打闹，班级的学风更浓了……

此项创建有利于培养学生自我选择、自我发展的主体精神和创新精神，不断丰富自我教育的内涵和外延，不断丰富自我教育的活动载体，不断开拓引导学生自我教育的渠道，形成了一条以学生自我教育、自我管理为主，变他律为自律、变管教为引导、变规范为需求的教育之路。

在德育内容方面，过去很长一段时间，常常把某一时期党和国家的路线、方针、政策作为主要甚至唯一的内容进行灌输，在德育过程中未能充分重视让学生生动、活泼、主动地发展。教育要促进人的社会化，被片面地理解为对社会的顺应，而很少强调把人培养成改造社会的主体。在德育过程中，往往把"禁止""防堵"作为立足点，不注重积极疏导并调动学生的积极因素，将批评与惩罚作为常用的教育手段，忽视学生的主体地位和主体性的发展。学生受到只是来自多方面的限制和束缚，独立人格得不到应有的尊重，个性差异也得不到合理的承认。其结果，我们所培养的人常常表现为处在被人支配的地位。

21世纪要求学校培养的人更具有自尊自信、自我控制、独立判断、自立自理等独立的人格，有较高的成就动机、强烈的竞争意识、广泛的爱好和较强的社会适应能力，有创新意识、创造性思维能力和动手实践能力。因此，我们认为德育过程中如何发展学生的主体性，是德育面临的新课题。

　　主体性是人所具有的本质特性，它一方面表现为人对客观世界规律自觉能动的掌握；另一方面表现为人的自觉能动的创造，集中体现为人的独立性、主动性、创造性。培养学生的主体性，使其既具有主体意识，又具有主体能力，才能真正实现学生生动活泼主动地发展。

　　传统德育偏重于道德知识的灌输，以外在的人为因素来强迫学生接受，忽视学生主动、自律精神的培养。培养学生自我教育的自觉性与自我教育能力是德育的终极目标，学生通过德育内化，自觉地接受先进、正确的教育影响，主动促进自身思想转化，自觉调节、控制自己行为的过程。要培养学生的自我主动的德育能力，首先要增强学生的自我意识。教育者有意识、有目的地组织受教育者按照预定的教育内容和目标，科学有效地创设一种达到"身临其境"或"心临其境"的体验氛围，在这种特殊的情境中，学生受到启迪或感悟，获得道德的认识和升华，实现自我教育和自我完善。学校的德育要体现对学生的道德性的尊重，帮助学生修正和升华自己的价值选择，形成真正的意志力。只有以发挥学生的主体性为前提，重视情感体验和激励的独特作用，学生的道德品质才有望获得圆满的发展。（执笔：南京市江宁区陆郎初级中学　朱乾坤）

　　评点：苏霍姆林斯基曾说过："没有自我教育，就没有真正的教育。"建立学生自主发展的激励机制，创设发展学生个性的环境与氛围，应是教育者的责任。陆郎初级中学从"评选"到"申请"的改变，产生了独具个性的先进班级的评价机制，走出了一条"以学生自我教育、自我管理为主，变他律为自律、变管教为引导、变规范为需求"的德育评价之路。

　　同样的目标、同样的内容，改变的只是从"评选"到"申请"的形式，实现的却是德育主体的转变。长期以来，我们的德育从来都是要求学生按照既定的规范去执行，老师们所做的就是把规范要求交代给学生，然后检查学生执行的情况，做出不容更改的评定。在这样的德育中，主体永远是老师以及其他成人，学生只是被动的执行者、被检查评价者。从"评选"到"申请"，实现了德育主体的改变。相信学生具有一种"向上"和"向善"的德行潜能，相信学生都有德行发展的需求与目标，从而真正让学生成为了德育的主体。

　　从"评选"到"申请"，实现的还有德育方式的改变。从最初学生行为精细化管理中应付考核，到先进班级创建中设定目标以后的自我努力、相互督促，可以说陆郎初级中学实现了德育方式从"他律"到"自律"的转变。现代的中学生有自己的价值观与内在需求，有自己思考问题和处理问题的方式，更有自己对于道德的判断与选择。从"他律"到"自律"的转变，即通过引导学生在学校生活中的自立目标、自我评估、自我反思、自我激励等"自律"的方式，实现了学校德育的最终追求——学生的"自律"。

本章小结

通过本章学习，充分认识班主任在班级管理中与学生、家长、同事沟通的重要性，努力提升人际交往中的沟通能力与艺术；在学生评价中如何确立全面发展、评价主体多元化、评价方式多样化的评价理念，以及如何消除学生评价中的心理误区；在班级评价中，如何通过对学生班级整体在活动中的表现及成绩进行科学评价。

总结 >

Aa 关键术语

教育评价
educational evaluation

章节链接

在这一章，你读到……	在其他章节中，你将发现相关的讨论……
班主任的人际沟通能力与艺术	第一章 理想与现实：初任班主任的心理准备
班主任工作评价的实施与建构	第二章 时间与空间：有效的规划与运作 第三章 组织与文化：班级社会空间的营造 第四章 活动与事件：实现班级目标的载体

应用 >

批判性思考

1. 教育评价在学校教育教学中具有非常重要的导向作用，而对学生、班级的评价，对于学生的全面发展、班集体建设具有更为重要的作用。你认为，应该如何对学生、班级做出科学合理的评价？

2. 班主任工作往往是非常琐碎的，很多劳动付出往往是很难量化的，所以，有些班主任认为，班主任工作只要不出事就行，做再多也没人看到。你认为，学校对于班主任的劳动付出如何评价才是科学合理的？什么样的评价才能地调动和激发班主任的工作积极性？

✎ 体验练习 //

请自主设计一个对自己班级、学生的评价办法，在小组中与其他同学交流分享。

拓展 >

☕ 补充读物 //

1　金一鸣，刘世清，主编．基础教育评价研究．上海：华东师范大学出版社，2012

教育评价是根据一定的教育价值观或教育目标，运用可操作的科学手段，通过系统地搜集信息、资料，分析、整理，对教育对象进行价值判断的一种活动。该书全面系统地介绍了基础教育评价的各个不同方面：包括学生品德发展评价，以及主要学科的学业成就评价，对于中小学评价工作的开展与实施具有指导作用。

🖥 在线学习资源

推荐教育影片：

1．地球上的星星

2．生命因你而动听（霍兰先生的乐章，Wr. Holland`s Opus）

3．弦动我心

4．蒙娜丽莎的微笑

第六章

困惑与超越：
班主任的自我成长

本章概述

　　本章内容包括三节：第一节 从班主任专业化的理想诉求与班主任的实现困惑出发，探索班主任工作如何更有魅力；第二节 从阅读、反思、写作、团队四个方面，介绍班主任的自我成长路径；第三节 从教育真爱、胸怀理想、坚守信念三个方面探索如何坚守理想的教育。

结构图

班主任工作的理想言说 ⓐ ｜ ⓑ 现实困惑

理想与现实：直面班主任的困惑

1

班主任的
自我成长

2　　　　　　　　　　　　**3**

追求与超越：班主任的自我成长　　　　　**责任与期待：守望理想的教育**

阅读，为成长奠基 ⓐ ｜ ⓑ 反思，走向卓越之路　　　没有爱就没有教育 ⓐ ｜ ⓑ 教育本质上是理想
　　　　　　　　　　　　　　　　　　　　　　　　　　　　　　　　　主义者的事业

写作，为成长助跑 ⓒ ｜ ⓓ 团队，融入专业发展　　　建基于信仰的教育 ⓒ
　　　　　　　　　　共同体　　　　　　　　　　　　因素

学习目标

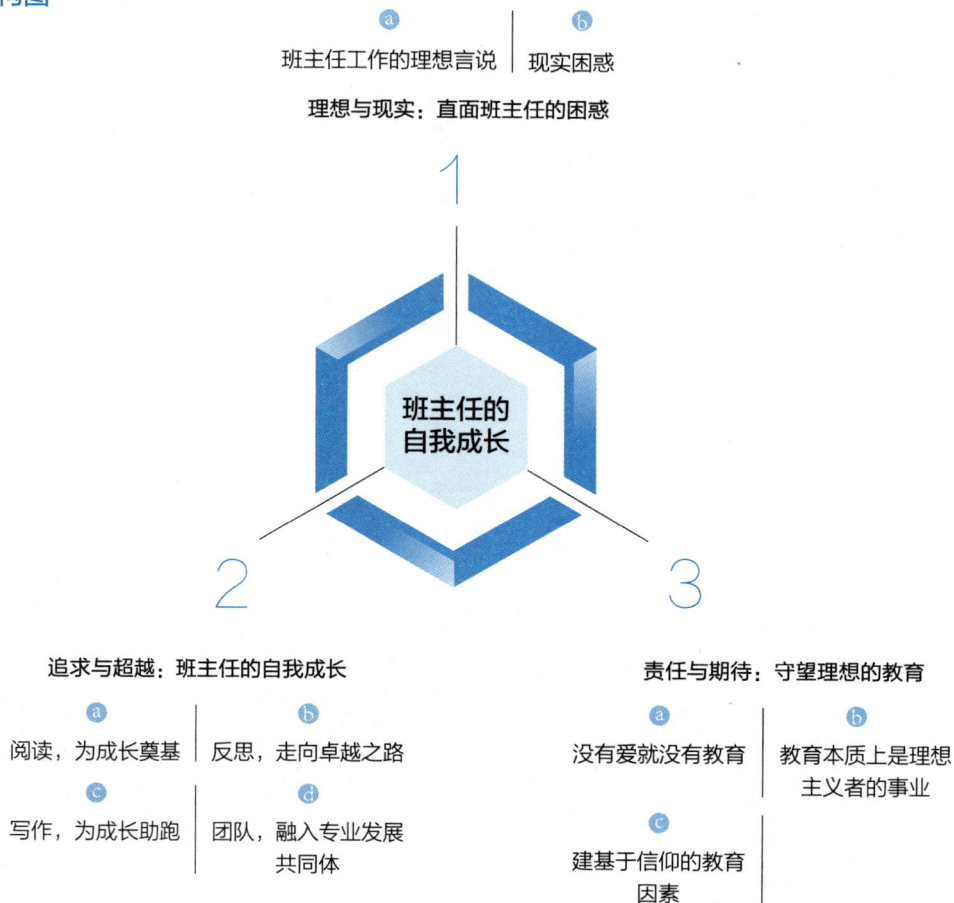

学完本章，你应该能够做到：

1. 了解班主任工作的应然地位和现实困惑。
2. 熟悉班主任自我成长的几种途径。
3. 做一个有教育信仰的班主任。

读前反思

1. 在成为一名班主任之前，你对自己有着怎样的自我成长规划？
2. 你怎样理解"做教师而不做班主任是一种遗憾"这句话？

教育家语录

在经历了若干年的教师工作后，我得到了一个令人惶恐的结论：教育的成功和失败，'我'是决定性因素。我个人采用的方法和每天的情绪是影响学生学习气氛和情绪的主因……作为一个教师，我拥有让一个孩子的生活痛苦或幸福的权力。我可以是一个实施惩罚的刑具，也可以是给予鼓励的益友，我可以伤害一个心灵，也可以治愈一个灵魂，学生心理危机的增加或减缓，孩子长大后是仁慈还是残忍，都是我的言行所致。

——美国教育心理学家　海姆·吉诺特

内容概述

从班主任的应然状态和现实困惑入手，阐释了班主任是学生的"人生导师"，教师担任班主任工作期间应将班主任工作作为"主业"；班主任应直面困惑，掌握自我发展的几种主要途径、方式，唤醒自我主体意识，在不断的追求和超越中实现自我专业知识、能力等方面的成长；班主任还应不断凝练专业道德和情感，胸怀理想，拥有爱心，坚持信念，在践行理想教育的过程中实现教育的理想。

导入

班主任，天下最小的主任[1]

却拥有天下最大的世界

众多孩子们的心灵

经营着最大的事业

在青少年的心灵里撒播真、善、美的种子

承担着最大的任务

给每个孩子以希望

给民族和世界以希望

1　张万祥，席咏梅. 破解班主任难题. 福州：福建教育出版社，2006

第一节
理想与现实：直面班主任的困惑

🎯 **学习目标**

1. 了解专业化、班主任专业化的内涵与要求；

2. 面对班主任工作的诸多现实困境，探索班主任工作如何更有魅力？

2009年8月12日，教育部颁布了《中小学班主任工作规定》，对班主任工作性质做了明确阐述，"班主任是中小学日常思想道德教育和学生管理工作的主要实施者，是中小学生健康成长的引领者，班主任要努力成为中小学生的人生导师。班主任是中小学的重要岗位，从事班主任工作是中小学教师的重要职责。教师担任班主任期间应将班主任工作作为主业"。专业化是社会文明与进步的表现，是社会发展的必然趋势和重要标志。班主任工作是一种不可替代的专门性工作，班主任专业化的内涵要比一般教师更加丰富，有着自身的特殊性。

一、班主任专业化的应然取向

（一）专业化的含义

专业是专门从事某种学业或职业和专门的学问。这里的专业是个社会学的术语，它区别于教育学的"学科专业"中的概念，它是在社会分工、职业分化中形成的一类特殊的职业，它以有生命的人或无生命的物为对象，以特有的知识技能进行专门化的处理活动，从而解决人生和社会问题，促进社会全面进步。因此，专业是指一群人在从事一种必须经过专门教育或训练，具有较高深和独特的专门知识和技术，按照一定的专业标准进行的活动，通过这种活动将解决人生和社会问题，促进社会进步并获得相应的报酬待遇和社会地位。专业与非专业的区别在于，专业必须达到其专业的标准。关于专业标准，尽管有所差异，但一般都强调这样几个方面：（1）有专门的知识体系；（2）有较长时期的专业训练；（3）有专门的职业道德；（4）具有专业上的自主权；（5）有专业资格的限制和认定专业的组织；（6）需要持续的在职成长和终身学习；（7）有较高的社会声望和经济地位。专业化是指一个职业经过一段时间后不断成熟，逐渐获得鲜明的专业标准，并获得相应的专业地位的过程。

从职业本身来看，专业化是一个持续的努力过程。近现代科技的发展促使新的学科领域不断开发，同时社会进步促进人们产生新的服务需要，不同职业的专业发展机遇也在随时变化着，曾经被视为"半专业""准专业"或"新兴专业"的职业，经过一定时期的努力，成功地达到为一般人所接受的专门职业标准，逐渐地发展成为完善的专业。从从业人员来看，一个人要具有专业理论、专业技能和专业精神，也必须接受专门的教育，使其成为专业人才，这也有一个专业化的问题。因此，专业代表一类特殊的职业类型，专业化则是职业迈向专业目标的努力过程。

（二）班主任专业化的涵义

班主任专业化的内涵基本上与教师专业化的内涵相近。教师专业化是指教师在获得国家规定的学历标准的基础上，建立现代教育理念，修炼崇高的职业道德，并经过教师职业培训而获得必要的专业知识、专业能力和教师资格，确保专业地位的过程。班主任专业化与教师专业化具有共同性，因为"一个优秀的班主任，首先应该是一个优秀的教师"。然而，班主任的专业角色与教师的专业角色是有所不同的，他们除了和任课教师一样要完成好教学工作之外，还要履行班主任的职责。1952年3月教育部颁发的《中小学暂行规程(草案)》规定，"每班设班主任一人"，这标志着我国中小学已从级任制转向班主任制。1998年7月，原国家教委又制定了《中(小)学班主任工作的暂行条例》，提出了中学班主任的8条职责，小学班主任的7条职责。要求班主任对他们所辖班级学生的生活、学习、工作以及学生的素质和班集体形成与发展承担重要责任，要对学生和班集体进行教育和管理。因此，班主任专业化就是以教师专业化为基础，以专业的观念和要求对班主任进行选择、培养、培训、管理和使用的过程。主要包括在职业道德上，从一般的道德要求向专业精神发展，在专业知识和能力上，从"单一型"向"复合型"发展，在劳动形态上，从"经验型"向"创造型"发展。

（三）班主任的角色内涵——学生的"人生导师"

优秀班主任，全国特级教师孙蒲远老师所说："班主任在小学生心目中的地位可以说是至高无上的，孩子对自己的班主任简直到了崇拜的程度。小学班主任对自己的学生影响非常大，班主任提倡的东西将会酿成这个班的班风，班主任的好恶将会成为这个班学生的是非标准，班主任的要求将会形成这个班学生的习惯，班主任常说的话将会成为这个班学生的座右铭，班主任的言谈举止对学生性格气质的形成都起着举足轻重的作用。"[1]

因此，班主任最有可能成为学生成长发展的"重要他人"。青少年在渴望获取知识能力的同时，也需要精神上的引领与成长，他们需要有"人生标杆"式的人物在身边。这个标杆式的人未必是历史名人，或文学作品中的人物形象，也未必是媒体宣传的英模人物，而是他每天都能接触到的、值得他学习并景仰的活生生的人。班主任和学生的接触最多，相处时间最长，在学生身上付出的心血与精力最多，也最容易获得学生的感情。苏霍姆林斯基提出：教育者的个性、思想信念及其精神生活的财富，是一种能激发每个受教育者检点自己、反省自己和控制自己的力量。学生作为发展中的人，在成长过程中极易受到他人的影响，班主任

1　孙蒲远. 美丽的教育. 北京：朝华出版社. 2010：1

的一言一行，会极大影响学生的言行，从班主任那里获得炽热感情的学生，可以在他们身上萌发出热爱人、热爱人生的积极态度，打下与人相处的良好基础。

德国哲学家、教育家雅斯贝尔斯在《什么是教育》中反复谈及，"教育的过程首先是一个精神成长过程，然后才成为科学获知的一部分"。班主任要努力成为中小学生的人生导师。班主任不仅要负责学生的三年、五年，而且要关注学生的一生，基础教育的主要任务更应当是为人一生的发展奠定精神基础。班主任要成为道德大家，让学生从你这里不仅获得知识，更获得受益终生的做人道理。班主任用自己高尚的思想品德熏陶学生的思想品德，用自己的情感激发学生的情感，用自己的意志调节学生的意志，用自己的个性影响学生的个性，用自己的灵魂塑造学生的灵魂，用自己的人格锻造学生的人格，为学生打下一生的精神基础。[1]

班主任任重而道远。班主任应"让每一个学生在学校里抬起头来走路"。班主任关注的是一个个鲜活的生命，是青少年敏感而稚嫩的心灵，是宇宙万物中最神圣、最神秘、也最具活力的东西。班主任的劳动可以成就学生，"使自卑的心灵自信起来，使懦弱的体魄强壮起来，使狭隘的心胸开阔起来，使迷茫的眼睛明亮起来，他让愚昧走向智慧，让弱小走向强大"。培育青少年求真、向善、趋美的心灵，引导青少年生命健康、茁壮成长，这既是班主任的责任，更是班主任的幸福。[2]

（四）班主任的角色定位——班主任工作作为主业

《中小学班主任工作规定》（2009年）：教师担任班主任期间应将班主任工作作为主业。班主任不是一个独立的职业，班主任的身份是教师，学科教学是班主任的看家本领，教学的高水平是做好班主任工作的保证。将班主任工作作为主业，意味着班主任工作正式化与专业化，不再是可有可无、无足轻重的附带。作为班主任，必须认识到班主任专业化的发展趋势，树立"班主任专业化"的自我成长意识，并在不断的学习实践中提升自身的专业素养。

将班主任工作作为主业，意味着要想方设法把班主任工作做好，不歧视一个"问题"生，不放弃一个"后进"生，把"爱"洒向每一个学生，把"爱"贯穿于"育人"的每一个环节和每一个细节。确立班主任专业化思想，就要以一种建设性的研究姿态面对，而非应对的姿态。班主任要反思与研究：我要把这个班建设成一个怎样的集体？创建一种怎样的班级文化？班上现在有什么突出问题与不良倾向？有没有真正坚持与立足于良好习惯的培养？为什么我不能走进学生的内心？我在学生心目中究竟占有什么位置，留有什么印象？自己日常对学生教育的言语表达与态度究竟带给学生怎样的感受？有没有真正研究学生的个性，因材施教等。研究的姿态是将班主任当主业与专业的应有姿态，是班主任专业化的体现。张万

---

1 张万祥. 做一个专业的班主任. 中国德育，2010（5）：24-25
2 张万祥. 做一个专业的班主任. 中国德育，2010（5）：24-25

祥老师从一个普普通通的班主任成长为德育特级教师、享受国务院特殊津贴专家的过程，就是把班主任作为主业来承当的结果。为了更好地对学生进行思想教育，他在20世纪80年代中期精心撰写了40讲20万字的《中学班主任系列讲话稿》；为了教育学生时言之有物，内容充实，他坚持分门别类收集德育资料，每学期坚持撰写一本班主任工作笔记，至今已积累了七十余册。为了做德育研究，他开始记班主任工作笔记、写教育个案、摘抄德育理论、撰写德育论文，至今共有70余本，摞起来有1米多高。

班主任有了"将班主任工作作为主业"的意识，他的教育活动就会富有生命表现力，就会以学生为主体，尊重学生，信任学生，关爱学生，充分发挥学生的积极性和能动性。班主任有了"将班主任工作作为主业"的观念，他的工作就会充满艺术性和创造性，他就有了不竭的创造冲动和丰富的创造灵感。班主任有了"将班主任工作作为主业"的行动，他就会视教育如生命，生命不息，超越不止，与时俱进，开拓创新，不断攀登教育教学的新高峰，真正从班主任工作中体验到人生的价值和生活的乐趣。[1]

二、爱与不爱：现实的困惑

班主任是学校班级建设和学生成长的最直接影响者，没有优秀的班主任队伍，就不会有优秀的学生和一流的学校——这已成为基础教育的共识。与此同时，选择"有爱心，有责任心"的班主任也普遍成为学生家长揪心和焦虑的问题，在为孩子选择学校的过程中，很多家长认为一个"好的班主任"的重要性，不亚于一个"好学校"，因此，在"择校"的同时，还要"择班主任"。然而，一线学校班主任队伍建设却堪忧，任课教师"不愿做"班主任，在岗的班主任"不愿做""不会做""不长做"，甚至"想做，又不想做"等难题，如何让教师"人人争做班主任，人人乐做班主任"给学校教育管理者带来很大的困惑。

（一）"不愿做"班主任

穗六成教师不愿做班主任[2]

2014年9月广州市教育局与中小学德育研究与指挥中心，近期对广州市中小学班主任等状况进行了问卷调查。调查显示，六成以上的调查对象表示不愿意继续担任班主任，仅不到四成愿意继续担任班主任。调查报告中指出，广州市大部分中小学班主任是在承担了学校正常甚至超额教学工作量的基础上来开展班级管理工作的。现实中，94.5%调查对象认为

1　张万祥. 做一个专业的班主任. 中国德育，2010（5）：25

2　穗六成教师不愿当班主任[EB/OL]（2014-09-18）. http://www.xxsb.com/findArticle?mergerId=1788

班主任工作带来较大或者非常大的压力，仅0.8%的班主任认为没有压力。"学生心理行为问题""班级难管理""学生家长误解与不配合"和"学校对班级的各项评比与检查"是造成班主任工作压力的主要因素。

公办学校班主任津贴补助方面，根据各区（县级市）教育局及局属学校的填报数据，目前广州市班主任每月工作津贴平均数公办学校为380元，民办学校为550元。值得关注的是，目前广州中小学班主任津贴普遍不与工作水平挂钩。除了少数学校外，大多数学校班主任的津贴与工作年限、工作业绩不挂钩，这就意味着在不少学校，无论班主任工作做得怎样，无论担任班主任年限长还是短，所得的津贴均差不多。

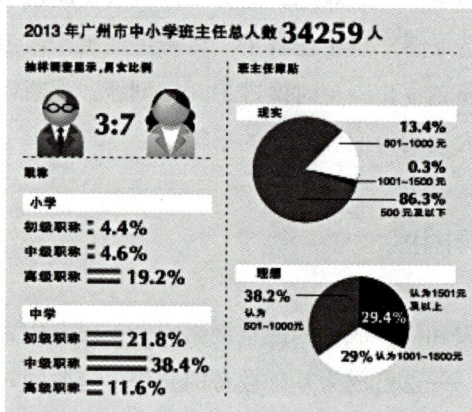

此外，调查还发现，教师职称的评定、评先评优中班主任业绩没有受到应有重视。目前"广州市优秀中小学班主任"不能享受与"广州市优秀中小学教师"同等的待遇。在教师职称评定中对班主任工作，也更看重年限而不是工作效果。

班主任，世界上职位最低、责任最大的"主任"——这句带着几分调侃意味的"定义"极其准确地概括了班主任工作的特征。"班主任是无限责任保姆。学生从早上进校门到下午离校，甚至在家里，出了任何事都找班主任。有些科任教师在课堂上发生的事，也推给班主任处理。班主任每天几乎没办法休息，付出与收入根本不成正比"。一线班主任"忙""累""紧张"是共同感受。比劳累更可怕的是，很多老师觉得做这样烦琐的工作没有成就感，"缺乏幸福感"，感觉自己就像管家婆，根本谈不上创造性。难怪有班主任笑称：班主任是特殊材料制成的教师，班主任是世间最辛苦的主任。

（二）"不长做"班主任

在担任班主任工作的年限方面，有调查显示，教师担任班主任的动因排在第一位的是学校任命，达80.2%，因此，如果有机会可以争取不做班主任，其中76.4%的教师选择不做班主任。[1]为引导教师积极担任班主任，目前，大部分地区的教育局规定参加职称评定的教师应担任一定年限的班主任或学生管理工作，比如要评上一级教师必须当满三年的班主任，而要评上高级职称却需要五年。"有教师不愿意当班主任，但为了能评上职称，却不能不选择当三年、五年甚至更长年限的班主任"。因此，很多教师担任班主任不是源于对工作的热情，而是带有很强的功利性，如：在一项关于"如果您愿意当班主任，最主要的原因是什么"的调查中，有21.96%的教师选择了"当班主任对职称有好处"。有教师明确表示，"如果不是评职称的需要，自己也不愿当班主任"。因此，我们的教育管理者经常面对这样的问题，有些教师一旦评上职称，总会找各种理由死活不愿当班主任。如此，班主任工作沦为部分教师个人发展的"工具"，是外部强加的"任务"，而非促进自我成长和学生生命成长的平台。

（三）"不会做"班主任

"不会做"是困惑班主任的另一问题，特别是新入职的教师，普遍感到"做班主任，没那么简单"。班主任的工作对象是"人"，班主任不仅是学习指导者，更是人生导师、心理咨询师、活动导演等角色。班主任不仅要上好自己的课堂，成为学科知识的"专家"，还应具备丰富的管理与教育学知识、心理咨询知识、法律知识，做一个视野宽广的"杂家"。当然，班主任工作还需要一定的沟通协调能力、领导能力、兴趣特长、教育艺术、教育智慧等。虽然，大多数班主任在读书期间接触过教育学、心理学课程，上岗前多少也接受过一定的专业培训，但这种学习方式、学习内容能在多大程度上有效指导班主任工作呢？很多新班主任依然是"摸着石头过河"，在实践的摸爬滚打中逐渐摸索出一些门道来；很多担任多年的班主任，依然是"凭着经验做事"，在班主任工作的道路上困惑迷茫，遭遇"瓶颈"。

此外，全新的社会，全新的教育对象，也给班主任工作带来新的问题和挑战：在西方文化和中华民族文化激烈碰撞，传统教育和现代教育交替的时代背景下成长起来的青少年，在道德评判、思想认识、行为准则、审美情趣、理想追求、心理状况诸方面都独具的特点，概括来讲，突出特点是"三不"：不崇拜权威，不轻易服从，不迷信宣传。当今青少年成长中存在的问题，可以概括为"八化"：① 缺乏远大理想，理想的异化；② 不能吃苦耐劳，不能经受风雨，思想的退化；③ 不懂得感激生活、感谢父母、情感的荒漠化；④ 缺乏信念支撑，精神的软化；⑤ 沉湎于电子游戏和网上聊天，课外生活的低俗化；⑥ 身体虚弱，体制的弱化；⑦ 性格脆弱，心理的贫瘠化；⑧ 厌恶学习，课外读书后的卡通化。[2]此外，作为社会存在的一种形式，家庭也面临着巨大的变化。离异家庭、单亲家庭、留守家庭、"大款家庭"等，班主任在家教沟通方面遇到了新的问题。因此，班主任工作从来没有今天这么艰

1　六成教师不愿做班主任，"择校"变成"择班主任"[EB/OL] http://www.chinanews.com/edu/edu-jsyd/news

2　张万祥，席咏梅. 破解班主任难题. 福州：福建教育出版社，2006：5-6

巨，班主任的困惑从来没有今天这么突出，班主任遇到的难题也从来没有这么集中。因此，研究如何做好班主任是摆在班主任面前的重大现实课题。

实际上，很多学校在安排班主任人选时，根本不去考察他是否具备担任班主任的素质条件，就把一个班交给他，班主任工作沦为"说起来重要，做起来次要，忙起来不要"的地位。由于班主任所受专业训练严重不足，加之教育自身存在的问题，班主任在班级教育管理实践中没有能够表现出必要的专业精神、专业理论、专业技艺，班主任工作存在着诸多问题。有些班主任付出了体力，付出了脑力，付出了精力，仍得不到学生、家长及学校的认可，工作没有成效。少数班主任由于教育理念的落后、工作方式的粗暴、角色认知的错位，在教育工作中制造了一系列的"反教育"现象，对学生的身心发展造成了伤害，给班主任工作信誉蒙上了阴影，使班主任工作陷入了某种尴尬的境地。

（四）"想做，又不想做"

班主任生存状态恶劣，不仅仅体现在繁重的工作职责等方面，更有教育理想和现实的碰撞。李镇西老师曾在其教育专著《我的教育心》的封面上写下：一个真诚的教育理想者，在现行教育体制下，究竟能够走多远？很多胸怀教育理想，满腔教育热情的教师，却在现行的教育体制和教育环境下，被撞得头破血流而又没有任何"话语权"。

学校的工作有教育和教学，说起来自然是教育重于教学，可是目前评价教师和学校的真正硬指标并不是教育，而是教学，是考试成绩，所以学校骨子里是重教轻学教育的，人们心目中真正的"专业知识"是语文、外语、数理化等学科知识，而不是教育知识。在如此重教轻学的教育功利化价值引导下，班主任工作其实是被轻视，或者严重误解的，班主任角色也沦落为稳定纪律、督促学生学习，为教学服务的"保镖"。正如李镇西老师沉重的感慨：常说"不以成败论英雄"，但这话在中国似乎从来就未真正做到过。就目前中学教育而言，"成"的标志，从理论上讲，是学生德智体的全面发展；但事实上，"成"的唯一标志只是学生们的升学分数以及学校的升学率。这使许多有志于教育改革的人，虽然胸怀科学教育与民主教育的顽强信念，却不得不在"升学教育"的铁索桥上冒着"学生考不上大学一切都是白搭"的舆论"弹雨"，艰难而执着地前行！[1] 虽然取得一些成绩，但却越来越远离自己的教育理想，对于坚守内心理想的教师而言，这无疑是精神的折磨！

就目前的教育体制和学校制度，在多数情况下，班主任的主体性得不到尊重。班主任在学校是绝对的第一线、也是最底层，谁都可以支派你，也可以编排你，班主任很少有话语权。在绝大多数人的心目中，班主任并不是什么专业人才，就是个蓝领工人。而班主任的自我感觉也是"干活的"，不需要策划，只需要落实，不需要动脑，只需要傻干的"体力教

---

1 李镇西. 教有所思. 上海：华东师范大学出版社，2005：52

师"。不难想象，这样的工作过程毫无乐趣，更难奢望有成就感和超越感了。

三、班主任工作：如何更有魅力？

大力加强班主任队伍建设，是全面提高教育教学质量的必然选择。教师不愿意当班主任的现象应该尽早得到改变。教育行政部门、学校、社会应群策群力，共同关注班主任，理解班主任，为班主任营造良好的工作、生活环境。

（一）任免：保证班主任队伍的"先进性"

不是所有的任课教师都具备担任班主任工作的资格条件，也不是所有的教师都能做好班主任，无论对于学校、教师还是学生，班主任的任免是一件非常严肃的事情。为了保证班主任队伍的先进性，学校应严格把守班主任的入口关和出口关。关于班主任任免制度，浙江省诸暨中学采取如下措施：① 任职年限。凡教师原则上在本校担任班主任工作时间应不少于10 年（个别学科像体育、艺术、劳技等除外）。在学校里逐步形成全员育人的工作机制和舆论氛围，变"奉命"当班主任为"自愿"当班主任。② 任职程序。分3 步：首先，教师自我选岗，填写一张任职志愿表，学校尽量尊重个人意愿。这里，对"要当"与"不要当"的志愿都要慎重对待。"要当"的不安排可能会挫伤老师的工作热情和积极性，"不要当"的"强按牛头喝水"也不会有好结果。对于个别"不要当"班主任的老师，学校会充分考虑老师的实际情况，允许其暂时脱离班主任岗位，修身养性，学习反思。今后，条件成熟时再实行班主任轮岗制。其次，学校依据历史记录和当年考核成绩决定人选。最后，郑重其事地开会宣布任用，使其产生光荣感、使命感和责任感。③ 免职条件。由于不履行班主任职责或者玩忽职守等原因造成重大事故产生严重影响的，应撤销其班主任职务，对一学年中的两个学期期末总考核分均为年段末位的班主任视具体情况予以解聘或缓聘。同时提请学校教师考评委员会作出进一步处理。[1]因此，在班主任任免工作中，既要尊重班主任个人意愿，又要考虑班主任个性和实际情况，把好班主任"入口关"；对于不符合条件的班主任建立清退制度，让每个能担任班主任的教师贴上"好教师"的标签，形成班主任能上能下，充满弹性局面。

（二）激励：让班主任"名利双收"

学校希望班主任如何对待学生，就应如何对待班主任。学校应营造一种氛围，让老师感到做班主任的价值，体验到乐趣。为此，既要鼓励班主任发扬奉献精神，同时不断改善班主任的生活、工作待遇，进行物质和精神双重激励，特别注意精神关怀。

1 　石磊. 让教师都愿做班主任. 中国教育报，2005 –10 –17（3）

首先，提高班主任工作津贴标准，改善班主任生活、工作待遇。在生活中，人们总是把教师这一职业和奉献联系到一起，但是老师首先也是社会人，也有正常的生活和物质需求。班主任津贴实际上体现的是社会对个人价值的尊重，如果个人的价值得不到尊重，奉献也就不会长久。很多业内人士表示：1979年至今，工资普遍增长了8~10倍，独有班主任津贴保持20年不动摇，这是极不合理的。他们大都建议政府在这方面有所作为，三门峡实验中学校长丁建国在接受《教育》旬刊记者采访时表示：班主任任职期间享受的班主任津贴应在当地教师收入的1/3到1/2，才能体现班主任工作的价值。[1]李镇西校长曾说：在我们学校，班主任的待遇明显高于单纯的任课老师。我不认为，老师为高待遇而争取当班主任有什么可耻的。班主任工作那么辛苦，难道不应该有较高的收入吗？我年轻时就曾经提出，班主任待遇要高得让不当班主任的老师眼红才合适！[2]也有学校实行试行班主任休假制度。这是比发钱更有意义的举措。学校在寒暑假单独组织班主任去旅游疗养、参观学习，为其创造增进友谊、活跃身心、学习提高的机会，并以此作为对班主任的一种奖励。

其次，提高班主任的积极性，仅仅是物质待遇还不够，还要让老师感觉到班主任能够给自己带来更多的提高和发展的机会。班主任拥有比一般老师更多的难题，而这些难题都是课题，因此班主任在专业成长方面比普通老师更容易取得进步。学校尽可能给班主任提供获得成功的平台，比如发表文章、出版著作、职称评定、提拔职务、评奖评优、推荐优秀班主任外出讲学等方面，给他们"名利双收"的机会。[3]此外，还应加强对班主任的培训和提高，组织少量优秀班主任外出学习和研究，接受较高层次的教育培训；针对青年班主任特点，建立班主任实习、见习制度，发挥优秀老班主任资源，让新老班主任结对子等。有的设立"资深班主任"，凡在本校担任班主任累计满15年，学校授予"资深班主任"荣誉称号，以资鼓励。继续担任班主任并且履行有关义务的老师享受每学年一定的特殊津贴。

（三）减负："解放"班主任

"减负"不仅指提升服务水平，减轻班主任的身体的工作负荷，更重要的是改进管理和评价方式，为班主任的精神"松绑"，减轻其"心理负担"，让班主任身心更健康。

一方面，学校职能部门强化人本意识和服务意识，尽量为班主任减轻工作负担。现实中，班主任承担大量的事务性工作：班级卫生、班级文化、走廊月报、宿舍规范、午休纪律、就餐纪律、升旗制度等；每周必须完成班级学生日常行为规范评价手册和千分制考核；每月一次的师生论坛活动各班级必须上交稿件；班主任要参与完成德育校本教材的编写工

1　张晓震. 二十年不变的班主任津贴. 教育，2008（16）:24
2　卢丽君. "美丽的中国岗位"，如何更有魅力？——当前中学班主任工作状态素描. 河南教育（基教版），2009（11）：6
3　卢丽君. "美丽的中国岗位"，如何更有魅力？——当前中学班主任工作状态素描. 河南教育（基教版），2009（11）：6

作；班主任必须参与主题班会的设计评选；班主任要参加心理健康培训活动……平时随机性的活动更多：温馨班级、温馨宿舍评选、跑操比赛、主题班会比赛、班歌比赛、教育案例评选、主题板报比赛、学生批语比赛……试想班主任的工作都被具体的常规事务安排占满了，学生的"因材施教"如何进行？[1]如此忙碌，班主任怎样了解学生，研究学生，如何创新？

因此，学校管理要为班主任松绑，鼓励班主任引导班级自治，解放班主任，给予班主任更多的自由和时间。

另一方面，应注重减轻班主任"心理负担"，由于工作压力重，责任大，很多班主任出现身心不适的亚健康状况。一位青年教师说："有时看到老师歇斯底里地吵学生，我很震惊，也很悲哀。老师承受的压力太大了，而班主任的压力更大！因为不仅仅是自己所教的学科，只要是自己班级里的任何一门成绩不好，都要怪罪到班主任头上。班级里的任何一点小事做得不好，比如卫生、纪律等，领导都会批评班主任。因此，班主任工作战战兢兢，背负沉重的心理负担。减轻班主任的心理负担应从了解班主任入手，从支持班主任入手，从肯定班主任的工作和日常辛劳入手；对班主任的管理，应抓大放小，尽可能让班主任自己做主，发挥班主任的主体能动性，努力将班主任从沉重的体力负担和心理负荷中解放出来。

（四）关怀：提升班主任精神生活质量

班主任是学生的精神关怀者，同时，班主任自身也需要关怀，尤其是精神关怀。改变教师不愿做班主任的现状，根本在于让班主任在教育的过程中获得精神满足和内心的愉悦。关怀能给予班主任职业的价值感和神圣的使命感。如何关怀班主任？首先，全社会应该形成敬畏教育，关怀教师——班主任的氛围，了解班主任工作的专业性、复杂性和长期性，理解教育、尊重班主任的劳动。其次，教育行政领导应首先成为班主任的精神关怀者。天津市静海实验中学朱志华校长在"让班主任在感受尊重中健康成长"的论题中讲道，"当班主任获得成功或发展迈出可喜的一步时，校长应真心地给以肯定，尽情地与其分享，当班主任遇到困难时，校长应竭尽全力帮助和协调，努力促成问题的顺畅解决，当班主任情绪出现波动时，校长不但应知其然，更应知其所以然，用真情实感去抚慰，用实实在在的行动去帮助。因此，教育行政领导应尊重班主任的劳动，尊重班主任的权利，尊重班主任的情感，关心帮助班主任的精神发展。[2]最后，班主任是自我精神的关怀者。通过自身教育劳动和专业化提升精神生活质量，在不断的调整中悦纳自我，在不断的学习中提升自我，在不断的追求中解放自我，在不断的创新中超越自我。

（五）自觉：班主任主体性发挥

从教师自身角度来讲，"不愿意"做班主任的最主要原因是自身不够完善，根本问题在

1　梁书新. "拒绝当班主任"现象因何起？. 师道，2013（4）：39-40
2　班华. 谁来给班主任以精神关怀. 人民教育，2010（6）：26-27

于主体性的丧失，拒绝变化、远离学生，面对学生和教育难题，常常束手无策，只有抱怨"学生一代不如一代"，产生了厌倦感，进而丧失了幸福感。从知名班主任的成长经历中不难发现，优秀班主任都具有强烈的进取精神，明确的发展目标，顽强的意志和刻苦的精神等优秀品质。这些品质让他们在平凡的岗位上勇于探索，不断改革创新班级工作；即使面临困境，却勇敢地面对现实中的难题，善于化解危机，在困境中寻找希望；即使忙碌，但仍潜心学习充实自我，坚持不懈，将育人工作作为终身事业，用先进的育人理念提升自我；即使在一片盲从中，也能保持一份清醒，在反思中前行，在自我解剖和审视中不断优化自我。在促进学生精神成长的同时，反过来滋养着自我的进取，这种良性循环带来的效应，是很多优秀班主任虽然工作繁重，但仍乐在其中，享受工作幸福的重要原因。因此，班主任要善于调适自己的心态，转变幸福观，多和孩子在一起，多把每一天的困惑当作研究课题，从中获得乐趣，这种乐趣正是推动班主任工作不断改进，不断创新的源泉。

🔍 案例研究

当班主任这么苦、这么累，为什么还有这么多老师在班主任岗位上默默无闻地奉献呢？在采访中记者发现，目前的班主任有三种类型：一是出于无奈的年轻老师，刚踏上工作岗位，编制问题还没有解决，或者虽然定编了，但还需要评职称，而当班主任评职称优先。二是本来不愿意当班主任的老师，当班主任后受到学生的感染，觉得自己变得年轻快乐了。上蔡县第一初级中学的王志宏老师就是这样。她说："谁都知道当班主任压力大、累、苦，我最初是为了早日晋职称才当班主任的。但和孩子们在一起，感觉自己又变得年轻活泼了，充满了青春朝气，于是一年又一年地当了下来，现在已经当了十年班主任。"像王老师这样的班主任不在少数。三是发自内心地热爱班主任岗位的老师，他们认为班主任最方便与学生沟通、交流，与学生最亲近，自己的教育思想能够得到贯彻落实，可以实现自己的教育理想。而不管是哪种类型的班主任老师，他们在当班主任的过程中都收获了幸福。这幸福主要来源于学生。

（1）职业倦怠情绪是困扰班主任职业生涯的重要问题，现实中，一些教师在从事一定时间班主任工作后，很快出现倦怠、痛苦等情绪，也有一些教师同样经历很多困难和挑战，但对班主任工作却从未倦怠，反而在平凡的岗位上作出很大的成绩。请思考，导致班主任幸福感丧失，倦怠感滋生的最主要原因是什么？

（2）如果您是一位正在带班的班主任，请思考一下今后自己要在哪些方面获得成长？在哪些方面取得突破？然后将它们罗列下来，放在自己经常看到的地方，并在班主任的工作中践行它们吧。

第二节
追求与超越：班主任的自我成长

📢 **教育家语录**

　　最有经验的教师绝不应当在已经取得的成绩上停步不前，因为不继续学习，就必然要落后。年轻人特别是少年，总是信赖这样的教师：形象地讲，他永远在运动，他坚定地朝着提高自己的学识修养和道德修养的目标前进；他在学生心目中日新月异地变化着，今天比昨天更好，而明天更胜于今天。为了在学生眼前点燃一个知识的火把，教师本身就要吸取一个光的海洋，一刻也不能脱离那永远发光的知识和人类智慧的太阳。

——苏霍姆林斯基

🎯 **学习目标**

1. 从阅读、反思、写作、团队四个方面，了解班主任的自我成长路径；
2. 认识到专业发展共同体对于班主任专业成长的重要性。

当下班主任工作最缺的是什么？[1]

　1. 专业知识匮乏，缺乏成长意识；

　2. 不愿写作，缺乏反思精神；

　3. 耽于行动，缺乏创新精神；

　4. 急功近利，心态不平，缺乏自我调节的能力；

　5. 眼光只聚焦在学生的分数上，缺乏与时俱进的教育理念；

　6. 容易受到环境的左右，缺乏自我救赎、自我突破、自我超越的意识；

　7. 容易产生职业倦怠感，缺乏工作激情；

　8. 受困于职业带给自己的挫折，缺乏职业幸福感；

　9. 缺乏责任感、使命感以及教育的理想；

　10. 爱心不够，耐心不足；

　11. 喜欢走单干路线，缺乏团队意识；

　12. 缺乏足够的教育机智和教育智慧。

　　教育永无止境，班主任的成长永无止境。网络名师艾岚（钟杰老师）在针对班主任工作

1　当下班主任在班主任工作方面最缺的是什么？[EB/OL]（2011-06-04）http://www.teacherclub.com.cn/tresearch/a/1504973607cid00001

现状所做的调查，很好地描述了当下班主任工作不足和今后努力的方向。正如苏霍姆林斯基所说，最有经验、优秀的教师是不断成长前进的，是学生能感受其"日新月异"的变化，是一个不断汲取知识的个体。2009年，新基础教育总结提出了成功老师的吉祥三宝——教师的专业阅读、专业写作和专业发展共同体。专业阅读，即与最伟大的教育经典对话，站在大师的肩膀上前行；专业写作，是站在自己的肩膀上去攀升，在反思中远行；专业发展共同体则是站在集体的肩膀上去分享，是引领班主任的专业发展的重要渠道。

一、阅读，为成长奠基

苏霍姆林斯基认为，读书，应是教师重要的生活状态。他指出：把每一个学生都领进书籍的世界，培养起对书的酷爱，使书籍成为智力生活中的指路明灯——这些都取决于教师，取决于书籍在教师本人的精神生活中占何种地位。在《给教师的建议》这部经典教育著作中谈到教师读书的重要性：一些优秀教师的教育技巧的提高，正是由于他们持之以恒地读书，不断地补充他们的知识的大海。如果一个教师在他刚参加教育工作的头几年里所具备的知识，与他要教给儿童的最低限度知识的比例为10∶1，那么到他有了15年至20年教龄的时候，这个比例就变为20∶1、30∶1、50∶1。这一切都归功于读书。时间每过去一年，学校教科书这一滴水，在教师的知识海洋里就变得越来越小。这里的问题还不仅在于教师的理论知识在数量上的增长。数量可以转化为质量：衬托着学校教科书的背景越宽广，犹如强大的光流照射下的一点小光束，那么为教育技巧打下基础的职业质量的提高就越明显，教师在课堂上讲解教材（叙述、演讲）时就能更加自如地分配自己的注意。[1]

全国优秀教师高万祥在《优秀教师的九堂必修课》一书中，也提出优秀教师的第一堂必修课即是读书修身，阅读可以使你成为一个思想者，一个精神富翁和精神贵族。很多教育问题并不是教育方法、教育策略等问题，而是教师的人格问题，而教师高尚人格的形成，要靠长期的书香浸泡和熏陶。教书人应该是一个真正的读书人，优秀教师应该是生活在书籍中的人，应该是渊博如一座图书馆的人。唯有如此，教师的心灵之泉才不会枯竭，精神世界才不会空洞。

然而近些年，教师阅读状况不容乐观，教师阅读缺失已经成为一个十分严峻的问题。著名作家冉云飞在《教师与读书》一文结尾中说道：不少人做教师而不读书，在中国已是公开的秘密。《东莞时报》2010年10月对东莞市教师读书情况进行问卷调查，发放问卷200份，收回问卷76份，很多老师"忙"得连填写问卷的时间都没有。调查结果显示，老师们由于忙于

1　苏霍姆林斯基. 给教师的建议. 杜殿坤，译. 北京：教育科学出版社，1984：8

教学而很少读书，主要原因是没有时间。在接受问卷的76名教师中，年阅读量3本以内的教师占样本总数的23.7%，年阅读量4~10本的教师占样本总数的57.9%。[1]结合教师这一职业群体在社会心目中的形象来看，这无论如何不能让人满意。老师从不读书，却口口声声要求学生读书，这种要求是很苍白的，甚至是很可笑的。班主任不读书，导致自身除精通专业知识（确切地说，是与教材内容相关的专业知识）以外，综合文化素质不高，常识缺乏，而这恰恰是使班主任工作难以上台阶的硬伤。那么，班主任如何读书，读什么书呢？

（一）善读，让阅读更专业

1. 珍惜时间，手不释卷

当下，"不少人做教师而不读书"，主要原因是没有时间，但也不能否认，部分教师缺乏读书意识和良好读书习惯，因而不屑于读书，不急于读书。其实，时间就像海绵里的水，只要愿挤，总还是有的。著名教育家李镇西老师谈读书时曾说：对我比较熟悉的人常常惊讶我为什么会有这么多时间来读书，其实，我不过是养成了"手不释卷"的习惯而已。每天晚上我都必须倚在床头至少看几十分钟的书，否则就会失眠。每次我外出开会、讲学或者旅游，我必须带上几本书、火车上、飞机上、宾馆里都是我读书的地方。要把阅读当作一种生存方式，或者说是我们生命的一种呈现方式。就像每天都要洗脸、刷牙、吃饭一样，每天都要阅读。有人说："成功与失败的分水岭可以用五个字来表达——我没有时间。"因此，优秀班主任和平庸班主任的重要区别在于，如何利用八小时工作以外的时间。良好的阅读习惯，是滋养班主任专业成长的源源不断的精神养料。

2. 坚持不懈，滴水成川

读书是一种持续状态，班主任应养成终身阅读习惯。加拿大著名医师、医学教育家，因为成功研究了血小板等医学问题而名扬四海的奥斯勒，由于对事业的热爱及身兼数职，时间非常紧张。为了读书，他规定自己睡觉前必须抽出至少15分钟来阅读自己喜欢的书。就一般的阅读速度而言，一分钟可以读300字，15分钟可以读4500字，有兴趣可以读3.15万字，一个月至少可以读12.6万字。这样一年就可以阅读20本书。奥斯勒坚持睡前读书15分钟达半个多世纪，共读了8235万字，约1098本书。因此，按奥斯勒坚持的读书方法计算，实现一个月读一本书的建议应该不费吹灰之力。

3. 精致读书，善于积累

很多优秀班主任都有良好的读书习惯，善于读书，成就自己：张万祥老师三十多年来始终坚持良好的读书习惯，张老师读书善用剪贴摘抄式积累法，读书的过程也是积累的过程。

他的读书积累法有三步：第一步，剪贴搜集；第二步，分类整理，将资料大体分为德育

1　阅读，为专业成长奠基. 班主任之友，2011：（7，8）：44

文件册、疏导心理册、生理知识册、青少年个性册、教育艺术册、班级建设册、班主任修养册、品德规范册、智力教育册、非智力因素册、榜样示范册、家庭教育册等不同的板块。积累下的大量文摘卡片，如果不进行分类整理，便削弱了资料的研究价值。第三步为做目录索引，在遇到难题、思考问题、撰写文章时，方便查找参阅。窦桂梅老师从参加工作的第一天起，阅读了约300万字的专业书籍，做了20多万字的读书笔记，500多万字的文摘卡片，100多万字的教学笔记。这种阅读摘抄有助于我们，第一，了解已有的研究成果或进程，并力求在前人的基础上达到新的高度。第二，可以作为今后研究问题的依据材料。第三，获得启发，打开思路。在多媒体时代，做读书笔记不一定要自己去用笔抄抄写写，储存资料的先进方式有多种。搜集的资料越多，获得的启发也就越多，越能使自己的认识趋于全面、深刻，班主任能长期坚持下来，必有收获。

4. 广泛读书，读思结合

《教育信息报》2010年3月调查数据显示：20.9%的教师每天至少有一个小时以上的业余时间用于阅读；66.7%的教师每天的阅读时间在半小时左右；91.3%的教师每天都会坚持阅读。在"你最常读的书"和"你最喜欢的书"这两项中，记者发现，教师们的选择有些矛盾。根据统计结果显示，76.8%的教师最喜欢的书是文学作品，但87.1%的教师最常读的书却不是文学作品，而是教学参考用书。在"阅读目的"这一选项中，有89.1%的教师都选择"是为了做好教育教学工作"。从本次调查结果来看，部分教师并不是带着思考去阅读。有53.6%的教师在阅读完一本书后不作任何评论，仅有26.7%的教师会在阅读后与人讨论，或在博客上写体会，及时表达自己的想法。[1]班主任工作内容的复杂性、工作对象的多样性、工作方式的特殊性等特点，要求班主任不仅在专业知识、技能方面发展自己，更需要智慧、思想、个性、人格、灵魂等方面去唤醒、去感染、去塑造学生。因此，班主任要广泛涉猎思政管理、人文道德、成长励志、人物传记等方面的书籍，唯有如此，班主任才能不断砥砺自己的心灵，拥有教育学生的资格。

但对班主任来说，抽出大量的时间广泛地涉猎各种书籍是不现实的。况且，大量的图书报刊以及网络中的信息，给班主任的选择带来了困难，也难以形成个人的教育理念。所以，班主任的读书应该有一定的目的性，就是要围绕个人承担的课题、在教育教学过程中遇到的问题以及需要撰写的教育反思内容选择书目。在读书的方法上，将读书与思考，读书与研究结合起来，善于使用卡片，这种做法有利于加深对所读重点内容的理解。对于一些重要的观点和句子，还可以利用书边的空白记录自己的思考。这些记录既可以作为以后写作的点，也可以作为个人教育反思的重要论据。

1　阅读，为专业成长奠基. 班主任之友，2011：（7，8）：44

（二）优秀班主任荐书榜

以下是《班主任之友》杂志（2011年第7，8期）综合全国优秀班主任、出版社、知名网站推荐的前十书目，列举出最具借鉴意义的班主任读书清单：

1.《给教师的建议》[苏]苏霍姆林斯基著，杜殿坤编译

2.《论语》

3.《爱的教育》[意]亚米契著，夏丏尊/译

4.《民主主义与教育》[美] 约翰·杜威/著，王承绪

5.《第56号教室的奇迹》[美] 雷夫·艾斯奎斯/著 卞娜娜/译

6.《班主任工作漫谈》魏书生/著

7.《做一个专业的班主任》王晓春/著

8.《爱心与教育——素质教育探索手记》李镇西/著

9.《教师专业成长的途径》张万祥，万纬主编

10.《班主任兵法》万玮/著

李镇西老师认为，班主任为教育科研而进行的阅读，其内容可侧重于四个方面：一是经典教育理论书籍、报考教育学、心理学、教育史等著作。这是青年班主任必不可少的理论素养。二是杰出教育家的专著。在有了一定的阅读基础之后，可根据自己的情况，选择某一位或某几位教育家的著作作系统阅读，重点研究。三是反映国内外教育研究最新观点、最新动态的教育报刊。阅读这些报刊，可以使我们从别人的研究中或者受到启发，或者避免课题"撞车"。四是反映青少年学生生活、心理的各种读物，报刊学生写的和写学生的散文、小说、报告文学等。通过这些读物，我们可以从更广泛的范围内了解、认识我们的教育研究对象。

二、反思，走向卓越之路

🔊 教育家语录

没有反思的经验是狭隘的经验，至多只能成为肤浅的知识。如果教师仅仅满足于获得经验而不对经验进行深入的思考，那么其教学水平的发展将大受限制，甚至会有所滑坡。教师成长公式：经验＋反思＝成长

——（美）波斯纳

（一）教育反思及其特征

"思之不慎，行而失当"反思意识人类早就有之。"反求诸己，扪心自问""吾日三省吾

身"等至理名言就是佐证。所谓教育反思，就是班主任把自己作为研究的对象，研究、反省自己的教育实践、教育观念、教育行为及教育效果，以对自己的教育观念进行及时的调整。或者说，反思是指班主任在自己的教育实践过程中，批判地考察自己的行为，通过回顾、诊断、自我监控等方式，或给予肯定、支持与强化，或给予否定、思索与修正，从而不断提高其效能。

反思具有以下三个特征：首先，反思的目的是超越性的，源于对现实和自我的不满，其目的是要改变现状，超越自我，使一切朝着自己希望的、更好的方向发展。很多优秀的班主任就是在这种反思中不断超越自我，成为一代名师。第二，反思的态度是批判性的。批判的态度首先意味着要对反思的对象进行客观的、理性的分析，把握问题的实质，以求有一个全面而深刻的认识。第三，反思的结果是建设性的。反思虽持批判立场，但是其结果却往往是建设性的，这种建设性主要体现在两个方面：一是引发深入思考；二是付诸改进行动。[1]教育反思能够充分激发教育者的积极性和创造性，逐步发展对教育事件的判断、思考和批判能力，进而对教育行为进行优化重组；教育反思也是沟通教育理论与教育实践的桥梁，能够迅速促进班主任专业成长。通过反思，班主任能够及时发现教育管理中的问题，寻找解决的办法，将教育失误变成教育财富，不断完善教育行为。因此，教育反思是任何一个教育者从普通教师走向教育专家乃至教育家的最关键的因素之一。华东师范大学叶澜教授曾说，一个教师写一辈子教案不一定成为名师，如果一个教师写三年教学反思就有可能成为名师。

"教育是一门遗憾的艺术"，任何一个教育者在其教育生涯中，都会出现各种错误。区别优秀的教育者和平庸的教育者，不在于教育者是否犯错误，而在于他如何对待错误。这里的"如何对待"，不仅是指想方设法弥补错误所造成的损失，而主要是指对错误的反思——这一点对年轻教师来说尤其重要。那么教育反思的现状如何？应该反思什么？怎样写好反思呢？

🔍 工作案例

反思——万玮老师的成长路

优秀班主任万玮老师，因为一部《班主任兵法》受到全国基础教育界的普遍关注，成为班主任工作的领军人物。当年，从复旦大学这所知名高校数学系毕业后，在众人不解中，万玮选择做一名中学数学教师，并接手班主任工作。令他措手不及的是全班40名学生，有30个小霸王似的"大金刚"，班里"烽烟不断"，万玮手忙脚乱，由于所带班级成绩差、纪律差，经常出事，所带班级受到了校长在全校教师大会上的点名批评，万玮被学校撤去了班主

1　李菁. 教育反思，促进班主任专业化成长. 班主任之友，2008（12）：14

任的职务。自尊心受到严重挑战的万玮，心情极度痛苦和压抑，在他感到强烈"耻辱"的同时，也积累了无穷的反思和解剖自己的勇气。他在《反思路》一文中，曾经这样写道：值得庆幸的是，在极度羞耻的情况下，我选择了一条正确的道路，那就是自我分析，自我反思。在这种情况下，人通常很容易怨恨其他人，怨恨周边的环境。我身边就有这样的同事，在带班失败后，怨领导，怨家长，怨学生，怨同事，唯独不怨自己。多年以后，我涅槃了，回头看他，几乎没有什么提高。几年前不能解决的问题仍然找不到解决的方法，遇到挫折后，他们埋怨声依旧。……有将近两年的时间，我的日子在反思中度过。我苦苦思索失败的原因，苦苦思索为什么学生明知道我对他们好还要和我作对！我回忆我和学生交往的每一个细节，然后在模拟我如果从头开始究竟应该怎么做，怎么说。在反思中，我逐渐成熟了。我成了一名心灵丰富的老师，不再只凭激情和冲动做事，而是学会了冷静，学会了理性。

（二）教育反思的内容

班主任反思的内容十分广泛，大致可分为理念反思、角色反思、言行反思和方法反思、效果反思。第一，理念反思。是指班主任要反思自己的教育观念及教育行为，既应考虑培养满足社会需要的人才，更应考虑如何更好地实现人性的发展和完善。第二，角色反思。班主任担当的角色已呈现多样化趋势，班主任不仅是知识的传授者，而且是道德的引导者，思想的启迪者，心灵世界的开拓者，情感、意志、信念的塑造者和学生精神的关怀者。班主任要把自己当作一个知识和思想的助产士，更要以尊重与平等的心态面对学生，宽容、理解他们，给予积极的心理支持。第三，言行反思。班主任的世界观与言行深深影响着全体学生。"染于苍则苍，染于黄则黄"，班主任应给学生树立一个良好的榜样，以自己良好的言行、高尚的人格来教育和塑造学生的人格形象。第四，方法反思。在具体教育实践中，班主任要大力营造班级学习情境，形成正确的舆论导向；要坚持赏识教育，让每位学生都能看到自己的闪光点；要坚持正面教育为主，又要善于对学生的错误言行及时引导；要坚持集体教育和个别教育相结合，学校教育和家庭教育相协调，因材施教，发展个性。[1]第五，效果反思。主要反思在班主任工作中，如果取得了好的效果，反思其原因是什么，有哪些成功的经验，如果效果不好又是什么原因。

（三）教育反思的现状

基于Habermas的工作以及他的认知兴趣理论，Van Manen（1977）等人把反思分成了三种水平：第一种水平为技术合理性水平，是反思的最低水平。第二种水平为实用行动水平，高于技术合理性水平。第三种水平为批判反思水平，是反思的最高水平。Hatton 和Smith

---

1　李菁. 教育反思，促进班主任专业化成长. 班主任之友，2008（12）：14

（1995）通过分析师范生的反思日记，提出了以下四种不同层次的反思水平：第一层次为描述性作品，不是反思，仅仅描述发生的事件；第二层次为描述性反思；第三层次为对话性反思；第四层次为批判性思考，属于反思的最高水平。[1]国内有一项针对中小学班主任教育反思行为调查显示：约92%的老师有反思意识，但只是停留在思想意识层面，不知如何落实到教育行为中去。大部分班主任虽然认识到反思对自身发展的重要性，但又把反思作为额外的负担，安于现状，若没有外界的压力和要求则不思改进，丧失反思动力。在此项调查的问卷部分显示，某校五年以上和五年以内的教师在质疑与批判性方面有差异但不显著，研究与发展方面也无显著性差异（小学段和中学段教师在这方面有显著性差异）。学历不同在反思过程中无显著性差异，初级教师和中高级教师在思想与意识和研究与发展上有显著性差异，骨干班主任与其他班主任也存在着极其显著性差异。[2]此外，班主任教育反思的质量和水平不高也是普遍存在急需解决的问题。很多一线班主任撰写反思笔记是迫于上级要求，应付检查而写，所写内容大多是对事件的直接描述，或者是根据个人判断给出解释以及与自己的对话，缺乏教育行为背后深层次的分析、探究和批判。那么班主任如何写出较好的教育反思呢？

（四）如何进行教育反思

1. 注重积累，做到厚积薄发

一个好的反思，背后必定要有较强的教育理念支撑，以期引起自己或他人的思考。一些班主任之所以写不好反思，关键是缺少深层的教育理念支撑，反思内容"无章可循""无本可依"。因此，班主任要注重提升个人的教育理念，要坚持读书，勤于思考。大量的阅读能够快速提升教育理念，就教师而言，提升个人教育理念的途径有很多，其中两点是可行的，一是坚持读书；二是经常思考。如果能形成日常的阅读习惯，思想会更丰满，语言表达也会更加顺畅，反思内容更深刻。

2. 敢于质疑，养成批判性思维

善于保持自我思想的独立，勇于思考，敢于质疑，在各种潮流、权威、专家、名师面前保持自我清醒，在学习借鉴的同时，不盲目照搬，不人云亦云，不随波逐流。在尊重并继承古今中外一切优秀教育理论与传统的同时，拥有敢于追求科学、坚持真理的胆识。在写教育反思的过程中，教师应逐步建立起批判性的思维，以独特的视角分析、反思我们以往看似正常的教育教学行为，从而写出能引起人们心灵触动、改变教育行为的深层次的反思。

3. 善于创新，发现研究视角

教育的每一天都是新的。班主任在教育管理实践中，每天都会遇到并处理各种各样的教

---

1 刘加霞，申继亮. 国外教学反思内涵研究述评. 比较教育研究，2003（10）

2 朱平华. 中小学班主任教育反思活动的现状调查. [EB/OL]http://www.sjedu.cn/sjjyzz/2012/201203/201205/t20120523_99406.htm

育教学事件，班主任需要用敏锐的眼光去发现问题并进行反思，其实这正是研究反思的切入口。对于一些似乎已有定论的教育结论，可以根据新的实际、新的视野、新的理论予以重新的认识与研究，或修正，或补充，或发展，从而找到解决问题的新思路，新办法。

三、写作，为成长助跑

在很大的程度上，班主任的专业写作史，就是他的教育史。教育生活是由无数的碎片组成，这些碎片往往会形成破碎的未经省察的经验，使教育教学在比较低的层面上不断重复，而通过专业写作，就能够有效地对经验进行反思，从碎片中提取有意义的东西并加以理解，形成理性的经验融入教育生活，使之成为专业反应的一部分，使我们的教育实践更加富有洞察力。[1]愿不愿意写，能不能写，会不会写，是班主任优秀和平庸的分水岭；写得好不好，善不善于写，是班主任从优秀走向卓越必不可少的"升级装备"。但实际上，不少班主任认为写作"难于上青天""心有余而力不足"，甚至不知道为什么要写，写什么，怎么写，存在很强的畏难情绪，兴致不高，斗志不强，无法体验到写作带来的快乐与成就。实际上，班主任写作形式有很多，例如研究论文、教育叙事、教育案例、教育日记、组织方案等多种体裁。下文中将重点介绍教育日记和教育叙事两种写作形式。

（一）教育日记：班主任的一笔财富

苏霍姆林斯基建议每一位教师都来写教育日记，教育日记并不是什么对它提出某些格式要求的官方文献，而是一种个人的随笔记录，在日常工作中就可以记，这些记录是思考和创造的源泉。李镇西就是因为坚持写教育日记，最后走向了成功。李镇西发表教育文章500多篇，出版了《爱心与教育》《走进心灵》《教育是心灵的艺术》等一系列教育专著，靠的是他20多年写下的教育日记；60余万字的《心灵写诗——李镇西班主任日记》，就是他来到成都市盐道街中学外国语学校担任班主任时第一学期写下的日记。李镇西从2004年8月30日新生入学的第一天起，就开始写班主任日记，除了星期日，每天晚上都把当天的教育过程忠实地写下来。少则三五千字，多则上万字。李镇西说："写这样的日记，并不像有的老师想象的那么'累'，那么'苦'，那么'坚忍不拔'，因为用文字记录自己每一天和学生的成长，实在是一件非常有意思的事！""我不觉得这需要什么'毅力'，因为这是我本身的'需要'，而这种'需要'已经变成了习惯。"他认为，教师的写作要坚持两个特点：第一是"日常性"，把写作当作自己的需要并养成习惯，通过每一天的写作点点滴滴地积累教育心得；第二是"叙事性"，写原汁原味的教育案例，让自己的教育故事保留着鲜活的气息，让心灵的泉水

---

1 朱永新. 过一种幸福完整的教育生活. 泰州职业技术学院学报，2011（6）：4

自然而然地流淌出来。这样的写作，就是开发挖掘自己的教育矿藏的过程，也是总结提炼自己的教育智慧教育艺术的过程，才真正有助于教师的专业成长。

1. 记教育日记的好处

第一，反省教育。21世纪的合格教师的一个重要素质就是能够自我反省。一个人对教育的理解决定了他的教育工作的质量，而一个人对一件事物的理解需要思考，思考可以帮助一个人形成思想。教育日记，给自己一个思考的时间。

第二，提供资料。我们每天都要做很多的事情，每一天，都有值得记忆的东西。但是，时间会无情地带走我们的记忆，只有勤于动笔，我们才能战胜遗忘，才能为自己留下更多的有价值的回忆。为什么有的人提笔无话，就是因为平时没有积累，巧妇难为无米之炊。

第三，消除压力。就像普通生活日记一样，有什么苦闷和彷徨不妨在教育日记中倾诉，同样可以得到缓解，让我们以更轻松的心态开始新的一天。[1]

2. 教育日记记什么?

（1）记录一些名言警句

真金不怕火炼，名言警句永远不会过时，教育的内容是需要通过某种载体来传送的。名言、警句就是一种很好的载体。平时看到有价值、有分量的句子就要记录下来，然后集中时间，对这种零碎的记录进行系统整理。

（2）记录成功的教育事例

记下自己成功的案例，包括教育学生、课堂讲解、个别辅导、爱心家教、假日家访等，这是自己最宝贵的财富。因为，当我们再次遇到相同的情境时，那成功的经验就立刻浮现在眼前了，因而使自己的工作游刃有余。

（3）记下失败的案例

每天的工作都有收获，也有过失，班主任要勇于面对自己的失误，记录失败的案例，分析失败原因，寻找更好的解决方案，才能在失误中成长。对待失误的态度不同，决定了班主任的专业成长程度。

（4）记重要的教育理念

教育理念不是一朝一夕就能领悟的，不是一两次培训就能解决的。比如，叶澜教授的新基础教育理念中的几句："把课堂还给学生，让课堂充满生命活力；把班级还给学生，让班级充满成长气息；把创造还给教师，让教育充满智慧挑战；把精神生命发展主动权还给学生，让学校充满勃勃生机。"这四句话听起来也是比较好理解的，可是具体地落实到每一天的工作中，落实到每一堂课上，那就不容易，我们需要一个事例一个事例地来论证并实践这个优秀的教育理论。

1　马志刚. 教育日记伴我成长. 上海教育科研，2004（5）：12

（5）记下和学生的交流

班主任有很多机会与学生进行书面和口头交流，比如班会讲话、谈心等，如果不及时记录，很多情境性的内容、灵感、方法就会遗忘。及时记录和学生的交流内容，也是一种积累素材，反思自我的较好途径。

（6）记录自己的观察和实验

坚持记录对学生的观察和实验，记得多了，这个学生的性格也就跃然纸上，帮助班主任更全面了解学生；在观察中班主任也能及时发现问题，解决问题；长期的观察能够帮助班主任掌握大量鲜活、生动具体的实践经验，这些经验正是班主任获得教育思想和教育智慧的源泉。此外，教育日记还应记录从其他老师那里得到的间接经验等。[1]

3. 教育日记的五条原则

第一，要有一个主题

记教育日记的首要目的是为了提高自己，而不是自我陶醉。有了主题，中心才能突出，所记更有意义，只有集中精力写一个主题，才会写到深处，而不是蜻蜓点水，泛泛而谈，面面俱到。

第二，要有一个标题

教育日记的重要目的是为了将来的查阅，所以要提炼出一个标题，而且要醒目一点，这样，你才能在很多本日记中，快速地找到你需要的资料。因此，可以在一本结束后，花点时间，做一个目录会更好。

第三，重复的事情不再记

教育日记，是工作日记，不同于私人生活日记，每天的心情、每天的事情都可以写下来，即使是重复的，因为主要目的是为了调理自己的心情，抒发自己的情感。但是，教育日记属于工作日记，目的更多的是为了提高自己的素质，进而提高工作能力，如果对重复事例有了更多的感受，也可以再写，但是要升华，要在之前记录的基础上有提高，否则对教育的理解、教育观念、教育水平的提升将无从谈起。

第四，一段时间应该有一个记录的中心

教育日记遇到什么写什么，没有计划和中心，不利于教师对教育的研究。如果围绕一个中心来记教育日记，记到一定程度，一篇文章所需资料就齐备了。即使不想写文章，对提高自己的综合教育素质也是很有好处的。

第五，要经常整理自己的教育日记

记日记的目的是为了用，如果不及时整理，则不能充分利用教育日记的价值。所以，应

1　马志刚. 教育日记伴我成长. 上海教育科研，2004（5）：12-13

该定期地整理自己的教育日记，归纳总结自己的得失，这样才能有所提高。[1]

（二）教育叙事：书写班主任自己的故事

班主任应随时以科研的态度来对待自己的每一项工作，把所带班级当作教育科研基地，把自己教育经历当作写作的素材，书写自己的教育故事。由于教育叙事形式活泼、内容翔实，易写易读，已经逐渐成为中小学班主任初始写作的优选文体。班主任教育叙事研究与写作，是指以叙事的方式开展的教育研究，以讲故事的形式记录自己的教育实践中发生的各种真实鲜活的教育事件和发人深省的动人故事，表达自己在实践过程中的亲身经历，内心体验和对教育的理解感悟。通过叙述的故事，别人可以追寻我们的足迹，倾听我们的心声。[2]

班主任在长期的一线工作中积累了丰富的实践性知识，这种基础性的知识，它通常呈内隐状态，基于教师的个人经验和个性特征，镶嵌在教师日常的教育教学情境和行动中，因其隐蔽性、非系统性、缄默性，很难把握，研究也很少。而教育叙事让班主任将自己怎样行动、怎样思想的故事说给别人听，写给别人看，从某种程度看，这是班主任自身将缄默性的实践性知识呈现出来，并对其进行分析、批判，从中意识到自己的理智力量，去除对专家的迷信，找到自己知识的生长点和自我专业发展的空间。因此，教育叙事研究写作对班主任的专业成长确实起着不可小觑的作用。

如何写教育叙事？

第一，积累。初写教育叙事的班主任可以从撰写班级教育日记开始：下班后，对当天的事情进行梳理，从琐碎的班级事务中寻找到值得记录的片段或者故事，然后迅速把头脑中所想的记录下来，写的时候除了保持故事的真实性以外，尽可能叙述得生动有趣，语言要简洁凝练，不拖泥带水。这种日记式的记录就是最简单的班级叙事，这种纯记录的简单写作，既可以为以后的写作积累素材，为进一步的思考与创造提供丰富的源泉，也可以迅速提高班主任的写作能力和叙事能力。

第二，梳理。不定期地对教育日记进行整理，清理自己的教育教学行为，琐碎的、常规的、毫无生气的、没有创意的，搁置一边；有趣的、有代表性的、有警示作用的重点内容就是教育叙事的素材。筛选出具有典型意义的日记，意识到教育中存在的问题或发现问题的价值，激发起自身进一步发现问题、研究探讨问题、找到原因的欲望和热情。

第三，写作。有了素材后，应及时写下来。教育叙事应是纪实写作，要忠于生活，忠于事实，要有严谨的写作态度，准确叙述，客观表达。此外，尽可能叙述得生动有趣。正如郑州著名青年班主任、全国知名女生问题专家李迪说："学生每天都是新的，每天他们都会给

1　马志刚. 教育日记伴我成长. 上海教育科研，2004（5）：12-13
2　文亭. 写好教育叙事，促进教师专业成长. 基础教育研究，2009（11）：54

你弄点事情，他们的问题层出不穷，你只要照着生活的本来面目写就够了！"

第四，反思。故事叙述完毕，应该有一个反思和追问的过程，没有这个过程，教育叙事很难有效促进班主任的自我成长，这也是教育叙事与其他写作的区别之一。

第五，践行。写的精彩必须做的精彩，没有精彩的教育实践，又怎能捕捉并写出精彩的文字来呢？因此，写作与践行是相互交融，相互促进的。为了写出好的叙事来，我们必须在实践中勤于思考，勇于尝试，敢于创新，这样才能为笔端提供可描述的精彩故事。

第六，提高。有一句话叫作：底蕴的厚度决定了你未来生命的高度，提高教育写作能力的两个重要法宝为读书和练笔。很多优秀的教师和班主任，并不是一开始起点就很高，魏书生老师为初中毕业，为什么他们能够硕果累累？根本原因在于，不懈的读书和写作为后来的发展打下坚实基础。

近年来，教育叙事研究有了新的发展。网络的快速发展及博客（blog）的出现，为教育叙事研究提供了良好的平台。通过博客，人们可以自由表达和展示自己的思想，可以与群体进行深度的交流。基于博客的教育叙事研究，就是把教育叙事研究架构在博客的平台上，在博客上进行教育叙事研究。教育博客为传统的教育叙事研究提供了新的发展机遇，其最主要的功能是为教育研究的各方面人员搭建了交流的平台，使得教育叙事研究可以调动教育涉及的各方人员，充分了解他们的所思所想，为教育叙事研究提供了充分的素材和资料。此外，一些专门教育论坛、教育网站，也吸引了一批班主任纷纷注册"落户"，撰写教育叙事，成为班主任教育叙事写作的新平台。来自"班主任之友教育论坛"的钟杰老师，以非凡的毅力坚持网络叙事写作，三年多的实践，分别以《招招都是情，情到深处即无招》《静听花开的声音》《教育航海记》《教育西游记》为题，写了200多万字的班级叙事。写作让这位平凡的教师从万千教师中脱颖而出，不仅改变了她的教育人生，也带动了家人共同成长，唤醒了无知蒙昧的学生。

四、团队，融入专业发展共同体

构建同一年级组、本校的和校际的、区域引导以及网络自发的各种专业发展共同体，利用团队智慧来突破个体思维的局限，在合作中寻求知识与经验的共享是实现班主任专业发展的必由之路。

（一）班主任专业发展共同体的理论阐释

系统组织理论创始人巴纳德曾经说过，"人类由于受生理的、心理的和社会的限制，为了达到个人的目的，不得不进行合作。合作能提高工作效率和减少成本，并提高工作人员的凝聚力和信任感"。以维果茨基为代表的社会建构主义者认为，知识的建构发生在与他人交往的环境中，是社会合作与社会互动的结果。班主任专业发展共同体的实质是合作，是专家引领、集思广益、博采众长的过程。随着计算机的普及和技术的进一步发展，网络服务的日趋丰富与完善，班主任专业发展共同体也突破了传统的时空限制，将合作发展模式延伸到虚拟空间、在线形式的专业发展共同体成为班主任专业成长理论研究和实践的新生长点。有效的班主任发展共同体需要具备以下条件：

1. 有共同愿景

共同愿景或群体目标非常重要，在共同体的活动中应体现其整体性的目标及阶段性的目标，每个成员都能在心中明白共同体的价值与方向，在团体活动中要不断证明自己存在的理由与意义，在活动中体验成就感，这是持续参加共同体活动的动力，也是激活其持续发展的最主要因素。如，济源市一中"8+1"工作室的目标分为三个层次：成绩优秀—研究成果—专家型班主任。此外，在共同愿景的基础上成员自愿参加，积极活动，形成共同体的宽松氛围，如果只利用行政命令，而不是"尺码相同"的人的相聚，共同体就会流于形式。

2. 有领军人物

班主任专业发展共同体需要榜样与引领，引领者可以是专家、校长、名师，也可以是普通教师。领军人物的高度决定共同体发展的高度，特别是共同体发展的一些关键点上。引领人要具备一定的专业能力、专业成果、民主性格、外部资源等条件，才能更好推进共同体发展。

3. 有共同约束

共同约束是团队成员共同遵守的行动准则，是团队成员协商制定，共同遵守的"契约"，是团队成员的相互督促，共同成长的保障。如：新教育实验的教师专业发展共同体在征集共同体成员的时候就曾经写道：我们诚恳地欢迎一切尺码相同的人加盟专业发展共同体，我们尤其欢迎新任教师以及师范学校有志于成为卓越教师的学生，我们希望共同体中的每一个成员身上，都能够具有如下标记：（1）热爱教育，热爱学生，认同新教育理念，愿意和新教育团队签约成为新教育人并共同成长。（2）不是为了外在的声名，而是因为内在的成长而追求知识；不只是为了薪资，更是为了赋予生命以意义与尊严而从事教育之事。（3）能够尽可能地参与共同体的讨论，并认真研读讨论材料，做好读书笔记，每年阅读的底线是专业阅读100万字，并要以精读为主，追求和保持知性阅读的习惯，远离肤浅阅读。（4）与共同体内同伴之间彼此支持，乐于分享自己的阅读以及教育教学经验，让帮助他人成为一种本能。远离自大、阿谀及攻击，彼此欣赏，真诚批评。[1]

4. 有团体学习

团体学习的形式有：第一，共同阅读。阅读当代教育名家或一线名班主任、经典教育名

1　朱永新. 专业发展共同体：打造教师成长的生态环境. 教育科学研究，2009（8）：1

著、心理学等书籍；第二，专业写作，记录每天的教育生活；第三，集体研讨，分为主题研讨或案例分析。第四，资源分享，成员分享自己的案例、班会、视频、活动等，形成团队德育资源库。第五，成果展示，梳理个人特色成果并展示，并在研讨的基础上修改。第六，现场观摩，团队伙伴互相观摩班会课、活动课、文化建设课等，在此基础上展开评议，深化认识。此外，还可以邀请教育名家做报告为团队注入新的教育思想等。[1]

（二）班主任专业发展共同体的实践探索

1. 校本专业研修——河南省济源市"8+1"班主任研修团队

济源一中班主任"8+1"团队闻名全国：所谓"8+1"，指的是加入这个团队的成员在8小时正常工作之外每天比别人多学习一点，多付出一点，多研究一点。团队以"扎根本土，注重实践，相互扶持，共同成长"为主要特色，每周抽出固定时间研究反思班级管理工作，利用集体智慧解决个人在班级管理中出现的各种问题，同时组织团队成员系统研习教育学、心理学及知名教育家的成功经验，充分做到资源共享，整体规划，共同提升团队成员的教育智慧。团队成员胸怀理想而又脚踏实地，取得了有目共睹的成绩：秦望被评为河南省"十佳"班主任和济源市"十大杰出青年"，杨兵、郭海卫等被评为济源市优秀班主任。杨兵出版了个人专著《魅力班会是怎样炼成的》，该书被确定为全国中小学班主任培训用书。"8+1"班主任研修模式得到了济源一中班主任们的广泛认可，团队成员迅速扩大，有力地提升了济源一中班主任专业化素质。在他们的辐射带动下，济源市班主任研修团队纷纷组建，周边县市同类学校纷纷到学校来"取经"。2011年，济源一中班主任"8+1"团队集体照荣登《班主任之友》杂志封面，被《人民日报》《教育时报》等多家国家级、省级媒体连续报道。

2. 区域倾力打造——武汉市硚口区市级功勋、十佳班主任工作室

湖北省武汉市硚口区教育局认为，班主任也应该像教师一样有一个专业的发展平台。基于这样的认识，教育局为区内5名市级功勋、十佳班主任成立个人工作室。通过工作室进一步发挥名班主任的指导、示范和辐射作用，使其成为全区优秀教师的培养地、优秀青年教师的集聚地、未来名师的诞生地。硚口区的班主任工作室成立后，聘任5个名班主任为"室主"，每年拨给每个工作室1万元专项经费。工作室的"室主"可以在全区中小学收徒弟。要想成为名师的徒弟要经过个人申报、学校推荐、室主认可等环节，"室主"要经常带领徒弟们参加和组织班主任队伍建设活动，开展科研课题研究，指导徒弟撰写教育论文等。不仅如此，区教育局还着手为班主任工作室设计了许多制度，为其发展规划未来。

1　秦望. 有效的班主任专业发展共同体. 班主任之友，2011（7，8）：73

3. 名师引领——网络团体自发汇聚

（1）张万祥老师网上收"弟子"

2003年9月23日，年逾60岁的张万祥老师初入"教育在线"网站，很快便成为众多网友关注的特点人物。因为他每天在网上发一招"张万祥班主任工作艺术"，几乎每一招都能被班主任拿来为我所用。全国有一批年轻教师对张万祥老师心怀敬仰之情，于是拜这位"循循善诱"的智者为师的人也越来越多。2004年2月21日，张万祥老师对全国公开招收徒弟的网上考试举行，经过三轮考试，数百名报名者中有13位教师幸运成为张万祥的网上徒弟。张老师的授业方式主要有几点：第一，热门话题讨论：张老师公布热门话题；学员思考成文，跟帖作业；网友自愿参与，约定时间，由张老师进行点评；优秀文章，向有关刊物推荐。第二，育人艺术引领：张老师进行教育理念和教育方法上的系统引领；第三，阅读提升指导：开列书单，学员写心得体会，优秀稿留底存档，推荐发表；系列完成，归纳提升，形成书稿。第四，专业写作亲授：对徒弟们的作业进行及时密切的书信指导。大到写作目的、写作方向的指引和相关阅读的推荐，小到谋篇布局、文体选择、词句点评的指导，甚至附有投稿去向的建议，并详细标明杂志社投稿地址及邮编。

（2）"心语"全国班主任成长研究会

2009年10月，荣获山东省特级教师、全国十佳班主任等荣誉称号的郑立平老师与几位班主任成立了民间班主任工作研究团体——"心语"全国班主任成长研究会。他们以网络为载体，研讨教育问题，阅读教育经典，提升思想境界，关注自身发展，品尝教育幸福。"心语"全国班主任成长研究会的初衷是在研究会内部进行交流，但是却很快吸引了研究会以外的很多班主任参加，队伍越来越大。在中国教师研修网的协助下，成长研究团队依托网络媒体，通过专题研讨、专题讲座、团队共读、沙龙对话、视频讲座等操作形式，扎实有序地开展教师和班主任培训学习活动。在"教育在线论坛""K12教育论坛""班主任之友论坛"等当前活跃的教育网站上，"心语沙龙"这个草根团队越来越引起大家的关注，许多困惑迷茫青年教师慕名而至，团队蓬勃发展起来。目前，成长研究团队已经吸纳了来自除西藏外的大陆所有省份四五百名优秀班主任教师，并吸引了中国教育报、中国教师报、现代教育报、《班主任之友》《班主任》等20多家主流教育媒体的支持和关注。

4. 高校科研引领——"随园夜话"班主任沙龙

2008上半年，南京师范大学教育科学学院的齐学红教授参与了教育部重点课题《2008全国万名中小学班主任远程培训》教材的编写，邀请了一批有思想、有热情并有丰富实战经验的班主任精英参与撰写案例。教材编写完成后，这个团队已经形成定期聚会的习惯。于是，在齐教授的发起之下，这个班主任研修团队正式成立，每期都以沙龙的形式探讨一个主题。经过一段时间的摸索、调整，沙龙的程序和主要环节基本上已经相对固定。每月一期，时间在每个月第一个星期四的晚上。沙龙大约要进行两个多小时，由4到5个环节组成。参与沙龙的成员包括来自小学、中学和各级各类学校的班主任。随着沙龙影响力的逐渐扩大，这种纯粹走民间路线的活动现在已经得到越来越多的学校、教育主管部门的重视和支持。沙龙的举办地点由原来固定在南师大本部到由各会员单位轮流举办，学校和区教育局的主管领导也参与进来。沙龙为各级各类学校的班主任提供了一个平等交流、对话的平台，打破了小学、初中、高中，重点学校与非重点学校的界限，扩展了老师的视野，丰富了他们工作的阅历与经验；沙龙收集了一批一线班主任教育实践中的经典案例和实战经验，为每个参与者的专业化发展提供了更好的条件和支持。最为重要的是，班主任工作繁重而辛苦，常常会产生职业倦怠感，而沙龙提供了一个宽松、自由的氛围，让一线的班主任自由地抒发想法、宣泄情绪，因此，从某种意义上说，沙龙既是探讨教育问题的头脑风暴，也是热爱教育的同道中人互相做心理按摩的很好的方式。

🔍 案例研究

　　刘老师是一位刚刚走上班主任岗位的青年教师，她一心想管理好班级，看到身边的老教师管理班级游刃有余，学生们也都服服帖帖的，她开始"拜师学艺"，有时间就向这位老教师请教，甚至观察老教师的一言一行，并做详细记录，然后照着去做，经过一段时间的磨炼，虽然班级管理有一些起色，但教育效果总是不尽如人意，并没有收到预期效果。

　　（1）在"如何促进自我成长"这一问题上，年轻的刘老师一味模仿有经验教师，没有意识到"完善个性，展现个人魅力"的重要性，俄国教育家乌申斯基曾说："教师的人格，就是教育工作中的一切。"因此，年轻教师在学习他人经验的同时，如何结合自身的特点和优势，铸造独特的人格感召力呢？

　　（2）著名哲学家曾说过："人不可能两次踏进同一条河流"，同样，"世界上也没有两片完全相同的树叶"，每一个学生都是有思想、有个性的，不断发展变化着的个体。那么，班主任在教育管理过程中，如何做到"目中有人""因人施教"呢？

　　（3）班主任在促进自身成长和发展上，您有什么思考或好的经验，请写一篇完整的教育叙事。

第三节
责任与期待：守望理想的教育

教育家语录

人类的精神与动物的本能区别在于，我们在繁衍后代的同时，在下一代身上留下自己的美、理想和对于崇高而美好的事物的信念。

——苏霍姆林斯基

学习目标

1. 从教育真爱、胸怀理想、坚守信念三个方面探索如何坚守理想的教育。
2. 理解班主任工作从职业成为专业、事业意味着什么。

教育是一种影响，是以爱育爱，以真善美唤醒真善美的过程；理想的教育关注的不是"功"——功利、功劳，而是"成"——成长、成全；理想的教育是在教给学生知识、思想的同时，让他的灵魂自由生长，使他的人格得以健全。理想的教育应是超越功利化的教育观念，尊奉教育的原旨和本真，坚信人类的理性和精神力量，是教育的本质表达和本真追求。因此，在今天的中国，需要什么样的理想的教育？正如李镇西老师所说，需要一种把人当作人的教育，我们向往并为之奋斗的教育，应该是目中有"人"的教育，是充满人性、人情、人道的教育，是为了一切人全面发展的教育，是充满着民主精神、散发着科学芬芳、闪烁着个性光芒的教育！[1]

一、没有爱就没有教育

常常有人问我："当一个好老师最基本的条件是什么？"我总是不假思索地这样回答："拥有一颗爱学生的心！"这当然早已不是什么"新潮观点"：从孔子的"爱之，能勿劳乎？忠之，能勿诲乎"到夏丏尊的"没有爱就没有教育"，从罗素"凡是教师缺乏爱的地方，无论品格还是智慧都不能充分地或者自由地得到发展"到苏霍姆林斯基的"我把整个心灵献给孩子"……古今中外的教育家们教育思想有所不同，教育风格各有千秋，但有一点是共同的，那就是"爱的教育"。[2]

1 李镇西. 教有所思. 上海：华东师范大学出版社，2005：57
2 童心是师爱的源泉—节选自李镇西《做最好的老师》[EB/OL]（2010-03-24）http://htxx.jm.e21.cn/bencandy.php?fid=56&id=715

（一）师爱源于责任

教育者对教育事业的热爱是教师专业发展的真正动力。爱学生不是一种工作形式和方法，而是师德的根本和实质。完整的、健康的爱，理应包括这样五个要素：了解、尊重、关怀、给予、责任。这五者是个整体。倘若缺乏了解，爱就是盲目的；倘若缺乏足够的尊重，爱就会变为支配和控制；倘若缺乏足够的关怀和给予，爱就是空洞和苍白；倘若缺乏责任，爱就是轻薄的。

师爱意味着责任和给予。正如陶行知先生于1928年纪念晓庄试验乡村师范建校一周年的演说中所说："乡村教育之能改造，最要紧的是要问我们肯不肯把整个的心献给儿童……我今天要代表乡村及全国的小学教师和师范生投上一个总情愿，'不要你的金，不要你的银，只要你的心'。"

🔍 **工作案例**

师爱源于责任[1]

老师爱学生主要是对学生诚心诚意的"关注"。你要细心发现他们的闪光点，认可他们的努力，鼓励他们的点点滴滴的进步，理解他们的苦衷和需求，关心他们的生活和学习，帮助他们解决生活和学习中的困难，充分发挥他们的特长，让每个孩子都抬起头走路。一天，中国儿童艺术剧院一位扮演老师的演员急匆匆地跑到学校，说："孙老师，我们导演问我一个问题，就是'老师为什么要热爱学生'，我答不上来，他说让我来请教您。"我说："你们导演问了你一个十分关键的问题，可以说这是当好教师的最基本、最重要的问题。因为孩子是民族的希望，是祖国的未来，师爱就源于教师对民族、对国家的一片赤子之心，是一个教师对国家、对民族未来的一种责任。可以说，教师对学生的爱是出于一种民族责任感，是热爱祖国的思想感情的自然流露。这是一种很高尚的感情。"基于这样一个认识，老师热爱学生就应该是全员的，是面对所有学生的，不应有任何附加条件，无论他是聪明的还是迟钝的，是听话的还是不顺从的，是老实的还是淘气的，是漂亮的还是难看的，是整洁的还是邋遢的，也无论他来自什么样的家庭。他们在老师心目中是一律平等的，享有同等的受教育的权利。

孙蒲远老师，著名教育专家、特级教师、全国少先队优秀辅导员、三八红旗手、北京市优秀班主任……但最响亮的称号还是：孙老师是一位爱的大师。多少年，孙老师在教育一线摸爬滚打，始终流露着简单快乐的形象。奥妙何在？一个字的谜底，那就是"爱"！爱使她苦中有

1　孙蒲远. 美丽的教育. 北京：朝华出版社，2010：3

乐，爱使她不断学习，爱使她多才多艺，爱使她与孩子一起成长。她总是说："我只是一个班主任"。正是因为这份爱，她说："我觉得我头顶上的阳光最灿烂，我是世界上最幸福的人！"

（二）师爱意味着尊重

美国著名的心理学家马斯洛将人的需要由低到高分为五个层次：生理需求（Physiological needs）、安全需求（Safety needs）、爱和归属感（Love and belonging，亦称为社交需求）、尊重（Esteem）和自我实现（Self-actualization）五类。

按照马斯洛的需要层次理论，人人都希望自己有稳定的社会地位，要求个人的能力和成就得到社会的承认。尊重的需要又可分为内部尊重和外部尊重。内部尊重是指一个人希望在各种不同情境中有实力、能胜任、充满信心、能独立自主。总之，内部尊重就是人的自尊。外部尊重是指一个人希望有地位、有威信，受到别人的尊重、信赖和高度评价。马斯洛认为，尊重需要得到满足，能使人对自己充满信心，对社会满腔热情，体验到自己活着的价值。尊重不仅是成年人的心理需要，也是孩子的心理需要。从小被人尊重的人，有很强的自尊心、自信心，容易形成完善的人格，或者说孩子会自己努力用完善的人格来维护自己做人的尊严。被人尊重的孩子也会去尊重别人，如果我们所有的孩子都是这样，那么我们整个民族的自尊感就会提高。

班主任尊重学生，要做到尊重学生的人格，尊重学生的情感，尊重学生的爱好，尊重学生的权利，尊重学生的需求，尊重学生的意见，尊重学生的创造，甚至也要尊重学生的幼稚和失误。尊重孩子的错误当然不是鼓励孩子犯错误，而是认真对待孩子所犯的错误。

🔍 工作案例

"孙老师好像我们的妈妈" [1]

　　我们应该蹲下身子，以孩子的视角来观察世界，才能做到尊重孩子的情感。这方面我有深刻的体会。一个一年级孩子的妈妈刚刚来看过他，妈妈走后，我发现这个孩子眼泪汪汪的，他平时并不是一个爱哭的孩子。我走到他的座位前边坐下来，关切地问他："你怎么了？"他说："我在奶奶家住，爸爸妈妈在石化厂单位宿舍住，妈妈一星期回来看我一次，刚才跟我待了一会儿就走了。"孩子在竭力忍住自己的眼泪。我很理解这个孩子现在的心情和对妈妈的依恋之情。于是，我轻轻握住孩子的手，非常动情地小声对他说："我知道这是什么滋味，我小时候在北京跟着爸爸上学，放假回老家看妈妈。每当要离开妈妈的时候，我就难受得不得了！跟你现在的心情一样。现在，我的妈妈已经去世了。我很想她，可我再也见不着妈妈了。"我跟孩子说的是真心话，说着说着，眼里也泛起了泪花。后来，这个孩子用"好像"一词造句时，写了一句"孙老师好像我们的妈妈"。他上高二的时候回母校来看我，还提起这件事，他说他曾经把这件事写进了作文里。可见，尊重孩子的情感，与孩子达到情感的沟通，即使是在一年级时发生的事情，他一辈子也忘不了。如果孩子跟你在情感上是亲近的，他就会信赖你、依靠你，心悦诚服地接受你的教育。因为孩子认为你是理解他的朋友，你和他心心相印。

　　陶行知先生有一段非常感人的话："您不可轻视小孩子的情感，他给您一块糖吃，是有汽车大王捐助一万万元的慷慨；他做了一个纸鸢飞不上去，是有齐柏林造不成飞船一样的踌躇；他失手打破了一个泥娃娃，是有一个寡妇死了独生子那样的悲哀；他没有打着他所讨厌的人，便好像是罗斯福讨不着机会带兵去打德国一般的怄气；他受了你盛怒之下的鞭挞，连在梦里也觉得有法国革命模样的恐怖；他写字想得双圈没得着，仿佛是候选总统落了选一样的失意；他想让你抱他一会儿而你偏去抱了别的孩子，好比是爱人被夺去一般的伤心。"因此，班主任对学生的爱，不应是居高临下的"感情恩赐"，不是为了达到某种教育目的而采取的"感情投资"，而是朋友般平等而真诚的感情。

（三）师爱的前提是理解

　　李镇西老师认为：爱，不仅仅是和孩子一起玩儿，而首先应该是理解学生的精神世界，学会用他们的思想感情观察他们的生活，和学生一起忧伤、欣喜、激动、沉思。[2]可现实中

1　孙蒲远. 美丽的教育. 北京：朝华出版社，2010：17
2　"师爱"的前提：理解学生的精神世界 [EB/OL]（2012-10-15）http://paper.jyb.cn/zgjyb/html/2012/10/15/content_79931.htm

常常是，我们每天都和学生在一起，可是我们却不知道学生在想什么；我们的工作越做越细，可是我们离学生的心灵却越来越远。

1. 拥有一颗"学生的心灵"

陶行知先生是这样告诫我们的："我们必须会变小孩子，才配做小孩子的先生。"因此，班主任要有一颗"学生的心灵"——用"学生的大脑"去思考，用"学生的眼光"去看待，用"学生的情感"去体验，用"学生的爱好"去爱好！也就是说，我们要和学生有一样的想法、看法，有和学生一样的喜怒哀乐，和学生有心与心的交流，这才是心灵上的沟通。只有这样，你才懂得学生为什么事情而激动，为什么事情而苦恼，为什么事情而兴奋不已，为什么事情而废寝忘食。同时，也会发现他们的创造力是多么的出乎你的意料，他们的内心世界是多么的丰富多彩，他们的思想感情是多么的真挚赤诚，他们的兴趣是多么的广泛，他们对自己的爱好是多么的痴迷。当你真的用心置身于孩子中间时，你自己也变得纯真起来。只有在这种情况下，我们才能真正走进学生的精神世界，我们实施的教育才可能发挥作用。

2. 拥有一种"宽容的胸襟"

宽容是一种平和的心境，一种智慧的胸襟，一种独特的魅力。法国文艺复兴时期著名的思想家、教育家蒙田曾说：作为教师，一定要有宽容之心。用宽容的心悦纳学生，我们就会感受每一个鲜活的生命，看到每一种独特的美丽。班主任拥有一颗宽容之心，才能接纳学生，理解学生，得到学生的尊重。当然，宽应有度，以为宽容，失去的是自己的尊严。那么，班主任在工作中如何做到"宽容待生"呢？

（1）宽容学生的对抗情绪

学生的对抗情绪可能会出现两种情况：一是当面顶撞老师，表现极为不满；二是表情冷漠，沉默不语。这时，教师必须冷静，立于善于疏导，给予宽容。可以中断谈话或者巧妙地变换话题，这样做既可缓和气氛，又可了解其内心世界。

（2）宽容学生的反复表现

有的学生的思想、学习、行为等方面已形成了一些不良习惯，彻底改掉并不容易，也不现实。这就要求教师必须有"允许别人犯错，又允许别人改错"的博大胸怀，要相信学生一定能教好，要意识到学生的反复是因为自我控制能力较差，在内外因素的作用下，这种反复就会自觉不自觉地表现出来。尽可能地挖掘他们的闪光点，只要他们有一点点的进步，就应该给予肯定。

（3）宽容对待学生的学业成绩

对于学习基础较差、学习能力不强、学习习惯也不好的学生，教师对他的学业成绩自然不能要求过高，否则欲速则不达，容易伤害自尊心，打击其自信心，产生反效果、负效应。应当用放大镜去观察、发掘学生的优点、发现优点更大力加以赞扬肯定，从而使学生在一次又一次的赞扬肯定中，不断提高自己的自信心，激发其向更高的目标奋进。应创设更多这样的机会。[1]

🔍 工作案例

五张特殊的选票[2]

小马是我班的宣传委员，所负责的黑板报，在校黑板报评比中期期得奖。但课堂上自我要求不严，自控能力不强。多次批评教育收效甚微。外语课上总和同学讲话，老师非常生气。课后我对她进行了批评教育，可她还百般狡辩，连喊冤枉。这种态度使我非常不满，我生气地说："作为一个班干部，上课不遵守纪律已是不该，犯了错还不知道错更是不该，你这种态度已不符合一个班干部的要求，回去好好地反省一下自己的行为，写一份辞职报告，明天交给我。"放学时，我向全班讲了这件事，并宣布：明天班会课宣传委员改选。

事后，我冷静下来想想觉得这事处理上有些过火，我有些于心不忍了。但作出的决定又不能就此作罢，否则以后如何教育学生?怎么办?我一筹莫展，夜不能寐，突然脑中灵光一闪，嗨，有了!第二天，班会课如期而至，开始唱票，黑板上赫然出现了小马的名字，居然有五票，下面开始窃窃私语，我看到小马一脸的惊愕。唱票完毕，我特地拿出这五张选票说：

"同学们，按理说，这是不记名投票，老师是不该问这是谁选的;但今天这五张选票，老师认为很特殊，因此，我想破例询问一下是谁选的，并请他说一说选她的理由。"沉默一会儿以后，慢慢地站起来四位同学，其中一个是副班长，我就请她先说。她说："小马作为班干部，上课不遵守纪律，的确很不应该，但人非圣贤，孰能无过?更何况她宣传工作做得很好，多次为班级争光，请老师再给她一次机会，我相信她这次一定会吸取教训，好好珍惜的。"话音刚落，全班响起了热烈的掌声。从这掌声中我分明听到了同学们的心声。但我还不能表态，继续问，"这张是谁选的?""是我选的。"一个文静秀气的女孩子涨红着脸站了起来，原来是小周!"老师，您也经常跟我们讲，我们的目的是治病救人，帮助同学改正错误，取得进步，而不是一棍子打死。请老师再给她一次机会吧!"全班鸦雀无声。我被震撼了，不知该说些什么："同学们，那你们说呢?""再给她一次机会吧，我们相信她会珍惜这次机会的。"大家顿时七嘴八舌地叫起来，我挥挥手示意大家安静，说："既然这样，老师就尊重你们的意愿，再给她一次机会，希望她从此能重塑自我，不辜负老师、同学的信任和期望。小马，你说几句吧。"这时小马早已哭得像个泪人似的，这不仅是悔恨，更是一种感动。"我，我一定好好珍惜，痛改前非，我决不……"之后，小马重新扬帆起航，工作更起

1　班主任—要有一颗宽容之心. [EB/OL] http://wuwentong0535.blog.163.com
2　宽容的理解[EB/OL]（2011-03-12）http://www.360doc.com/content/11/0312/11/5462332_100416725.shtml引文对原文进行了整理-作者

劲，学习更努力，发言也更积极了，老师、同学都说她变了。

二、教育本质上是理想主义者的事业

2012年1月，一位名不见经传的深圳中学老师马小平带着他独特的教育理念和对教育事业的一腔赤诚离开了这个世界。著名教育家钱理群撰文纪念：马老师走了，一个真正的教师走了，我感到特别失落。……马老师说："干教育这一行，如果不是十分的热爱，干得不愉快，而且还痛苦，那就真正要赶紧改行。但是我们如果执意选择教育，那我们就得朝最好的方面去做"；他还说："我一生总在追求我达不到的境界。我对智慧的东西总在追求，而对非智慧的东西是非常的反感。"他的学生因此说他"身上有一种很浓的少年气质，一种不平静的东西，一种燃烧的东西"。可以说马老师的生命是燃烧到最后一刻的：他一辈子都在他所献身的教育中寻找生命的意义，用自己的生命燃烧学生的生命。这样的精神状态，是许多"混饭吃"的教师所难以比拟和理解的，却是一个真正的教师所必需的：教育本质上是一个理想主义的事业。[1]可以说，教育本质上是理想主义者的事业，对于教育事业的研究，如果只有理性的驱动，而没有基于对事物深刻认识所生发出来的极大热情，换言之，没有远大的理想，则难以创造性地把这项事业做成功。

（一）胸怀理想，才能传递梦想

林语堂先生说过："人生不能无梦，世界上做大事业的人，都是由梦得来，无梦则无望，无望则无成，生活就没有兴趣。"这里的"梦"就是理想。教师需要理想，一个没有理想的教师，终究不能培养出有理想的学生。班主任唯有以自身的理想去影响学生的理想，以自身的梦想去点燃学生的梦想，以自己的激情去激发学生的激情，以自身的人格去塑造学生的人格，才能担当去"给梦"的责任，才能称之为青少年的"人生导师"！因此，从事教育的人应该是有理想、会做梦的人，我们不仅要把理想撒播在学生的心中，更要把理想珍藏在自己的梦中。"胸怀理想"这个词不仅是班主任对学生的鼓励与说教，更应是班主任时刻勉励自己的箴言。

（二）胸怀理想，才能永葆激情

坚定"人生为一大事来，做一大事去"，在经历教育教学工作的高潮和低谷之时，不骄不躁，不弃不离，用自己的执着与热情做着教育，享受着教育。美国学者威伍在《激情，成就一个老师》一文中写道："想要教好的老师可能在大多数情况下都是志向更高和激情奔放

1　钱理群. 教育本质上是理想主义者的事业. 南方周末，2012-02-10

的。伟大至少一部分出自天赋，这是无法传播的。然而，伟大的教师一定是有激情的教师。"[1]
充满激情的教师，必然会在课堂上忘却生活中的不愉快，心里想的是如何上好这一堂课，眼
里看到的是几十双渴求知识的眼睛和几十个可爱的笑脸。充满激情的教师不会因为年纪大而
毫无追求。充满激情的教师在课堂上定会时而声音洪亮，时而轻声细语，会表情丰富，两眼
有神。充满激情的课堂必然会气氛活跃，充满笑声和欢乐。教师讲得生动有趣，学生听得如
痴如醉，眼里流露出的是赞赏和满足的眼神。充满激情的教师，更是善于在化危为机、勇于
挑战、善于探索，将激情转化为促进自身成长的驱力的人。

（三）胸怀理想，才能不断超越

教师的职业理想大致有三个不同层次：以教书为生的较低的生活境界，这种教师，多半
把教书作为一种谋生手段，不求有功，但求温饱，其他则不作为关注的重点；以追求真、
善、美为主的较高的道德境界，这种教师，注重以自己的人格魅力和求真、举善、尚美的行
为影响和教育学生；以培养人为使命的崇高的事业境界，这种教师，把教育视为事业，与时
俱进，追求卓越。胸怀理想的班主任，能够在困境中坚定追求，在绝望中激励自我，不断超
越自我。

当然，教育理想不应脱离现实，也不能脱离现实。班主任不仅做一个理想主义者，
更要做一个具有行动力和创造力的教育实践者。因此，教育理想是教育者在忧患中挖掘
的希望，在批判中创造的新生，在直面现实中的新追求。教育是对平庸的挑战，教育是
对成功的跨越，教育永远服务于今天，更为明天而准备。教育理想还是对教师个体的不
断定位和规范。个体的教育理想不断规范教师的教育行为，丰富他的教育活动，提升他
的教育品位。[2]

三、建基于信仰的教育

（一）信念赋予教育无穷的力量

教育不是简单的操作性行为，而是基于信仰的事业。信念或信仰是指一个人对一种思
想、理论或事业的确定看法和坚定追求，是一种认识、情感和意志的有机统一，是一种综
合、稳定而持久的心理品质。它常常成为人们一生中执着追求的既定目标和一种巨大持久的
精神激励力量。所谓教育信念，是人们对教育事业、教育理论及教育主张、原则的确认和信
奉。教师的教育信念，具体表现为对如下问题的理解和看法：教育的目的是什么？学生应接

1　守住理想，永葆激情. [EB/OL]（2011-05-31）http://www.laiwuyizhong.com.cn/Article_Show.asp?ArticleID=4923
2　胸怀教育理想 追寻教育理想 [EB/OL]（2010-09-09）http://blog.xxt.cn/showSingleArticle.action?artId=2489225

受什么样的教育？什么是"好"的教育？"好"的教育应该如何实施和评价？如何看待教师职业……教师的教育信念是一种文化品质，是积淀于教师个人心智中的价值观念，通常作为一种无意识的经验假设支配着教师的行为。[1]教育信念具有专一性、稳定性、执着性等主要特征。

1. 专一性。班主任教育信念是孜孜以求、坚定不移的，绝不犹豫徘徊、三心二意，无论是利益的诱惑还是境遇的变迁，都能做到"咬定青山不放松"，毫不动摇，即使遭受挫折，也能矢志不移。

2. 稳定性。班主任对班级工作的认识由于情感认同而内化为教育信念之后，不仅具有理智上的坚信不移，而且得到情感上的强烈支持。因此，信念具有比一般知识更高的稳定性，班主任的教育信念一经确立就比较难以改变。

3. 执着性。从主体来说，人们都认为自己的信念是正确的，均持坚决相信的态度，这就使得信念带有极大的执着性。[2]教育实践表明，没有教育信念的教师决不可能成为好的教育者，每一位优秀班主任都有自己科学而坚定的教育信念。例如，全国模范班主任任小艾的教育信念是："没有不合格的学生，只有不合格的教师；没有教不会的学生，只有不会教的老师；教师最大的成功与快乐是培养出值得自己崇拜的学生。"

教育信念一经确定就难以改变，从而造就班主任所特有的教育人格，而教育人格的魅力才是实现班级工作有效管理的最重要的力量。班级教育的力量在很大程度上来自于学生所感受到的班主任的人格魅力。班主任所拥有的坚持、不轻言放弃的人格品质，无形中会为你的学生树立榜样，成为感染学生意志，激发学生斗志，战胜困难的强大力量，这是最好的教育。

（二）信念砥砺一颗平静的心灵

坚持信念，意味着班主任必须教育信念赋予教育以无穷的力量。培育幸福感，感受教育的幸福，在为学生创造幸福人生的同时，享受教师的幸福。而今，物欲横流、急功近利，浮躁的社会，喧嚣的诱惑，让班主任面临更多的选择和困惑。在这样的环境中守望教育，班主任必须拥有一颗平静的心灵，才能不为外在名利所动，不为外在条件所困，不为外在物质所役。唯有如此，才能远离浮华、守住教育梦想，守住灵魂的宁静。拥有一颗平常心，才能板凳坐得十年冷，安心学习，安心生活，安心工作；不烦恼，不失意，心态平和，才能潜心研究班主任工作艺术，不断提高工作质量和水平。

---

1 黄正平 教育信念：班主任专业化的核心. 人民教育，2007（23）：29
2 黄正平 教育信念：班主任专业化的核心. 人民教育，2007（23）：29

（三）信念培育一种豁达的心境

坚持信念，意味着班主任必须具有一个豁达的心境，包容孩子成长过程中的错误，相信所有的教育投入都将会对学生的终生发展带来帮助，即使暂时没有什么效果，也不因此而放弃努力。你必须做好这样一个思想准备：你前面刚刚批评过他，就准备着他一出办公室的门就骂你，下次你还要装着什么都不知道，继续你的教育。你明明知道对他的教育看不到任何效果，还要继续对他的教育，把这一切都看成是对你的考验，方能修成正果。所有的教育都不可能是无效的，只是它的表现方式不同，有的要在很远的未来才能体现，而那时，你甚至根本不知道他在哪里了。如果你做不到，你就永远不能成为优秀的班主任。

（四）信念磨炼一颗进取的心态

坚持信念，意味着班主任必须磨炼一颗进取的心态，不断提高个人素质，更新教育观念，凝练教育智慧，才能胜任班主任工作，提升自我生命价值。进取心是一种积极的心态，不满足现状，不故步自封，不浅尝辄止，永远不停步，永远不断地追求不断地进取，这样教育生命之树才能永远青翠苍劲。随着时代的发展，教育产生了许多新的要求，新的问题，而我们的经验很可能落后，失去价值。班主任工作如果只是低层次、重复性的事务性劳动，很容易产生职业倦怠心理。因此，一个不断进取的班主任会科学规划自己的时间，梳理自己的工作事务，将自己从机械的、繁杂的事务中解放出来，将自己有限的精力和时间产生最大的工作效益；一个不断进取的班主任善于规划自己的职业生涯，追求事业的成功。我现在是一个什么样的班主任？我要成为一个什么样的班主任？我是否不断的在追求自我的完善？我一生的教育生涯应如何度过？　合理的生涯规划让我们学会自己管理自己，看到未来的希望，从而以自身的行动来提升自己。

🔍 工作案例

人活着总是要有一点精神的[1]

我带高一（6），最大的成功是什么？八个月了，现在想来，最大的成功是我向他们传递了一种精神。人活着总是要有点精神的。但是很多90后的学生，活得没有精神，活得迷茫，活得没有信念。

我的班级，组建时中考均分539，南京市省重点高中最低分数线580，一所很一般的二类学校最低录取分数线都在600分以上。我们是美术班，文化成绩不好可以理解，但我们不是

1　陈宇．人活着总是要有点精神的．[EB/OL] http://chen024177.blog.163.com引文稍有整理－作者

生来就是学美术的，我们班大部分人是因为凭文化成绩不可能上到高中，才不得已走美术生的路子进来的。很多人过去没有系统地学过美术，这是事实。所以，严格地说，我们是一群低分甚至超低分学生为进入高中而走学美术之路而组建的班级。这也是事实，我不想回避。

所以，我们不能算是真正的美术班。我的班级出现任何状况都是可以理解的，从很小的事就能看出来。比如，我刚接手时，就很不习惯，老师说明天要交个什么东西，第二天几乎没什么人交。不是他们没听见，他们根本没有听人说话的习惯，也根本没有遵守规则的习惯。

就是这样一个班，我无法让所有人都去刻苦学习，有人已经多年没有学习的习惯了。就是这样一个班，我从没有放弃过，虽然我知道有人根本不会听我的。我整顿了班级常规、我整顿了考试纪律、我强化了管理……

但，这都不是最重要的。最重要的，是我始终在向他们传递着一种精神：无论你过去有多差，你其实比你自己想象得要强，你要奋斗、自强不息、永不言弃。我常对孩子们说：老班就是你们的榜样。班级确实不好带，我不觉得苦，不绝望，知道为什么？我有信念！

其实我一直在向他们传递着这种精神，我的学生被我感染着、激励着、变化着——他们甚至自己都不知道自己已经在改变。班级已经获得了一种精神，人活得不再悲观，尽管不是所有人都能跟上，但这已经不重要，重要的是，我们已经改变。

前些天下班时看见余同站在门口准备回家。我随口和他聊了几句。

"快考试了，复习了吗？"

"复习的，语文我也在背书。"

"我知道你学习的困难很大，但不要放弃。"

"我知道。学校做中考考场，我们放假四天，我都有在家看书的，还画画了。要在过去，放假我绝不会学习的……"

我还要什么？考不考得上大学有什么关系？一个本不能上高中的学生，一个如此厌倦学习的人，能坐下来做自己不喜欢的事，还得做三年，是摧残了他的人性还是磨炼了他的意志？你怎么理解都可以，但我从他刚打完篮球流着汗的脸上，并没有看到天性在泯灭，而更是看到了一种精神。你们缺失的，我帮你们找回来。

几天前我的学生吴梦萦说了一句让我震惊的话：我不要把自己当美术生！

"美术生"，在我们这里是学习成绩差、行为习惯差的代名词。说到某某无心学习时，一句"他是美术生"诠释了一切，大家习惯了。

为这句"不要把我当成美术生看"喝彩！——把自己就当作一个高中生，去完成使命，别人能做到的，我就能做到。别人能学到什么成绩，我就能学到什么成绩。最后，用美术专业成绩去读名校，实现自己的人生梦想！

吴梦萦喊累，是学得太晚了，腰酸背痛。一边喊着累，一边笑着，那种充实的自豪感、幸福感岂是不懂得奋斗的人能理解的！

这就是一种精神。

"老班，达到我们定的目标后别赖账，请我吃麦当劳……"

一句话。

跟着我的孩子们，都有和我定下的目标，有的是打进年级前五十名，有的是打进前八十名，有的是前一百，有的只有前一百五十。我最好的，已经推进到年级前三十名，以远低于分数线的美术生的身份，一边学着美术，一边在文化上与普通生较量。

暑假快到了，听听我的学生说什么？

"老师，我们要合宿"（日语词汇，意思是集中住校强化训练）

"高一——进来落下的功课太多，想请老师从头帮我们辅导一下吧，用暑假补上。"

我没有逼过他们这样，我痛恨应试教育，但我给了他们精神——勇往直前、永不言败。至于他们怎么想，怎么做，是他们自己的事。在我看来，一点也不学习也没什么，通宵达旦地苦读也没什么，都是自己的选择，无怨无悔——不学习的，将来不要抱怨考不上大学；努力学习的，不要在我面前抱怨太苦了——一切都是自己的选择。我选择，我喜欢。我喜欢这句话。

我们强大，是因为我们有了一种精神。

让那些胆小的、没有勇气的、没有毅力的，在后面拖着吧，我们继续前进。

物竞天择，人生的道路不止一条，高一（6）的孩子们，自由地发展吧，无论走哪条路，都是自己的选择，都是正确的——只要对得起自己的青春。

我们强大，是因为我们有了一种精神。让那些胆小的、没有勇气的、没有毅力的，在后面拖着吧，我们继续前进。物竞天择，人生的道路不止一条，高一（6）的孩子们，自由地发展吧，无论走哪条路，都是自己的选择，都是正确的——只要对得起自己的青春。

本章小结

本章内容旨在帮助班主任告别终日忙碌、被动应付的工作状态，从"知之"走向"好之"和"乐之"，从而找到做"班主任的感觉"，这种"感觉"的主旋律应该是：学的意识强于教的意识，在阅读中成长、在写作中沉淀、在反思中升华；交流的意识强于传达的意识，主动融入专业成长共同体中，站在集体的肩膀前行；长远的意识强于短期的意识，做"目中有人"的教育，为学生的一生负责，做理想教育的守望者，胸怀理想，带着爱心和信念上路。

总结 >

Aa 关键术语

班主任专业化
The head teacher's professionalization

专业发展共同体
teachers' professional development
community

章节链接

在这一章，你读到……	在其他章节中，你将发现相关的讨论……
直面班主任的困惑	第一章　第一节 中小学生的时代特征
班主任的专业成长	第一章　第四节 教师团队建设
守望理想的教育	第一章　第五节 学校的精神气质

应用 >

批判性思考

1. 朱小蔓教授曾说："教师只有本人成为主体，不再仅仅是计划实施者和知识传递者，而是在发现学生、发展学生的不同需要的基础上，用自己的观念认识、信念理想，经验意向和心血情操主体性地处理知识教学，化育德性人格，经营组织管理，才可能富有生气和色彩地创造人的教育。目前，部分中小学班主任主体性发展水平不平衡，部分班主任自我发展意识不强，固步自封，缺失学习研究动力，缺乏承担责任、克服困难的勇气和信心。因此，班主任工作很难收获成绩和成就感，这也是部分教师"不愿做"班主任的重要原因。那么，在教育界普遍重视学生主体性发挥的今天，教师如何增强自身的"教育自觉性"，充分发挥自我主体性?

2. 一位有远见的老师曾说：我们的教育所培养的人才，并不缺乏知识和技术，但他们有知识，却没有是非判断力；他们有技术，却没有良知，他们患有人类文明缺乏症，人文素养缺乏症，公民素养缺乏症。在我们的教育下，很可能将出现有知识，有技术，但没有文化，没有人文关怀和素养的一代人。我们以"成功者"为目标的教育，却导致实利主义、实用主义、虚无主义、市侩主义的泛滥，形成年轻一代精神与道德的危机。

（1）你认为导致上述"教育病"的根源是什么?

（2）上述现状对你的教育理念和教育实践有什么启示?

✎ 体验练习 ....

　　1．走进中小学，切身体验班主任老师忙碌的一天，用相机或者文字记录下来，并对该校部分优秀班主任和普通班主任进行访谈，比较他们身上所具备的不同特质。

　　2．选举李镇西、魏书生、桂贤娣、张万祥、万玮等影响较大的优秀班主任，仔细研究他们教育技巧、管理智慧和成长的故事，思考"一个优秀的班主任是如何炼成的?"并且制订一个自我成长规划。

拓展 ＞

☕ 补充读物 ....

1　齐学红，黄正平．班主任专业基本功．南京：南京师范大学出版社，2013

　　　　该书从班主任专业化的角度，全面系统地介绍了作为一个专业的班主任应该具备的专业道德、专业知识和专业技能。由江苏省教育厅组织编写，被列为"长三角"、江苏省班主任专业基本功大赛指导用书。

🖥 在线学习资源

推荐教育影片：

1．朱永新教育随笔 http://blog.eduol.cn/user1/zyx/index.html

2．吴非的博客 http://www.cersp.net/userlog/17275/index.shtml

3．老板老班的博客 http://chen024177.blog.163.com/

4．万玮的教育博客 http://blog.163.com/phwan@126/

参考文献

1. [美]乔纳森．特纳．社会学理论的结构．北京：华夏出版社，2001

2. [美]韦恩·K．霍伊，塞西尔·G．米斯克尔著．范国睿，译．教育管理学：理论．研究．实践（第七版）．北京：教育科学出版社，2007

3. [美]米歇尔·沃尔德罗普．陈玲，译．复杂——诞生于秩序与混沌边缘的科学．北京：生活．读书．新知三联书店，1997

4. [英]怀特海，著．庄莲平，王立中，译．教育的目的．上海：文汇出版社，2012

5. [苏]苏霍姆林斯基．帕夫雷什中学．北京：教育科学出版社，1983

6. [苏]苏霍姆林斯基，著．杜殿坤，编译．给教师的建议．教育科学出版社，1984

7. M. Fullan and A. Hargreaves，著．黄锦樟、叶建源，译．学校与改革——人本主义的倾向．稻田出版有限公司，2009

8. [德]雅斯贝尔斯，著．什么是教育．北京：生活．读书．新知三联书店，1991

9. [美]哈里·F．沃尔科特，著．校长办公室的那个人：一项民族志研究．重庆：重庆大学出版社，2009

10. 顾明远，主编．教育大辞典．上海：上海教育出版社，1997

11. 叶澜．教育概论．北京：人民教育出版社，2006

12. 鲁洁，主编．德育社会学．福建：福建教育出版社，1998

13. 鲁洁，吴康宁，主编．教育社会学．北京：人民教育出版社，1990

14. 吴康宁．教育社会学．北京：人民教育出版社，1997

15. 吴康宁．课堂教学社会学．南京：南京师范大学出版社，1999

16. [日]片冈德雄，著．贺晓星，译．班级社会学．北京：北京教育出版社．1993

17. 吴立德．班级社会学概论．成都：四川大学出版社，1996

18. 吴式颖．外国教育史教程．北京：人民教育出版社，1999

19. 罗珉．现代管理学．成都：西南财经大学出版社，2002

20. 金东日．现代组织理论与管理．天津：天津大学出版社，2003

21. 王德清．中外管理思想史．重庆：重庆大学出版社，2005

22. 王建军，薛卫东．中国教育管理史教程．广州：广东高等教育出版社，2001

23. 熊贤君．中国教育管理史．武汉：华中师范出版社，1989

24. 袁锐锷．外国教育管理史教程．广州：广东高等教育出版社，1998

25. 徐小平．管理学原理．北京：中国轻工业出版社，1997

26. 吴志宏，冯大鸣，魏志春，主编．新编教育管理学．上海：华东师范大学出版社，2008

27. 江月孙，赵敏，主编．学校管理学（第2版）．广州：广东高等教育出版社，2002

28. 张济正．学校管理学导论．上海：华东师范大学出版社，1990

29. 张建文，李丛玉. 班级教育管理论. 云南：云南大学出版社，2002

30. 孙灿成. 学校管理学概论. 北京：人民教育出版社，1993

31. 李保强. 学校管理学. 北京：高等教育出版社，2002

32. 阎德明. 现代学校管理学. 北京：人民教育出版社，1999

33. 吴旋州. 班级管理学. 西安：陕西人民出版社，1997

34. [日]小川一夫，编. 班级管理心理学. 北大路书房，1979

35. 郭毅. 班级管理学. 北京：人民教育出版社，2002

36. 白铭欣. 班级管理论. 天津：天津教育出版社，2008

37. 曹长德. 当代班级管理引论. 合肥：中国科学技术大学出版社，2005

38. 胡光玉，贾锡钧. 中小学班集体建设概论. 上海：上海科学普及出版社，1998

39. 李伟胜. 班级管理新探索：建设新型班级. 天津：天津教育出版社，2006

40. 李伟胜. 班级管理. 华东师范大学出版社，2010

41. 郑学志. 班级管理60问. 上海：华东师范大学出版社，2012

42. 李学农. 班级管理. 北京：高等教育出版社，2004

43. 张作岭. 班级管理. 北京：清华大学出版社，2010

44. 徐长江，宋秋前. 班级管理实务. 北京：高等教育出版社，2010

45. 谌启标，王晞，等编著. 班级管理与班主任工作. 福州：福建教育出版社，2007

46. 林冬桂. 班级教育管理通论. 广州：广东高等教育出版社，2008

47. 唐迅. 班集体教育实验的理论与方法. 广东：广东教育出版社，2000

48. 张万祥. 给年轻班主任的建议. 上海：华东师范大学出版社，2006

49. 齐学红，主编. 今天，我们怎样做班主任——优秀班主任成长之路. 上海：华东师范大学出版社，2006

50. 齐学红，主编. 班级管理. 武汉：武汉大学出版社，2011

51. 齐学红，主编. 新编班主任工作技能训练. 上海：华东师范大学出版社，

52. 王鹰等，主编. 班主任工作技能训练. 北京：人民教育出版社，1995

53. 冯晓林，主编. 班主任管理手册. 北京：开明出版社，1996

54. 金一鸣，刘世清，主编. 基础教育评价研究. 上海：华东师范大学出版社，2012

55. 胡中锋，主编. 教育测量与评价. 广州：广东高等教育出版社，2006

56. 朱小蔓，等著. 教育职场：教师的道德成长. 北京：教育科学出版社，2004

57. 朱益明，秦卫东，张俐蓉. 中小学教师素质及其评价. 南宁：广西教育出版社，2000

58. 蔡敏，编著. 美国中小学教师评价及典型案例. 北京：北京大学出版社，2009

59. 田祥珍. 做学生成长的引领者——学生终身成长的素质培养. 重庆：西南师范大学出版社，2010

60. 齐学红，黄正平. 班主任专业基本功. 南京：南京师范大学出版社，2013

61. 熊华生，主编. 激情梦想同飞翔——班主任与每次活动. 北京：教育科学出版社，2009

62. 陈爱苾. 春华秋实每一年——班主任的每一学年. 北京:教育科学出版社，2009

63. 肖川，著. 教育的理想与信念. 长沙：岳麓书社出版，2002

64. 肖川，著. 教育的使命与责任. 长沙：岳麓书社出版，2007

65. 朱永新，著. 我的教育理想. 北京：中国人民大学出版社，2011

66. 朱永新，主编. 中国著名班主任德育思想录. 南京：江苏教育出版社，2002

67. [美]艾斯奎斯. 卞娜娜，译. 第56号教室的奇迹. 北京：中国城市出版社，2009

68. 李镇西，著. 我的教育心. 北京：教育科学出版社，2012

69. 李镇西，著. 教有所思. 上海：华东师范大学出版社，2005

70. 王晓春，著. 做一个专业的班主任. 上海：华东师范大学出版社，2009

71. 陈晓华，著. 怀揣着希望上路. 北京：教育科学出版社，2006

关键术语表

关怀伦理	Ethics of care	当代美国教育家内尔·诺丁斯基于西方关怀伦理的思想传统，形成了具有时代特征的以关怀为核心的道德教育理论。在诺丁斯看来，关怀是一种关系行为。特朗托在诺丁斯强调情感的基础上建构了普适性的关怀伦理学，把关怀的对象推到更广阔的领域，包括事物、环境以及其他东西。
家庭功能	Family function	家庭是社会共同体的一种最古老的形式。根据功能主义的观点，家庭在满足社会的基本需要和维持社会秩序方面起着重要作用。社会学家威廉·奥格本将家庭的功能概括为：生殖、保护、社会化、规范性行为、情感交流和提供社会地位等六个方面。
社区	Community	"社区"一词德文为 gemeinschaft，源于社会学家 F.滕尼斯 1887 年出版的《社区和社会》一书。滕尼斯认为，社区是基于亲族血缘关系而结成的社会联合。在这种社会联合中，情感的、自然的意志占优势，个体的或个人的意志被感情的、共同的意志所抑制。而英文 community 一词含有公社、团体、社会、公众，以及共同体、共同性等多种含义。有时又在团体或非地域共同体意义上使用。而中文"社区"一词是中国社会学者在 20 世纪 30 年代自英文意译而来，因与区域相联系，所以社区有了地域的含义，意在强调这种社会群体生活是建立在一定地理区域内的。这一术语一直沿用至今。
社区研究	Community studies	社区研究在美国早期社会学中曾占有极重要的地位。美国的芝加哥学派，就是以研究都市社区而闻名于世的。20 世纪 20 ~ 30 年代，这个学派研究了美国大城市芝加哥的都市化过程，用以说明美国城市的结构和动态。芝加哥学派的人文区位学理论，就是在分析社区区位的基础上发展起来的。这个学派从不同的层次上研究了都市社区，不单以整个芝加哥市作为研究对象，而且还以芝加哥市内的犹太人聚居区、波兰移民区、上层阶级邻里、贫民窟等作为单个的社区研究对象。
竞争型教师团队	Competitive teachers team	竞争型教师团队以教师之间的竞争为内部结构。在这种类型的教师团队中，每个教师都以个人的教育业绩而非所在的班集体作为展开工作的着眼点。他们关心的是自己在教学方面的成绩，而不是学生的全面发展；其他教师不是教育学生的合作者，而是竞争者。教师之间的关系是紧张的，不利于学生的全面发展。

续表

合作型教师团队	Cooperative teachers team	合作型教师团队以合作作为内部结构，以"育人"作为共同的教育目标，每位教师都有其独特性，从不同的方面实施这一目标，他们相互合作、相互依赖，每个人都是该团队中不可缺少的一份子。合作型教师团队有利于学生的全面发展和教育合力的形成。
学校精神气质	school ethos	学校精神气质指的是学校中成员在互动过程中所形成的整体氛围，是学校成员的共同行为模式，决定着他们的行为方式。
共生型学校	Symbiotic type school	共生型学校是围绕"人的发展"这一育人理念所构建的教育生态。学校所有成员都是此教育生态中的一分子，他们相互依存、协作，为实现"人的发展"共同努力。因此，共生型学校的典型特征便是学校成员之间的相互依存和协作。
对抗型学校	Against type school	人与人之间在观念、性格、身份、地位等方面都存在着诸多分歧与差异，如果不能处理好这些分歧，就会产生对抗和冲突。当对抗与冲突成为学校生活的主要状态时，我们就称这种学校为对抗型学校。学校成员之间的对抗是对抗型学校的主要特征。
时间管理	Time management	是指通过事先规划并运用一定的技巧、方法与工具，实现对时间的灵活以及有效运用，从而实现个人或组织的既定目标。
四象限法则	Four quadrant rule	柯维在《与时间有约》一书中，用数学的平面坐标系理论，对事情的重要性、紧迫性进行了阐述。他依照事情急迫和重要的程度划分出四个象限，分别为：第一象限——急迫、重要，第二象限——不急迫、重要，第三象限——不急迫、不重要，第四象限——急迫、不重要。
2/8 法则	The 2/8 rule	19 世纪末和 20 世纪初由意大利经济学家及社会学家帕累托提出的时间管理原则，最初用于经济领域中的决策。 这一原则是说在任何一组东西中，最重要的通常只占其中的一小部分（大约 20%），因此对于重要但只占少数的部分必须分配更多的资源，更注重对它的管理。在选择拖延哪些任务时，我们可以选择拖延价值较低的 80% 的任务，将时间有效地利用在具有更高价值的 20% 的任务上。
物理空间	Physical space	班级环境是学校环境的一个重要组成部分，而物理空间是指班级环境中有形的、静态的自然环境、设施以及时空环境。
心理空间	Psychological space	心理空间也称心理环境，是指环境中无形的、动态的人际氛围、人际关系、心理氛围。良好的心理空间往往表现出积极而活跃、协调而融洽的特征，是一种催人上进的教育情境，有助于提高和优化学生的思想水平、行为方式和心理品质。而不良的心理空间则表现出拘谨而刻板、冷淡而紧张的特征。这种心理空间容易使学生产生压抑感，并助长人际冲突和消极行为的发生。

班级社会组织	Class social organization	国外将班级看成是一种社会组织的学者主要有J·W·盖哲尔（J·W·Getzels）与H·A·谢仑（H·A·Thelen），其在《研究作为一个社会组织的班级团体的概念结构》一文中认为："学校本身或学校内部的单个班级，就其本身的名义来说可以认为是一种社会组织。"通常有两种因素影响班级社会组织中的行为，一是体现社会文化要求的制度因素，表现为社会对个体的角色期望；二是受个体生理因素影响而形成的个人因素，表现为个体的需求倾向。
社会化功能	socialization function	社会化功能主要是指班级活动如何发挥功能以培养个人的社会信念与知识能力，以便适当扮演个人未来的成人角色；选择功能是指如何根据社会的结构与需要，将每个人按其性格与能力分配到社会上适当的位置，以达到人尽其才、才尽其用的目的。 班级社会化功能的主要内容是:（1）传授系统的文化科学知识、技能，培养学生认识世界和改造世界的能力；（2）传递社会价值观，指导生活目标；（3）教习社会规范，培养社会行为习惯；（4）培养社会角色。
个性化功能	personalization function	个性化功能是指提高和强化个体各种心理特征的成熟度与水平，为培养独立的健全的个性奠基。同时还表现为能够启蒙自我意识，养成自我认识、自我设计、自我塑造、自我完善的能力，培养具有不同特色的需要、动机、兴趣、信念、性格、能力等品质，为培养独特的个性奠基。班级的个性化功能就是使学生从社会化的对象——客体的自我转变为个性化的主体——主体的我。
班级活动	Class activity	指在教育者的组织和领导下，为实现教育方针和培养目标，完成学校的教育工作计划，组织班集体成员参加的一系列活动。
主题教育班会	Subject education class meeting	是以学生为主体，以班主任为主导，围绕某一主题有计划、有目的地开展的形式多样、内容丰富并且情景化了的班集体活动。
家长会	Parents' meeting	是指在教师精心准备下，家长走进学校全面了解学生在校情况的重要方式，是我国当下家校联系的普遍形式，也是邀请家长参与班级管理、争取家庭教育与学校教育同步的主要途径。
班级突发事件	Class emergencies	就是指在班级管理过程中发生的、事先难以预料、出现频率较低，但必须做出反应并加以处理的事件。

教育评价	educational evaluation	是指按照一定的价值标准，对受教育者的发展变化及构成其变化的诸种因素所进行的价值判断。
班主任专业化	The head teacher's profession-alization	班主任专业化就是以教师专业化为基础，以专业的观念和要求对班主任进行选择、培养、培训、管理和使用的过程。主要包括在职业道德上，从一般的道德要求向专业精神发展，在专业知识和能力上，从"单一型"向"复合型"发展，在劳动形态上，从"经验型"向"创造型"发展。
教师专业发展共同体	teachers' professional development community	1980 年代以来，以英美等国为先导，西方国家教师教育范式开始发生转移，新的教师教育范式在目标追求、课程规划、教学形式和组织管理等方面，呈现出与传统范式迥然不同的特征，就教师教育的组织形式而言，新的范式更强调将教师养成置于各种专业共同体之中。正如托马斯所指出的，"教师专业发展思想的一个重要转向就是将关注的重心从'个人化的努力'（individual effect）转向'学习者的共同体'（communities of learners），在共同体中，教师通过参与合作性的实践来滋养自己的教学知识和实践智慧。"

后 记

　　《班级管理》系教师教育精品教材。班级管理作为一个专门的研究领域，最早出现在公共课教材《教育学》中，后来独立成为一个专门学科，是师范类院校一门重要的专业基础课。作为教育管理学的一个分支学科，该课程兼具理论性与实践性，将国内外先进教育理论与具体的班级教育管理实践相结合，对于未来教师而言具有很强的可操作性。本着不断创新教育理论与教育实践的编写原则，本教材试图打破传统教材编写的刻板印象，站在未来教师的角度，还原学校教育及班级管理的真实情境，增强班级管理的问题意识，同时为其提供可操作的方法与策略。在参考国内已有同类教材的基础上，借鉴了国外优秀教材的编写体例和叙述风格，大大增强了教材的可读性。在内容、体例上均有所创新，并形成了如下特点：

　　1．针对性。对于师范类院校的大学生而言，他们尚缺少具体的教育教学和管理实践经验，如果仅仅就理论谈理论，势必流于空谈。本教材立足于大学生的生活经验和学习实际，将班级管理置于具体的社会环境与学校场域中，还原和再现真实的班级教育和管理场景，形成全面系统地看待教育问题的思维方式。

　　2．时代性。班级管理不是仅仅针对发生在班级里的教育问题或管理问题，而是时代的发展变化、学校内外部环境的变化，学校教育问题在班级里的具体体现。班级作为教师、学生具体的教育生活世界的微观场域，承载了学校生活方方面面的内容，进而成为教育社会学、教育文化学、教育生态学、教育管理学等多门学科的研究对象。因此，本教材特别关注班级教育问题的时代性，以及学科发展的时代性，不断为这一学科的发展注入新的血液。

　　3．开放性。学校教育问题和班级管理问题本身是复杂的，任何理论研究都无法穷尽教育实践中的所有问题，即使对于同一实践问题往往也是存在不同的思维方式和方法的。研究问题的开放性与思维方式的开放性是具有内在的一致性的。因此，在呈现教育情境与教育问题时，并没有追求答案的唯一性，而是提供了不同的思维方式和解决策略，引导和启发读者作出独立的思考与判断。显然，思维方式的培养比确切的知识更为重要。在大学生思维方式的培养方面，教科书的作用不可忽视。

　　4．创新性。本教材在内容与体例上的创新体现在如下方面。内容上：抽取出班级教育与管理的若干要素，从宏观与微观、自我成长三个部分展开论述。第一章为宏观部分，初入职场的教师需要面对的教育要素包括学生、家长、社区、教师团队与学校；第二章到第五章为微观部分，将班级管理的要素分为时间与空间、组织与文化、活动与事件、互动与评价四个部分；第六章为班主任教师的自我成长。体例上：通过"关键术语"、"章节链接"、"批判性思考"、"体验练习"、"案例研究"、"补充读物"等模块设计，增强了本教材的交互性和对话生成性。

本教材由集体合作完成，各章的执笔者如下：第一章，汤美娟，内蒙古师范大学教育科学学院讲师，教育学博士；钱洁，南京师范大学教育科学学院，教育学硕士。第二章，齐学红，南京师范大学教育科学学院教授，教育学博士，博士生导师；王若雪，南京师范大学教育科学学院，教育学硕士；第三章，白芸，华东师范大学教育管理学院副教授，教育学博士，硕士生导师；颜学艺，成都师范大学教育系讲师，教育学硕士。第四章，齐学红，南京师范大学教育科学学院教授，教育学博士，博士生导师；吴青，南京师范大学教育科学学院，教育学硕士。第五章，姜书勤，南京市江宁区德育教研员，中学高级教师；汪靖云，南京师范大学教育科学学院，教育学硕士。第六章，朱宁波，辽宁师范大学教育科学学院教授，教育学博士，博士生导师；李国敏，南京市特殊教育学院讲师，教育学硕士。最后由齐学红、汪靖云统校全稿。

本教材作为教师教育精品教材，可供全国高等师范院校教育学及相关专业本科生、硕士研究生使用，也是中小学教师培训和教育科研人员从事教学研究的重要参考书。

由于中学班级管理内容丰富，涉及面广，限于我们的时间和水平，教材中不妥之处在所难免，恳请大家批评指正，以便再版时修正。

齐学红

2015年1月